系统规划与管理师考试

主 编 薛大龙 刘 伟
副主编 李志生 贾瑜辉
　　　　王建平 赵德端

（第二版）

32小时通关

中国水利水电出版社
www.waterpub.com.cn
·北京·

内 容 提 要

系统规划与管理师考试是全国计算机技术与软件专业技术资格（水平）考试中的高级资格考试，通过系统规划与管理师考试可获得高级工程师职称。

本书针对新颁第 2 版系统规划与管理师考试大纲编写，在全面分析知识点的基础上，结合考试大纲对机考的要求，对整个内容架构进行了科学重构，双色印刷明确重点，可以极大地提高考生的学习效率。针对核心考点，分别从理论与实践方面进行了重点梳理，并为了提升考生对知识点的记忆，增加了面授中总结的软考"速记词"。通过学习本书，考生可轻松掌握考试的重点，熟悉试题形式及解答问题的方法和技巧等。

本书可供备考系统规划与管理师考试的考生学习参考，也可供各类培训班使用。

图书在版编目（CIP）数据

系统规划与管理师考试 32 小时通关 / 薛大龙，刘伟主编 . -- 2 版 . -- 北京：中国水利水电出版社，2025.6. -- ISBN 978-7-5226-3488-3

Ⅰ . G203

中国国家版本馆 CIP 数据核字第 2025GT0804 号

策划编辑：周春元　责任编辑：王开云　加工编辑：刘铭茗　封面设计：李　佳

书　　名	系统规划与管理师考试32小时通关（第二版） XITONG GUIHUA YU GUANLISHI KAOSHI 32 XIAOSHI TONGGUAN
作　　者	主　编　薛大龙　刘　伟 副主编　李志生　贾瑜辉　王建平　赵德端
出版发行	中国水利水电出版社 （北京市海淀区玉渊潭南路 1 号 D 座　100038） 网址：www.waterpub.com.cn E-mail：mchannel@263.net（答疑） 　　　　sales@mwr.gov.cn 电话：（010）68545888（营销中心）、82562819（组稿）
经　　售	北京科水图书销售有限公司 电话：（010）68545874、63202643 全国各地新华书店和相关出版物销售网点
排　　版	北京万水电子信息有限公司
印　　刷	三河市德贤弘印务有限公司
规　　格	184mm×240mm　16 开本　17.75 印张　429 千字
版　　次	2018 年 1 月第 1 版　2018 年 1 月第 1 次印刷 2025 年 6 月第 2 版　2025 年 6 月第 1 次印刷
印　　数	0001—3000 册
定　　价	68.00 元

凡购买我社图书，如有缺页、倒页、脱页的，本社营销中心负责调换

版权所有·侵权必究

全国计算机技术与软件专业技术资格（水平）考试辅导用书编委会

主　任　薛大龙
副主任　邹月平　姜美荣　胡晓萍
委　员　刘开向　胡　强　朱　宇　杨亚菲
　　　　施　游　孙烈阳　张　珂　何鹏涛
　　　　王建平　艾教春　王跃利　李志生
　　　　吴芳茜　黄树嘉　刘　伟　兰帅辉
　　　　马利永　王开景　韩　玉　周钰淮
　　　　罗春华　刘松森　陈　健　黄俊玲
　　　　孙俊忠　王　红　赵德端　涂承烨
　　　　余成鸿　贾瑜辉　金　麟　程　刚
　　　　唐　徽　刘　阳　马晓男　孙　灏
　　　　陈振阳　赵志军　顾　玲　上官绪阳
　　　　刘　震　郑　波

前　言

本书特点

全国计算机技术与软件专业技术资格（水平）考试高级资格考试的历年全国平均通过率一般不超过 10%，其涉及的知识范围较广，而考生一般又多忙于工作，仅靠官方教程，考生在有限时间内很难领略及把握考试的重点和难点。

本书是针对机考环境下，系统规划与管理师考试第 2 版大纲编写的。与其他教材相比，本书在保证知识系统性与完整性的基础上，在易学性、考生学习有效性等方面有了大幅度改进和提高。

全书在全面分析知识点的基础上，对整个学习架构进行了科学重构，可以极大地提高考生学习的有效性。尤其是针对机考环境下的核心考点，分别从理论与实践方面进行了重点梳理。

通过学习本书，考生可轻松掌握考试的重点，熟悉试题形式及解答问题的方法和技巧等。

作者简介

本书由薛大龙、刘伟担任主编，李志生、贾瑜辉、王建平、赵德端担任副主编。具体分工如下：第 1 章由薛大龙负责，第 2～8 章由刘伟负责，第 9～12 章由李志生负责，第 13～16 章由贾瑜辉负责，第 17～20 章由王建平负责，第 21～24 章由赵德端负责。全书由薛大龙确定架构，由刘伟统稿，由薛大龙定稿。

薛大龙，北京理工大学博士研究生，多所大学客座教授，工信部中国智库专家，财政部政府采购评审专家，北京市评标专家，全国计算机技术与软件专业技术资格（水平）考试辅导用书编委会主任，其授课通俗易懂、深入浅出，善于把握考试要点、总结规律及理论联系实际。

刘伟，高级工程师，全国计算机技术与软件专业技术资格（水平）考试辅导用书编委会委员，财政部政府采购评审专家，山东省政府采购评审专家。软考资深讲师，信息系统项目管理师，系统规划与管理师，信息系统监理师，系统集成项目管理工程师。主持或参与大型信息化建设项目 10 余年，具有丰富的实践和管理经验。

李志生，软考面授讲师，工商管理硕士，政府采购评审专家，高级工程师，拥有系统规划与管理师、系统分析师、系统架构设计师、信息系统项目管理师、信息安全工程师、软件评测师、软件设计师、数据库系统工程师、网络工程师、信息系统管理工程师、电子商务设计师、多媒体应用设计师等十余张证书，基础理论知识扎实，有十余年企业内训经验，政务信息化全过程咨询服务经验十分丰富。

贾瑜辉，全国计算机技术与软件专业技术资格（水平）考试辅导用书编委会委员，安徽省工信厅专家库评审专家，高级工程师，信息系统项目管理师，系统规划与管理师，信息系统监理师。在软件开发、系统集成和信息化管理方面拥有二十年以上从业经验，主持或参与大型信息化建设、运维项目十余年，具备丰富的实践和管理经验。

王建平，全国计算机技术与软件专业技术资格（水平）考试辅导用书编委会委员，高级工程师，系统架构设计师，系统分析师，系统规划与管理师，信息系统项目管理师。财政部信息化评审专家，十年以上信息化管理从业经验。

赵德端，软考新锐讲师，授课学员近十万人次。专业基础扎实，授课思路清晰，擅长提炼总结高频考点，举例通俗易懂，化繁为简。深知考试套路，熟知解题思路。教学风格生动活泼，灵活有趣，擅长运用口诀联系实际进行授课，充满趣味性，深受学员喜爱。

学习建议

第一部分涉及基础，包括第 1～3 章的内容，建议学习时间为每章 1 小时，共 3 小时。

第二部分涉及方法，包括第 4～10 章的内容，建议学习时间为每章 1.5 小时，共 10.5 小时。

第三部分涉及能力，包括第 11～17 章的内容，建议学习时间为每章 1.5 小时，共 10.5 小时。

第四部分涉及实践，包括第 18～24 章的内容，建议学习时间：第 18～22 章每章学习 1.2 小时，共 6 小时；第 23～24 章每章学习 1 小时，共 2 小时；第四篇累计学习时间为 8 小时。

以上学习时间累计共 32 小时，符合大多数考生的学习计划。但因为每位考生的基础不同，考生还需要结合自己的实际情况，在学完 32 小时之后，针对不熟的知识点，再进行刷题或者强化记忆，直到能通过考试的程度。

作者寄语

路虽远，行则将至；事虽难，做则必成。系统规划与管理师在 IT 行业金字塔的顶端，只要我们有愚公移山的志气、滴水穿石的毅力，脚踏实地去看书，认认真真学习，积跬步以至千里，积小流以成江海，就一定能够把宏伟目标变为美好现实，使自己真正成为践行中华民族伟大复兴的高级信息化人才。

致谢

感谢中国水利水电出版社有限公司的周春元编辑在本书的策划、选题的申报、写作大纲的确定以及编辑出版等方面付出的辛勤劳动和智慧，以及他给予我们的很多帮助。

由于编者水平有限，且本书涉及的内容很广，书中难免存在疏漏和不妥之处，诚恳地期望各位专家和读者不吝指正和帮助，对此，我们将十分感激。

关注大龙老师抖音，了解最新软考资讯！

编者

2025 年 4 月于北京

目 录

前言

第1章 信息系统与信息技术发展知识点梳理及考点实练 1

1.0 章节考点分析 1
1.1 信息系统及其发展考点梳理 2
1.2 信息技术及其发展考点梳理 3
1.3 新一代信息技术及发展考点梳理 9
1.4 考点实练 11

第2章 数字中国与数智化发展知识点梳理及考点实练 12

2.0 章节考点分析 12
2.1 数字化转型考点梳理 13
2.2 数字中国考点梳理 14
2.3 数字经济考点梳理 15
2.4 数字政府考点梳理 17
2.5 数字社会考点梳理 18
2.6 数字生态考点梳理 20
2.7 数智化发展考点梳理 20
2.8 考点实练 21

第3章 科学与哲学方法论知识点梳理及考点实练 22

3.0 章节考点分析 22
3.1 矛盾论考点梳理 23
3.2 实践论考点梳理 24
3.3 系统论考点梳理 24
3.4 信息论考点梳理 25
3.5 控制论考点梳理 26

3.6 耗散结构理论考点梳理 27
3.7 协同论考点梳理 28
3.8 突变论考点梳理 29
3.9 复杂系统论考点梳理 30
3.10 考点实练 31

第4章 信息系统规划知识点梳理及考点实练 33

4.0 章节考点分析 33
4.1 信息系统规划概述考点梳理 34
4.2 信息系统规划主要内容考点梳理 35
4.3 信息系统规划工作要点考点梳理 40
4.4 信息系统规划常用方法考点梳理 43
4.5 考点实练 47

第5章 应用系统规划知识点梳理及考点实练 48

5.0 章节考点分析 48
5.1 基础知识考点梳理 49
5.2 主要内容考点梳理 53
5.3 主要过程考点梳理 56
5.4 常用方法考点梳理 61
5.5 软件工厂考点梳理 63
5.6 考点实练 66

第6章 云资源规划知识点梳理及考点实练 68

6.0 章节考点分析 68
6.1 云资源规划概述考点梳理 69

6.2 云计算架构考点梳理 70
6.3 计算资源规划考点梳理 72
6.4 存储资源规划考点梳理 73
6.5 云数据中心规划考点梳理 74
6.6 考点实练 76

第7章 网络环境规划知识点梳理及考点实练 .. 78
7.0 章节考点分析 78
7.1 网络架构和主要技术考点梳理 79
7.2 广域网规划考点梳理 86
7.3 局域网规划考点梳理 87
7.4 无线网规划考点梳理 87
7.5 网络整体规划的重点事项考点梳理 89
7.6 考点实练 91

第8章 数据资源规划知识点梳理及考点实练 93
8.0 章节考点分析 93
8.1 概述考点梳理 94
8.2 数据资源规划的方法考点梳理 95
8.3 数据架构考点梳理 98
8.4 数据标准化考点梳理 103
8.5 数据治理考点梳理 105
8.6 考点实练 107

第9章 信息安全规划知识点梳理及考点实练 109
9.0 章节考点分析 109
9.1 信息安全概述考点梳理 110
9.2 信息安全架构考点梳理 112
9.3 信息安全规划的主要内容考点梳理 113
9.4 信息安全规划案例 117
9.5 考点实练 118

第10章 云原生系统规划知识点梳理及考点实练 120
10.0 章节考点分析 120
10.1 云原生发展背景考点梳理 121

10.2 云原生技术架构考点梳理 122
10.3 云原生建设规划考点梳理 126
10.4 云原生实践案例考点梳理 128
10.5 考点实练 130

第11章 信息系统治理知识点梳理及考点实练 132
11.0 章节考点分析 132
11.1 IT治理考点梳理 133
11.2 IT审计考点梳理 138
11.3 考点实练 142

第12章 信息系统服务管理知识点梳理及考点实练 144
12.0 章节考点分析 144
12.1 服务战略规划考点梳理 145
12.2 服务设计实现考点梳理 146
12.3 服务运营提升考点梳理 149
12.4 服务退役终止 151
12.5 持续改进与监督考点梳理 153
12.6 考点实练 155

第13章 人员管理知识点梳理及考点实练 157
13.0 章节考点分析 157
13.1 人力资源管理基础考点梳理 158
13.2 工作分析与岗位设计考点梳理 158
13.3 人力资源战略与计划考点梳理 161
13.4 人员招聘与录用考点梳理 163
13.5 人员培训考点梳理 165
13.6 组织绩效与薪酬管理考点梳理 167
13.7 人员职业规划与管理考点梳理 170
13.8 考点实练 170

第14章 规范与过程管理知识点梳理及考点实练 172
14.0 章节考点分析 172
14.1 管理标准化考点梳理 173

14.2 流程规划考点梳理 175
14.3 流程执行考点梳理 177
14.4 流程评价考点梳理 177
14.5 流程持续改进考点梳理 179
14.6 考点实练 180

第 15 章 技术与研发管理知识点梳理及考点实练 181

15.0 章节考点分析 181
15.1 技术研发管理考点梳理 182
15.2 技术研发应用考点梳理 183
15.3 知识产权管理考点梳理 185
15.4 考点实练 186

第 16 章 资源与工具管理知识点梳理及考点实练 187

16.0 章节考点分析 187
16.1 研发与测试管理考点梳理 188
16.2 运维管理考点梳理 190
16.3 项目管理工具考点梳理 192
16.4 考点实练 193

第 17 章 信息系统项目管理知识点梳理及考点实练 194

17.0 章节考点分析 194
17.1 项目基本要素考点梳理 195
17.2 项目经理的角色考点梳理 200
17.3 价值驱动的项目管理知识体系考点梳理 ... 202
17.4 考点实练 206

第 18 章 智慧城市发展规划知识点梳理及考点实练 208

18.0 章节考点分析 208
18.1 发展整体环境考点梳理 209
18.2 发展关注焦点考点梳理 210
18.3 发展规划要点考点梳理 211
18.4 系统架构考点梳理 214
18.5 考点实练 216

第 19 章 智慧园区发展规划知识点梳理及考点实练 218

19.0 章节考点分析 218
19.1 发展整体环境考点梳理 219
19.2 发展关注焦点考点梳理 220
19.3 发展规划要点考点梳理 222
19.4 信息系统架构考点梳理 223
19.5 考点实练 225

第 20 章 数字乡村发展规划知识点梳理及考点实练 226

20.0 章节考点分析 226
20.1 发展整体环境考点梳理 227
20.2 发展关注焦点考点梳理 228
20.3 发展规划要点考点梳理 230
20.4 信息系统架构设计考点梳理 231
20.5 考点实练 234

第 21 章 企业数字化转型发展规划知识点梳理及考点实练 235

21.0 章节考点分析 235
21.1 转型驱动力考点梳理 236
21.2 转型关注焦点考点梳理 238
21.3 转型能力成熟度考点梳理 240
21.4 转型规划要点考点梳理 240
21.5 转型系统架构规划设计考点梳理 243
21.6 考点实练 244

第 22 章 智能制造发展规划知识点梳理及考点实练 245

22.0 章节考点分析 245
22.1 发展整体环境考点梳理 246
22.2 发展关注焦点考点梳理 248
22.3 能力成熟度模型考点梳理 250
22.4 发展规划要点考点梳理 252
22.5 信息系统架构考点梳理 253
22.6 考点实练 254

第 23 章 新型消费系统规划知识点梳理及考点实练 256

- 23.0 章节考点分析 256
- 23.1 发展整体环境考点梳理 257
- 23.2 发展关注焦点考点梳理 259
- 23.3 规划要点考点梳理 260
- 23.4 系统架构考点梳理 262
- 23.5 考点实练 265

第 24 章 法律法规和标准规范知识点梳理及考点实练 266

- 24.0 章节考点分析 266
- 24.1 法律法规考点梳理 267
- 24.2 标准规范考点梳理 270
- 24.3 考点实练 273

第1章 信息系统与信息技术发展知识点梳理及考点实练

1.0 章节考点分析

第1章主要学习信息系统及其发展、信息技术及其发展、新一代信息技术及其发展等内容。

根据考试大纲，本章知识点会涉及单项选择题，按以往的出题规律约占3～6分。本章内容属于基础知识范畴，考查的知识点主要来源于考试大纲。本章的架构如图1-1所示。

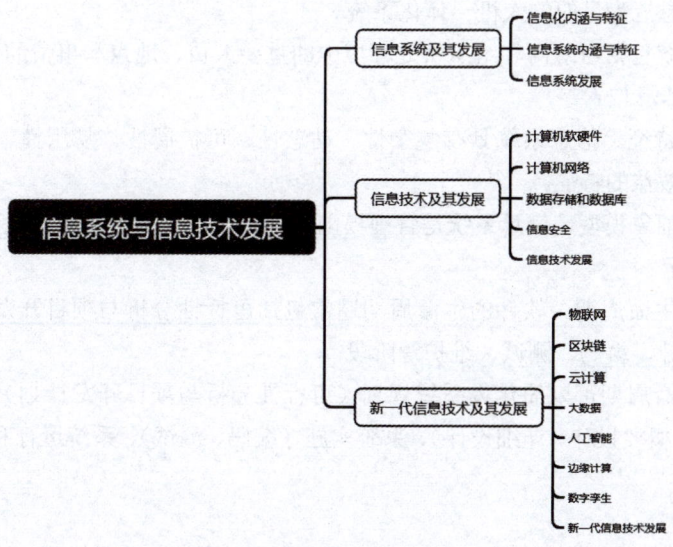

图1-1 本章的架构

【导读小贴士】

人类社会经历了农业革命和工业革命，正在经历信息革命。以信息技术为代表的新一轮科技革命正在兴起，全球信息化进入全面渗透、跨界融合、加速创新、引领发展的新阶段。

1.1 信息系统及其发展考点梳理

【基础知识点】

1. 信息化内涵与特征

信息化与工业化、现代化一样，是一个动态变化的过程，是计算机技术、网络技术、通信技术等信息技术的广泛应用与传统产业和现代服务业相结合的过程。

（1）信息化内涵。信息化的内涵包括信息网络体系、信息产业基础、社会运行环境、效用积累过程等。（速记词：王爷运过；"王"即网络，"爷"即产业，"运"即运行，"过"即过程。）

（2）信息化特征。信息化具有广泛性、深度性、快速性、数据量巨大、信息交流快速、信息处理能力强大、跨界整合、社会生产方式转变、信息安全问题突出等特征。

2. 信息系统内涵与特征

（1）信息系统内涵。信息系统是由相互联系、相互依赖、相互作用的事物或过程组成的具有整体功能和综合行为的统一体。

狭义的信息系统是指由计算机硬件、网络和通信设备、软件、信息资源、信息用户和规章制度组成的以处理信息流为目的的人机一体化系统。

广义的信息系统包括组织内和组织所处环境中的重要人员、地点和事情的信息，具有三个维度：组织、管理和信息技术。

（2）信息系统特征。信息系统具有复杂性、动态性、可扩展性、易用性、实时性、安全性、可靠性，以及成本效益的特征。

（3）信息系统抽象模型。信息系统是管理模型、信息处理模型和系统实现条件的结合，其抽象模型如图1-2所示。

（4）信息系统生命周期。软件的生命周期通常包括可行性分析与项目开发计划、需求分析、概要设计、详细设计、编码、测试、维护等阶段。

信息系统的生命周期可以简化为系统规划（可行性分析与项目开发计划）、系统分析（需求分析）、系统设计（概要设计、详细设计）、系统实施（编码、测试）、系统运行和维护等阶段。（速记词：划分计时运）

3. 信息系统发展

1979年，诺兰通过对200多个组织和部门发展信息系统的实践和经验做出总结，提出了信息系统进化的阶段模型,即诺兰模型。

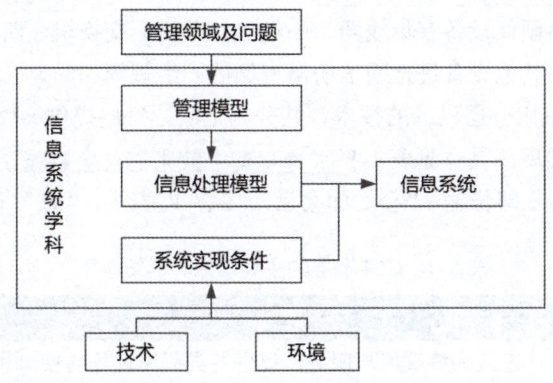

图 1-2 信息系统抽象模型

诺兰将计算机信息系统的发展道路划分为六个阶段,即:初始阶段、传播阶段、控制阶段、集成阶段、数据管理阶段和成熟阶段。(速记词:初传控集数成)

初始阶段:极个别人具有使用计算机的能力。

传播阶段:数据处理能力得到迅速提高,但数据难以共享。

控制阶段:数据库技术得以应用。

集成阶段:建立集中式的数据库及相应的信息系统。

数据管理阶段:组织选定统一的数据库平台、数据管理体系和信息管理平台,统一数据的管理和使用,各部门基本实现资源整合和信息共享。

成熟阶段:信息系统可以满足组织各个层次的需求,从简单的事务处理到支持高效管理的决策。

其中:前三个阶段具有计算机时代的特征,后三个阶段具有信息时代的特征。

1.2 信息技术及其发展考点梳理

【基础知识点】

1. 计算机软硬件

(1)冯·诺依曼计算机结构将计算机硬件划分为五部分:控制器、运算器、存储器、输入设备和输出设备。

(2)计算机软件分为应用软件和系统软件两大类。系统软件是为整个计算机系统配置的不依赖特定应用领域的通用软件,主要包括操作系统、数据库和中间件等;应用软件则是为某类应用需要而设计的软件,例如 Office、WPS 等。

2. 计算机网络

从作用范围可以将网络分为个人局域网(Personal Area Network,PAN)、局域网(Local Area

Network，LAN）、城域网（Metropolitan Area Network，MAN）、广域网（Wide Area Network，WAN）。从使用者角度可以将网络分为公用网、专用网。

（1）基本组成。网络硬件设备有集线器、中继器、网桥、交换机、路由器、网关等。

网络协议是计算机和其他设备进行通信所需遵循的一组规则和约定。

1）OSI 协议。OSI 采用分层设计的技术，共分为七层，每层提供一个规范和指引，由各厂家分别提出具体的协议来实现，具体见表1-1。（速记词：武术忘传会飙鹰；"武"即物理，"术"即数据，"忘"即网络，"传"即传输；"会"即会话，"飙"即表示，"鹰"即应用）。

表 1-1　OSI 七层的主要功能和详细说明

层的名称	主要功能	详细说明	代表协议
应用层	处理网络应用	直接为终端用户服务，提供各类应用过程的接口和用户接口	FTP、SMTP、HTTP、TELNET
表示层	管理数据表示方式	使应用层可以根据其服务解释数据的含义。通常包括数据编码的约定、本地句法的转换，使不同类型的终端可以互相通信，如数据加解密、压缩和格式转换等	GIF、JPEG、DES、ASCII、MPEG
会话层	建立和维护会话连接	负责管理远程用户或进程间的通信，通过安全验证和退出机制确保上下文环境的安全，重建中断的会话场景，维持双方的同步	SQL、NFS、RPC
传输层	端到端传输	实现发送端和接收端的端到端的数据透明传送，TCP 协议保证数据包无差错、按顺序、无丢失和无冗余地传输。其服务访问点为端口	TCP、UDP、SPX
网络层	在源节点和目的节点之间传输	将网络地址（例如，IP 地址）翻译成对应的物理地址（例如，MAC 地址），并决定如何将数据从发送方路由到接收方，以及对网络的诊断等	IP、ICMP、IGMP、ARP、RARP
数据链路层	提供点到点的帧传输	将网络层报文数据分割封装成帧，建立、维持和释放网络实体之间的数据链路，在链路上传输帧并进行差错控制、流量控制等	HDLC、PPP、ATM、IEEE 802.3/.2
物理层	在物理链路上传输比特流	通过一系列协议定义了物理链路所具备的机械特性、电气特性、功能特性以及规程特性	FDDI、RS232、RJ-45

2）TCP/IP 协议，是 Internet 的核心，OSI 体系结构与 TCP/IP 体系结构的对应关系如图 1-3 所示。

我们可以从**速率、带宽、吞吐量、时延、往返时间、利用率**等不同方面来度量计算机网络的性能。

除此以外，费用、标准化、可靠性、可扩展性、可升级性、易管理性和可维护性等非性能指标也与前面介绍的性能指标有很大的相关性。

（2）软件定义网络。软件定义网络（Software Defined Network，SDN）是一种新型网络创新架构,是网络虚拟化的一种实现方式,它可通过软件编程的形式定义和控制网络,其通过将网络设备的控制面与数据面分离开来,从而实现网络流量的灵活控制,使网络变得更加智能,为核心网络及应用的创新提供了良好的平台。

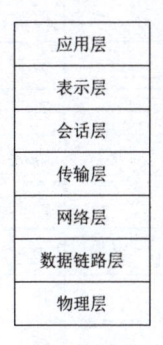

(a) OSI 体系结构	(b) TCP/IP 体系结构
应用层 表示层 会话层 传输层 网络层 数据链路层 物理层	应用层 传输层 网际层 网络接口层

图 1-3　OSI 体系结构与 TCP/IP 体系结构的对应关系

SDN 的整体架构由下到上(由南到北)分为数据平面、控制平面和应用平面。数据平面由交换机等网络通用硬件组成,各个网络设备之间通过不同规则形成的 SDN 数据通路连接。控制平面包含了逻辑上为中心的 SDN 控制器,它掌握着全局网络信息,负责各种转发规则的控制。应用平面包含着各种基于 SDN 的网络应用,用户无须关心底层细节就可以编程、部署新应用。

SDN 中的接口具有开放性,以控制器为逻辑中心,南向接口负责与数据平面进行通信,北向接口负责与应用平面进行通信,东西向接口负责多控制器之间的通信。

(3)第五代移动通信技术(5G)。5G 是具有高速率、低时延和大连接特点的新一代移动通信技术。

在频段方面,5G 同时支持中低频和高频频段。其中,中低频满足覆盖和容量需求,高频满足在热点区域提升容量的需求,5G 针对中低频和高频设计了统一的技术方案,并支持百兆赫兹的基础带宽。为了支持高速率传输和更优覆盖,5G 采用 LDPC、Polar 新型信道编码方案、性能更强的大规模无线技术等。5G 采用短帧、快速反馈、多层/多站数据重传等技术。

国际电信联盟(International Telecommunication Union,ITU)定义了 5G 的三大类应用场景,即增强移动宽带、超高可靠低时延通信和海量机器类通信。

3. 数据存储和数据库

(1)数据存储技术。数据存储技术架构从底层到上层,由存储介质、组网方式、存储协议和类型、存储结构和连接方式五个部分组成。

按连接方式的不同,存储系统可以划分为存储区域网络(Storage Area Network,SAN)、网络接入存储(Network Attached Storage,NAS)、直连式存储(Direct Attached Storage,DAS)。

表 1-2 存储模式之间的技术与应用对比

对比项	DAS	NAS	SAN
安装难易度	不一定	简单	复杂
数据传输协议	SCSI/FC/ATA	TCP/IP	FC
传输对象	数据块	文件	数据块
使用标准文件共享协议	否	是（NFS/CIFS…）	否
异种操作系统文件共享	否	是	需要转换设备
集中式管理	不一定	是	需要管理工具
管理难易度	不一定	以网络为基础，容易	不一定，但通常很难
提高服务器效率	否	是	是
灾难忍受度	低	高	高，专有方案
适合对象	中小组织服务器 捆绑磁盘（JBOD）	中小组织 SOHO 族 组织部门	大型组织 数据中心
应用环境	局域网 文档共享程度低 独立操作平台 服务器数量少	局域网 文档共享程度高 异质格式存储需求高	光纤通道 存储区域网络环境复杂 文档共享程度高 异质操作系统平台 服务器数量多
业务模式	一般服务器	Web 服务器 多媒体资料存储 文件资料共享	大型资料库 数据库等
档案格式复杂度	低	中	高
容量扩充能力	低	中	高

（2）数据结构模型。数据结构模型是数据库系统的核心，描述了在数据库中结构化和操纵数据的方法。模型的结构部分规定了数据如何被描述（例如树、表等）。模型的操纵部分规定了数据的添加、删除、显示、维护、打印、查找、选择、排序和更新等操作。

常见的数据结构模型有三种：<u>层次模型、网状模型和关系模型</u>，<u>层次模型和网状模型又统称为格式化数据模型，关系模型则是非格式化数据模型</u>。

（3）常用数据库类型。数据库根据存储方式可以分为关系型数据库（SQL）和非关系型数据库（NoSQL）。

关系型数据库支持事务的 ACID 原则，即原子性（Atomicity）、一致性（Consistency）、隔离性（Isolation）、持久性（Durability），这四种原则保证在事务过程当中数据的正确性。（速记词：吃一个圆）

非关系型数据库是分布式的、非关系型的、不保证遵循 ACID 原则的数据存储系统。NoSQL 数据存储不需要固定的表结构，通常也不存在连接操作。在大数据存取上具备关系型数据库无法比拟的性能优势。常见的 NoSQL 分为键值数据库、列存储数据库、面向文档数据库和图形数据库四种。常用存储数据库的优缺点见表 1-3。

表 1-3　常用存储数据库的优缺点

数据库类型	特点类型	描述
关系型数据库	优点	（1）容易理解； （2）使用方便； （3）易于维护
关系型数据库	缺点	（1）数据读写必须经过 SQL 解析，大量数据、高并发下读写性能不足； （2）具有固定的表结构，因此扩展困难； （3）多表的关联查询导致性能欠佳
非关系型数据库	优点	（1）高并发，读取能力强； （2）基本支持分布式； （3）简单
非关系型数据库	缺点	（1）事务支持较弱； （2）通用性差； （3）无完整约束，复杂业务场景支持较差

（4）数据仓库。数据仓库是一个面向主题的、集成的、非易失的且随时间变化的数据集合，用于支持管理决策。

数据仓库体系结构如图 1-4 所示。

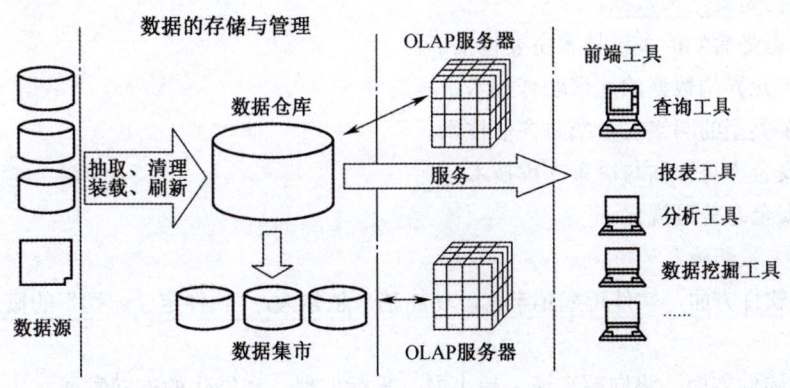

图 1-4　数据仓库体系结构

图 1-4 中：
1）数据源。数据源是数据仓库系统的基础，是整个系统的数据源泉。
2）数据的存储与管理。数据的存储与管理是整个数据仓库系统的核心。

3）联机分析处理（On-Line Analytical Processing，OLAP）对分析需要的数据进行有效集成，按多维模型予以组织，以便进行多角度、多层次的分析，并发现趋势。

4）前端工具。前端工具主要包括各种查询工具、报表工具、分析工具、数据挖掘工具以及各种基于数据仓库或数据集市的应用开发工具。其中，数据分析工具主要针对 OLAP 服务器，报表工具、数据挖掘工具主要针对数据仓库。

4. 信息安全

（1）信息安全基础。信息安全的基本属性包括如下五个方面：

1）保密性：信息不被未授权者知晓的属性。

2）完整性：信息是正确的、真实的、未被篡改的、完整无缺的属性。

3）可用性：信息可以随时正常使用的属性。

4）可控性：出于国家和机构的利益和社会管理的需要，保证管理者能够对信息实施必要的控制管理，以对抗社会犯罪和外敌侵犯。

5）不可否认性：人们要为自己的信息行为负责。

（2）信息安全技术和措施。信息安全的主要技术和措施包括：身份认证、访问控制、入侵检测系统、防火墙、网闸、防病毒和数据加密技术等。

（3）安全行为分析技术。即用户和实体行为分析技术（User and Entity Behavior Analytics，UEBA），它提供了用户画像及基于各种分析方法的异常检测，结合基本分析方法和高级分析方法，用打包分析来评估用户和其他实体，发现与用户或实体标准画像或行为相异常的活动所相关的潜在事件。

UEBA 系统通常包括数据获取层、算法分析层和场景应用层。

（4）网络安全态势感知。它是一种基于环境的、动态的、整体的洞悉安全风险的能力。安全态势感知的前提是安全大数据。

网络安全态势感知的关键技术主要包括：

1）海量多元异构数据的汇聚融合技术。

2）面向多类型的网络安全威胁评估技术。

3）网络安全态势评估与决策支撑技术。

4）网络安全态势可视化。

5. 信息技术发展

在计算机软件方面，软件越来越丰富，功能越来越强大，"软件定义一切"的概念成为当前发展的主流。

在计算机硬件方面，将向超高速、超小型、平行处理、智能化的方向发展，计算机硬件设备的体积越来越小、速度越来越高、容量越来越大、功耗越来越低、可靠性越来越高。

在网络技术方面，计算机网络与通信技术之间联系日益密切，甚至已经融为一体，5G 通信技术进一步加快了网络速度，为物联网和工业互联网的发展奠定了基础。

在数据存储和数据库方面，云存储成为分布式存储系统的代表，数据库技术不断向着模型拓展、架构解耦、存算分离的方向演进。

在信息安全方面，传统计算机安全理念将过渡到以可信计算理念为核心的计算机安全，信息安全产品和服务的集成与融合，正引领着当前信息安全技术朝着标准化和集成化的方向发展。

1.3 新一代信息技术及发展考点梳理

1. 物联网

物联网主要解决物品与物品、人与物品、人与人，或者人与人、人与机器、机器与机器的互联。

物联网架构可分为三层：感知层、网络层和应用层。

物联网的关键技术主要涉及传感器技术、传感网和应用系统框架等。

2. 区块链

区块链是一种按照时间顺序将数据区块以顺序相连的方式组合成的一种链式数据结构，并以密码学方式保证的不可篡改和不可伪造的分布式账本。

区块链的典型特征：多中心化、多方维护、时序数据、智能合约、不可篡改、开放共识、安全可信。

关键技术如下：

1）分布式账本。其核心思想是交易记账，由分布在不同地方的多个节点共同完成，而且每一个节点保存一个唯一、真实账本的副本，它们可以参与监督交易合法性，同时也可以共同为其作证；账本里的任何改动都会在所有的副本中被反映出来，理论上除非所有的节点被破坏，否则整个分布式账本系统是非常稳健的，从而保证了账目数据的安全性。

2）加密算法。一般分为散列（哈希）算法和非对称加密算法。典型的散列算法有 MD5、SHA-1/SHA-2 和 SM3，目前区块链主要使用 SHA-2 中的 SHA-256 算法。常用的非对称加密算法包括 RSA、ElGamal、D-H、ECC（椭圆曲线加密算法）等。

3）共识机制。可基于合规监管、性能效率、资源消耗、容错性等技术进行分析。

3. 云计算

云计算以实现一切即服务（Everything as a Service，EaaS）为首要任务。按照服务提供的资源层次，云计算可以分为：基础设施即服务（Infrastructure as a Service，IaaS）、平台即服务（Platform as a Service，PaaS）、软件即服务（Software as a Service，SaaS）。

它们的主要区别是：IaaS 提供计算机能力、存储空间等基础设施方面的服务，这种服务模式需要较大的基础设施投入和长期运营管理经验。PaaS 提供虚拟的操作系统、数据库管理系统、Web 应用等平台化的服务，它的重点不在于直接的经济效益，而更注重构建和形成紧密的产业生态。SaaS 提供应用软件、组件、工作流等虚拟化软件的服务。

云计算的关键技术主要涉及虚拟化技术、云存储技术、多租户和访问控制管理、云安全技术等。

4. 大数据

大数据是指无法在一定时间范围内用常规软件工具进行捕捉、管理和处理的数据集合。

大数据的主要特征包括：规模性、多样性、价值密度和速度。

大数据关键技术主要包含大数据获取技术、分布式数据处理技术和大数据管理技术，以及大数据应用和服务技术。

5. 人工智能

人工智能是指利用计算机或者计算机控制的机器来模拟、延伸和扩展人类的智能和感知环境的能力，从而获取知识并使用知识获得最佳结果的理论、方法、技术及应用系统。

人工智能的特点有如下三个：

1）由人类设计，为人类服务、本质为计算，基础为数据。

2）能感知环境，能产生反应，能与人交互，能与人互补。

3）有适应特性，有学习能力，有演化迭代，有连接扩展。

人工智能的关键技术主要涉及机器学习、自然语言处理、计算机视觉、知识图谱、专家系统、人机交互、机器思维、机器感知、机器行为、计算智能、分布智能、人工心理和人工情感、大模型等。

6. 边缘计算

很多人都吃过章鱼小丸子，对章鱼比较熟悉。章鱼就是用"边缘计算"来解决实际问题的，章鱼具有巨量的神经元，大多数是分布在章鱼的八条腿上，只有少部分在脑部，也就是说章鱼是用"腿"来解决问题的。类比于边缘计算，边缘计算将数据的处理，应用程序的运行甚至一些功能服务的实现，由网络中心下放到网络边缘的节点上，在网络边缘侧的智能网关上就近采集并且处理，不需将大量未处理的数据上传到远处的大数据平台。

边缘计算具有如下特点：联接性、数据第一入口、约束性、分布性。

边缘计算的关键技术包括边云协同和边缘计算的安全等。

7. 数字孪生

数字孪生是现有的或将有的物理实体对象的数字模型，通过实测、仿真和数据分析来实时感知、诊断和预测物理实体对象的状态，通过优化和指令来调控物理实体对象的行为，通过相关数字模型间的相互学习来进化自身，同时改进利益相关方在物理实体对象生命周期内的决策。

建模、仿真和基于数据融合的数字线程是数字孪生的三项核心技术。

8. 新一代信息技术发展

2018年召开的中央经济工作会议首次提出"加快5G商用步伐、加强人工智能、工业互联网、物联网等新型基础设施建设"，新型基础设施建设简称"新基建"。

新基建具体内容包括：

以5G、物联网、工业互联网、卫星互联网为代表的通信网络基础设施。

以人工智能、云计算、区块链为代表的新技术基础设施。

以数据中心、智能计算中心为代表的算力基础设施。

物联网、区块链、云计算、大数据、人工智能等新一代信息技术，随着信息技术的发展，各个研究领域的技术已经融合。例如，通过物联网技术完成大数据采集，大数据拥抱云计算，基于大数据云的人工智能等。目前，新一代信息技术的发展不断呈现出数据驱动、网络边缘化、智能化以及数字与现实融合的趋势，总结起来就是创新、智能、跨界、融合。

1.4 考点实练

1. 信息化的内涵不包括（　　）。
   A．信息网络体系　　B．信息产业基础　　C．信息采集发布　　D．效用积累过程
   答案：C
2. 网络层的代表协议不包含（　　）。
   A．ARP　　　　　B．RARP　　　　　C．IGMP　　　　　D．HTTP
   答案：D
3. 淘宝提供商家快速注册服务，属于云计算中的（　　）。
   A．IaaS　　　　　B．PaaS　　　　　C．SaaS　　　　　D．DaaS
   答案：C
4. 区块链的典型特征不包括（　　）。
   A．集中维护　　　B．智能合约　　　C．不可篡改　　　D．开放共识
   答案：A
5. 章鱼在处理问题时，其神经元主要分布在（　　），这一特点可（　　）。
   A．脑部　　与云计算模式相类比
   B．八条腿上　　与边缘计算模式相类比
   C．全身均匀分布　　与分布式计算模式相类比
   D．只在触手末端　　与终端计算模式相类比
   答案：B
6. （　　）将计算机信息系统的发展道路划分为六个阶段，即初始阶段、传播阶段、控制阶段、集成阶段、数据管理阶段和成熟阶段。
   A．香农　　　　　B．诺兰　　　　　C．杨乐昆　　　　D．薛定谔
   答案：B

第 2 章

数字中国与数智化发展知识点梳理及考点实练

2.0 章节考点分析

第 2 章主要学习数字化转型、数字中国、数字经济、数字政府、数字社会、数字生态、数智化发展等内容。

根据考试大纲,本章知识点会涉及单项选择题,约占 2～4 分。本章内容属于基础知识范畴,概念知识考查知识点多数参照教材,扩展内容较少。本章的架构如图 2-1 所示。

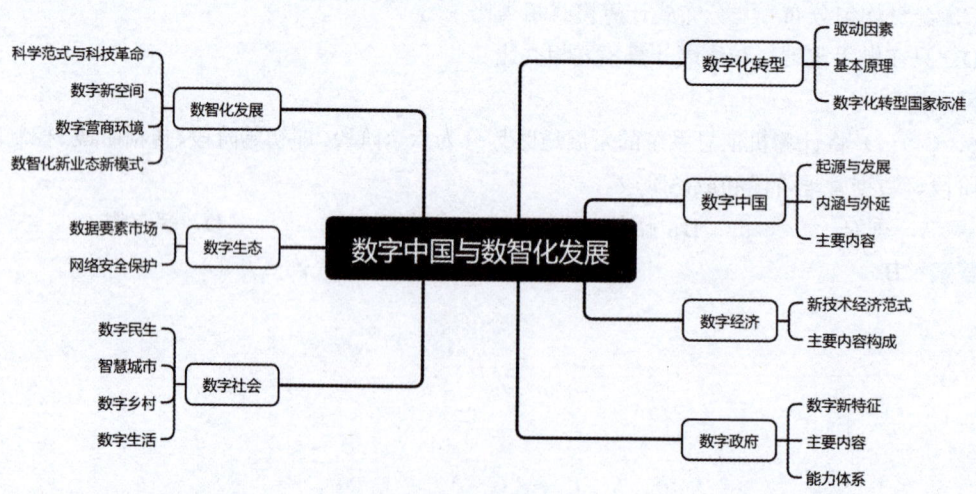

图 2-1 本章的架构

【导读小贴士】

数智化标志着社会和经济向新范式的关键转变，会推动产业组织、基础设施、人才培育、社会治理等诸多体系革新重构。本章所要讲述的内容偏重于概念知识。

2.1 数字化转型考点梳理

【基础知识点】

数字化转型是建立在数字化转换、数字化升级的基础上，是开发数字化技术及支持能力以新建一个富有活力的数字化商业模式，对组织活动、流程、业务模式和员工能力等方方面面进行重新定义的一种高层次转型。

1. 驱动因素

（1）第四次科技革命。近代人类发展过程中，已经完成了三次科技革命，目前正在经历第四次科技革命，每次科技革命都对应一个科学范式。第一科学范式为经验范式，第二科学范式为理论范式，第三科学范式为模拟范式，第四科学范式为数据密集型研究范式。（速记词：经理魔术；"经"即经验，"理"即理论，"魔"即模拟，"术"即数据）。

第四科学范式通过新型信息技术的数据洞察，从大数据中自动化挖掘实践经验和理论原理并自行开展模拟仿真，完成基于数据的自决策和自优化，将极大繁荣应用科学技术。

（2）数据要素的诞生。数据是与土地、劳动力、资本和技术并列的主要生产要素，数据将会是未来社会数字化、智能化发展的重要基础。

（3）信息传播效率突破。社交网络信息传输具有永生性、无限性、即时性以及方向性的特征。

- 永生性：指尽管在传播过程中可以控制信息，但它并不会被破坏或消灭。
- 无限性：指信息可以像病毒一样无限地传播下去。
- 即时性：指社交网络信息传播的速度从通信器向接收者传播信息的时间大幅缩短。
- 方向性：意味着信息传播具有目的性，某些信息的传播仅是为了传递给特定的人。

（4）社会"智慧主体"快速增加。目前社会的"智慧主体"已经不单纯是自然人，它可以是一个互联网账号，一台自动驾驶的汽车、一部智能手机，或者是工厂中的一套智能机器人。

新兴的"智慧主体"具备较强的可复制性、自我修炼能力、更加广泛的连接能力和更加标准的交互手段等。新兴"智慧主体"规模和种类的快速扩张，会引发人类社会的深层次变革。

2. 基本原理

传统发展视角下，组织竞争力的不足，主要体现在决策瓶颈、变革制约、知识资产流失、需求响应延迟等。

组织的数字化转型是基于组织既有的治理与管理体系、工艺路径和产品技术、服务活动定义等，打造更加高效的决策效率、更灵活的工艺调度、更多元的产品与服务技术应用和更丰富的业务模式等。

（1）能力因子定义和数字化"封装"。实施数字化转型，组织需要把各项能力和活动进行定义，形成可灵活调度的能力因素，如能力域、能力子域、能力项、能力分项、能力子项。

能力因子的定义可驱动组织的管理精细化，更重要的是能够实现对这些能力因子的数字化"封装"，这种封装不止是对业务流程、工艺过程和技术内容的包装，而是需要向具体活动的人员、技术、资源、数据、流程的模块化"封装"，形成类似于信息化系统中的对象、类、模块等组件。

（2）基于"互联网+"的调度和决策。通过使用"互联网+"的模式，将组织沉淀的各类知识经验进行数字化提炼，形成数字算法、模型和框架等，让调度和决策脱离"自然人"，从而提高调度和决策的效率和科学性。

（3）转型控制。数字化转型不是一个结果，而是一个持续的过程，组织需要有效地管控转型过程。

3. 数字化转型国家标准

《信息技术服务 数字化转型 成熟度模型与评估》（GB/T 43439）给出了各类组织数字化转型的成熟度模型和转型路径。

（1）模型定义。各类组织数字化转型主要涉及组织、技术、数据、资源、数字化运营、数字化生产、数字化服务。（速记词：足技竖子云生服；"足"即组织，"竖"即数据，"子"即资源，"云"即运营）。

前面四个能力域是组织开展数字化 转型的基础能力，后面三个能力域是组织实施业务转型的重点关注对象。

（2）等级定义。

一级：组织初具转型意识。

二级：组织初步具备基于数据的运营和优化能力。

三级：组织具备数字化转型总体规划并有序实施。

四级：组织将数据作为核心要素，构建算法和模型为业务相关方提供数据智能体验。

五级：组织基于数据持续推动业务活动的优化和创新。

2.2　数字中国考点梳理

【基础知识点】

数字中国是新时代国家信息化发展的新战略，是满足人民日益增长的美好生活需要的新举措，是驱动引领经济高质量发展的新动力，涵盖经济、政治、文化、社会、生态等各领域信息化建设。

1. 起源与发展

（1）《"十三五"国家信息化规划》，提出了"数字中国"的具体发展目标。

（2）党的十九大将"数字中国"作为国民经济社会发展的重要推手纳入报告之中。

（3）2023 年 2 月，中共中央、国务院印发的《数字中国建设整体布局规划》（简称《规划》）指出，建设数字中国是数字时代推进中国式现代化的重要引擎，是构筑国家竞争新优势的有力支撑。加快数字中国建设，对全面建设社会主义现代化国家、全面推进中华民族伟大复兴具有重要意义和深远影响。

2. 内涵与外延

（1）"数字中国"建设将对中国经济、政治、文化、社会、生态诸多方面产生全方位的影响，并将指导中国快速走向全面数字化、信息化的现代化强国。

（2）到 2025 年，基本形成横向打通、纵向贯通、协调有力的一体化推进格局，数字中国建设取得重要进展。

（3）到 2035 年，数字化发展水平进入世界前列，数字中国建设取得重大成就。数字中国建设体系化布局更加科学完备，经济、政治、文化、社会、生态文明建设各领域数字化发展更加协调充分，有力支撑全面建设社会主义现代化国家。

3. 主要内容

数字中国建设按照"2522"的整体框架进行布局，即夯实数字基础设施和数据资源体系"两大基础"，推进数字技术与经济、政治、文化、社会、生态文明建设"五位一体"深度融合，强化数字技术创新体系和数字安全屏障"两大能力"，优化数字化发展国内国际"两个环境"。

（1）夯实数字中国建设基础。

一是打通数字基础设施大动脉；二是畅通数据资源大循环。

（2）全面赋能经济社会发展。

一是做强做优做大数字经济；二是发展高效协同的数字政务；三是打造自信繁荣的数字文化；四是构建普惠便捷的数字社会；五是建设绿色智慧的数字生态文明。

（3）强化数字中国关键能力。

一是构筑自立自强的数字技术创新体系；二是筑牢可信可控的数字安全屏障。

（4）优化数字化发展环境。

一是建设公平规范的数字治理生态；二是构建开放共赢的数字领域国际合作格局。

2.3 数字经济考点梳理

数字经济是继农业经济、工业经济之后的更高级经济形态。从本质上看，数字经济是一种新的技术经济范式。

1. 新技术经济范式

（1）驱动力。智能技术群与经济活动融合，通过复杂经济学所描绘的经济与技术互动过程，最终展现出重构旧经济并形成新经济的强大力量，从而为数字经济发展提供了源源不断的驱动力。

（2）新结构。数字经济建立在智能技术群所独有的数字化、网络化、智能化等特征的基础上，具有前所未有的新特征。

（3）价值创造。数字经济的本质是技术经济范式转换，数字经济必然要创造出全新的价值，进而改变人们的价值观念。

（4）经济增长。随着数字经济的持续推进，在增长预期的推动下，构成经济进一步增长的投资和消费也就更加活跃，更多的新经济形态不断出现，更多的新价值不断创造，从而形成一个正反馈的闭环，最终实现持续的经济增长。

2. 主要内容构成

从产业构成来看，数字经济包括数字产业化和产业数字化两大部分。

从整体构成上看，数字经济包括数字产业化、产业数字化、数字化治理和数据价值化四个部分。

（1）数字产业化：指为产业数字化发展提供数字技术、产品、服务、基础设施和解决方案，以及完全依赖于数字技术、数据要素的各类经济活动，包括电子信息制造业、电信业、软件、信息技术、互联网行业等。数字产业化的发展重点包括：云计算、大数据、物联网、工业互联网、区块链、人工智能、虚拟现实和增强现实。

（2）产业数字化：指在新一代数字科技支撑和引领下，以数据为关键要素，以价值释放为核心，以数据赋能为主线，对产业链上下游的全要素数字化升级、转型和再造的过程。

产业数字化具有的典型特征包括：

- 以数字科技变革生产工具；
- 以数据资源为关键生产要素；
- 以数字内容重构产品结构；
- 以信息网络为市场配置纽带；
- 以服务平台为产业生态载体；
- 以数字善治为发展机制条件。

通过产业数字化全面推动数字时代产业体系的质量变革、效率变革、动力变革，推动新旧动能转换和高质量发展。

在数字经济背景下，企业逐步进入数据驱动时代。

在国家战略层面，数字化转型已经成为支撑未来经济发展的核心驱动力。随着数字经济的蓬勃发展，产业数字化转型将形成以产业链为中心，促进产业链与创新链、供应链、要素链、资金链、政策链等相互融合发展的新场景。"六链融合"也将成为未来产业数字化转型的主要发展模式，基于此将彻底释放国家数字经济发展的新动能，如图 2-2 所示。

产业链	创新链	供应链	要素链	资金链	政策链
基础研究 应用研发 产品开发 市场销售	高校 科研院所 企业研发中心 协同创新中心	国内大循环 国内国际双循环 平台经济	资金 技术 数据 人才	社会化基金 产业并购基金 国家引导基金	产业扶持 人才引进 财税政策 土地政策 区域协同 行业监管

图 2-2 "六链融合"推动产业数字化协同发展

（3）数字化治理：通常指依托互联网、大数据、人工智能等技术和应用，创新社会治理方法与手段，优化社会治理模式，推进社会治理的科学化、精细化、高效化，助力社会治理现代化。

数字化治理至少包含三个方面的内涵：

1) 对数据的治理。对数据的治理即将治理对象扩大到涵盖数据要素。数据要素的所有权、使用权、监管权以及信息保护和数据安全等都需要全新治理体系。

2) 运用数字技术进行治理。即运用数字与智能技术优化治理技术体系，进而提升治理能力。

3) 对数字融合空间进行治理。数字融合空间会以全新的方式创造经济价值、塑造社会关系，这需要适应数字融合世界的治理体系，对数字融合空间的新生事物进行有效治理。

（4）数据价值化。

1) 价值化的数据是数字经济发展的关键生产要素，加快推进数据价值化进程是发展数字经济的本质要求。

2) 数据价值化是指以数据资源化为起点，经历数据资产化、数据资本化阶段，实现数据价值化的经济过程。

a. 数据资源化是使无序、混乱的原始数据成为有序、有使用价值的数据资源，是激发数据价值的基础，其本质是提升数据质量，形成数据使用价值的过程。

b. 数据资产化是数据通过流通交易给使用者或者所有者带来的经济利益的过程。数据资产化是实现数据价值的核心，其本质是形成数据交换价值，初步实现数据价值的过程。

c. 数据资本化主要包括数据信贷融资与数据证券化。数据资本化是拓展数据价值的途径，其本质是实现数据要素社会化配置。

2.4　数字政府考点梳理

数字政府通常是指以新一代信息技术为支撑，以"业务数据化、数据业务化"为着力点，通过数据驱动重塑政务信息化管理架构、业务架构和组织架构，形成"用数据决策、数据服务、数据创新"的现代化治理模式。

1. 数字新特征

（1）数字政府既是"互联网＋政务"深度发展的结果，也是大数据时代政府自觉转型升级的必然，其核心目的是以人为本，实施路径是共创、共享、共建、共赢的生态体系。

（2）数字政府被赋予了新的特征：协同化、云端化、智能化、数据化、动态化。

（3）数字政府建设关键词：共享、互通、便利。（速记词：共通利）

2. 主要内容

从面向社会大众政务服务视角来看，主要内容重点体现在"一网通办""跨省通办""一网统管"。

（1）"一网通办"是政务服务的阶段性目标，依托信息共享，可优化业务流程，提升服务水平与效率。其实现需各部门携手，梳理政务事项，以升级改造原有业务系统为途径，打破部门壁垒，展开深度分工合作。

（2）"跨省通办"是申请人在办理地之外的省市提出事项申请或在本地提出办理其他省市事项的申请，办理模式通常可分为全程网办、代收代办、多地联办。

（3）"一网统管"强调：一网、一屏、联动、预警、创新。

3. 能力体系

2022年国务院印发的《关于加强数字政府建设的指导意见》进一步明确"构建协同高效的政府数字化履职能力体系"发展目标。

（1）强化经济运行大数据监测分析，提升经济调节能力。
（2）大力推行智慧监管，提升市场监管能力。
（3）积极推动数字化治理模式创新，提升社会管理能力。
（4）持续优化利企便民数字化服务，提升公共服务能力。
（5）强化动态感知和立体防控，提升生态环境保护能力。
（6）加快推进数字机关建设，提升政务运行效能。
（7）推进公开平台智能集约发展，提升政务公开水平。

2.5 数字社会考点梳理

1. 数字民生

数字民生建设重点通常强调普惠、赋能和利民。

（1）普惠。充分开发利用信息技术体系，扩大民生保障覆盖范围，助力普惠型民生建设，解决民生资源配置不均衡等问题。

（2）赋能。信息技术体系与民生的深度融合赋予了民生建设新动能，促进民生保障实效指数式增长。

（3）利民。信息技术体系创新拓展了公共服务场景，推动数字技术全面融入社会交往和日常生活新趋势，使民生服务日趋智慧化、便利化和人性化。

2. 智慧城市

（1）新型智慧城市建设持续推动着城市的高质量发展，主要体现在：
- 智慧城市建设更加注重以人民为中心；
- 新技术持续赋能智慧城市的建设与发展；
- 城市治理现代化是智慧城市建设的必然要求；
- 智慧城市群区域一体化协同发展新格局逐步形成；
- 共建、共治、共享生态模式助力智慧城市高质量发展。

（2）智慧城市基本原理表现为：①强调"人民城市为人民"，以面向政府、企业、市民等主体提供智慧化的服务为主要模式；②重点强化数据治理、数字孪生、边际决策、多元融合和态势感知五个核心能力要素建设；③更加注重规划设计、部署实施、运营管理、评估改进和创新发展在内的智慧城市全生命周期管理；④目标旨在推动城市治理、民生服务、生态宜居、产业经济、精神文明"五位一体"的高质量发展；⑤持续推动城市治理体系与治理能力现代化水平提升。

（3）五个核心能力要素。

1）数据治理：围绕数据这一新的生产要素进行能力构建，包括数据责权利管控、全生命周期管理及其开发利用等。

2）数字孪生：围绕现实世界与信息世界的互动融合进行能力构建，包括社会孪生、城市孪生和设备孪生等，将推动城市空间摆脱物理约束，进入数字空间。

3）边际决策：基于决策算法和信息应用等进行能力构建，强化执行端的决策能力，从而达到快速反应、高效决策的效果，满足对社会发展的敏捷需求。

4）多元融合：强调社会关系和社会活动的动态性及其融合的高效性等，实现服务可编排和快速集成，从而满足各项社会发展的创新需求。

5）态势感知：围绕对社会状态的本质反映及模拟预测等进行能力构建，洞察可变因素与不可见因素对社会发展的影响，从而提升生活质量。

3. 数字乡村

（1）《数字乡村发展战略纲要》指出：立足新时代国情农情，要将数字乡村作为数字中国建设的重要方面，加快信息化发展，整体带动和提升农业农村现代化发展。到21世纪中叶，全面建成数字乡村。

（2）《数字乡村发展战略纲要》明确了十项重点任务。

1）加快乡村信息基础设施建设。

2）发展农村数字经济。

3）强化农业农村科技创新供给。

4）建设智慧绿色乡村。

5）繁荣发展乡村网络文化。

6）推进乡村治理能力现代化。

7）深化信息惠民服务。

8）激发乡村振兴内生动力。

9）推动网络扶贫向纵深发展。

10）统筹推动城乡信息化融合发展。

3. 数字生活

依托互联网和一系列数字科学技术应用为基础的一种生活方式，可以方便快捷地带给人们更好的生活体验和工作便利。

数字生活主要体现在生活工具数字化、生活方式数字化、生活内容数字化三个方面。

2.6　数字生态考点梳理

数字生态为加快建设数字经济、数字社会、数字政府提供了良好的环境和有力的支撑。

1. 数据要素市场

（1）概念：数据要素市场就是将尚未完全由市场配置的数据要素转向由市场配置的动态过程。
（2）目的是形成以市场为根本调配机制，实现数据流动的价值或者数据在流动中产生价值。
（3）数据作为新型生产要素，具有劳动工具和劳动对象的双重属性。
（4）数据要素市场化配置是一种结果，而不是手段。

2. 网络安全保护

（1）《中华人民共和国网络安全法》《中华人民共和国数据安全法》《中华人民共和国个人信息保护法》《关键信息基础设施安全保护条例》等法律法规的颁布，以及网络安全等级保护2.0标准体系的发布，使我国的网络安全法律法规和制度标准更加健全。
（2）全面加强网络安全保障体系和能力建设，主要举措包括以下五个方面。
1）健全国家网络安全法律法规和制度标准。
2）加强网络安全风险评估和审查。
3）加强网络安全基础设施建设，提高网络安全综合治理能力。
4）推动网络安全教育、技术、产业融合发展。
5）加强网络安全国际交流合作。

2.7　数智化发展考点梳理

1. 科学范式与科技革命

社会科学研究借鉴第四范式，提出了数据驱动的社会研究范式。它运用计算机科学技术设计的特定算法从大规模社会数据中识别关键变量，发现变量之间的关联性，归纳总结出隐藏在大数据背后的人类行为与社会运行模式。

习近平总书记强调，人工智能是新一轮科技革命和产业变革的重要驱动力量，加快发展新一代人工智能是事关我国能否抓住新一轮科技革命和产业变革机遇的战略问题。

2. 数字新空间

（1）人类从由物理空间和社会空间共同构成的二元空间，发展成物理空间、社会空间和数字空间构成的三元空间。
（2）物理空间中数字网络技术与传感技术的融合拉开了万物互联的大数据时代的帷幕，人与环境的高效信息交互产生的海量、异构、动态数据集，逐步形成了数字空间基础。
（3）数字空间以大数据、云计算、人工智能等技术为依托，贯通虚拟与现实，其内涵正随着第四次科技革命的深入发展而日益丰富与扩展。

3. 数字营商环境

良好的营商环境是一个国家或地区经济软实力和综合竞争力的重要体现。

国家工业信息安全发展研究中心 2021 年 12 月提出的全球数字营商环境评价指标体系，包含五个一级指标：数字支撑体系、数据开发利用与安全、数字市场准入、数字市场规则、数字创新环境。

4. 数智化新业态新模式

我国已经进入信息技术与实体经济深度融合的阶段。"新旧交织、破立并存"，在 5G、人工智能、现代物流等先进生产力不断发展的同时，为消除数智化新业态新模式发展面临的制约因素，营造良好的发展环境，需要从以下四个方面进行考虑。

1) 优化业态治理方式，进一步激发市场创新能力。
2) 加强数字化转型协同，进一步提升数字化转型效益。
3) 完善就业服务和保障制度，进一步激活新型就业潜力。
4) 改革生产资料管理制度，进一步提升要素利用效率。

2.8 考点实练

1. "信息可以像病毒一样无限地传播下去"描述的是社交网络信息传输的（　　）。
   A. 永生性　　　B. 无限性　　　C. 即时性　　　D. 方向性
   答案：B

2. 通过洞察可变与不可见因素对社会发展的影响，进而提升生活质量的能力要素是（　　）。
   A. 多元融合　　B. 态势感知　　C. 数据治理　　D. 中心决策
   答案：B

3. 以数据赋能为主线，对产业链上下游进行全要素数字化升级的过程指的是（　　）。
   A. 数字产业化　　　　　　　B. 产业数字化
   C. 云计算产业的发展　　　　D. 数字技术的应用
   答案：B

4. 信息技术体系与民生深度融合，促使民生保障实效快速大幅提升，这一描述契合信息技术对民生建设的（　　）。
   A. 普惠　　　　B. 赋能　　　　C. 利民　　　　D. 协同
   答案：B

第 3 章
科学与哲学方法论知识点梳理及考点实练

3.0　章节考点分析

第 3 章主要学习矛盾论、实践论、系统论、信息论、控制论、耗散结构理论等内容。

根据考试大纲，本章知识点会涉及单项选择题，约占 1～3 分。本章内容侧重于概念知识，根据以往全国计算机技术与软件专业技术资格（水平）考试的出题规律，概念知识考查知识点多数参照教材，扩展内容较少。本章的架构如图 3-1 所示。

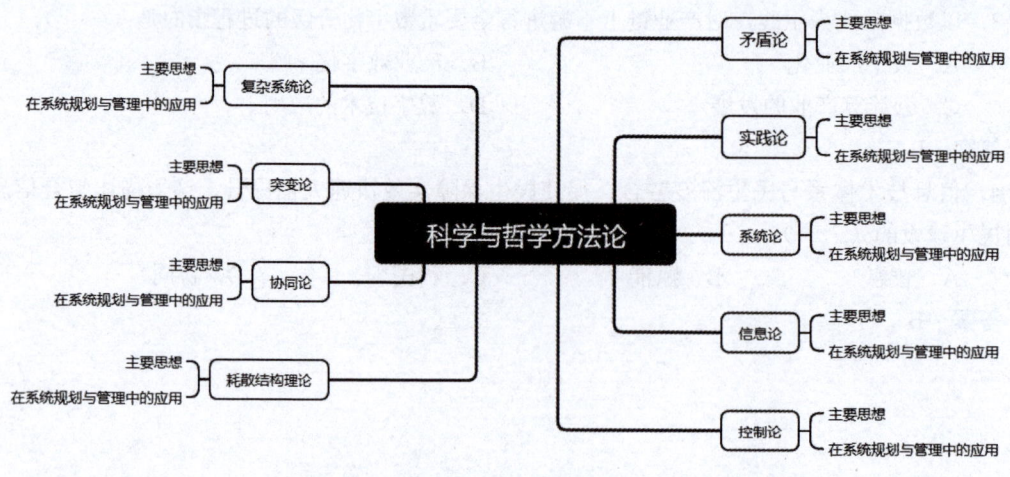

图 3-1　本章的架构

【导读小贴士】

系统科学是研究系统的结构与功能关系、演化和调控规律的科学，是一门新兴的综合性、交叉性学科。哲学本质上是对世界基本和普遍的问题研究的学科，是关于世界观的理论体系。不同于针对一个特定的领域进行研究的具体科学，哲学为人们认识世界和改造世界提供具体方法的指导。掌握本章内容，是人们理解系统、做好系统规划的必要的基本能力。

3.1 矛盾论考点梳理

【基础知识点】

《矛盾论》是毛泽东论述马克思主义的唯物辩证法关于矛盾规律的重要哲学著作。

1. 主要思想

《矛盾论》全面系统地论述了唯物辩证法关于对立统一规律的基本原理。

（1）矛盾法则（规律）即对立统一规律，是唯物辩证法最根本的规律，是唯物辩证法的实质和核心。

（2）形而上学和唯物辩证法，是两种根本对立的发展观。

形而上学：属于唯心论。

唯物辩证法：主张从事物的内部、从一事物对他事物的关系去研究事物的发展，而每一事物的运动都与其周围的其他事物互相联系着且互相影响着。

（3）矛盾的普遍性和特殊性。

矛盾普遍性的有两种含义：①"不论是简单的运动形式，或复杂的运动形式，不论是客观现象或思想现象，矛盾是普遍存在的，矛盾存在于一切过程中"；②"矛盾存在于每一事物过程始终"。任何差异都是矛盾，差异往往是指矛盾的初始阶段，即没有激化的矛盾，是矛盾的量变阶段。

矛盾的特殊性主要表现在三个方面：①每一种运动形式中的矛盾都具有特殊性；②每一个事物的发展过程中的矛盾都具有特殊性；③每一个事物中的矛盾及其不同方面的地位都具有特殊性。

（4）主要矛盾、主要的矛盾方面和矛盾的诸方面的同一性。

2. 在系统规划与管理中的应用

《矛盾论》是讲辩证法的，它主要讲人应如何分析社会矛盾与解决社会矛盾，促成事物的转化，达到改变社会结构、实现人的自由解放的目的。

系统规划和管理本质上也是分析并解决矛盾的过程。举例来说，信息系统规划与管理过程中，需要分析组织当前的内外部环境，为组织分析并解决如下主要矛盾：需求与资源的矛盾，敏态与稳态的矛盾，安全与效率的矛盾，文化与技术的矛盾。

3.2 实践论考点梳理

《实践论》和《矛盾论》在学界被誉为"哲学星空明亮耀眼的双子星"。《矛盾论》是讲辩证法的，而《实践论》是研究认识论的，它们相互联系，统一于一个整体。

实践论认为认识的规律为：实践—认识—再实践—再认识循环反复至无穷的过程。

1. 主要思想

《实践论》写于 1937 年 7 月，毛泽东同志用马克思主义的认识论揭露党内经验主义、教条主义的主观主义错误，阐述了认识和实践的关系，知和行的关系。

一切真知最终都是来源于实践。实践是检验认识真理性的标准。实践是认识的目的。

2. 在系统规划与管理中的应用

在系统规划与管理中，应遵循实践性原则，以实际问题为导向，注重实践经验，积累实践经验。系统规划的过程和规划的系统应具有可操作性、易于实施和操作，并在实际使用中持续优化调整。

在系统规划与管理的各项活动中，结合实践论。我们还要注意以下几个方面：避免惯性思维，持续多次迭代，实验问题解决。

3.3 系统论考点梳理

系统论、控制论和信息论是 20 世纪 40 年代先后创立并获得迅猛发展的系统理论的三门分支学科。它们被合称为"老三论"，人们摘取了这三论的英文名字的第一个字母，把它们称之为 SCI 论。

系统论研究系统的结构、特点、行为、动态、原则、规律以及系统间的联系，并对其功能进行数学描述。

1. 主要思想

（1）系统整体性原理。系统是由若干要素组成的具有一定新功能的有机整体。

（2）系统层次性原理。由于组成系统诸要素的种种差异，从而使系统组织在地位与作用、结构与功能上表现出等级秩序性，形成了具有质的差异的系统等级。

（3）系统开放性原理。系统具有不断地与外界环境进行物质、能量、信息交换的性质和功能，系统向环境开放是系统得以向上发展的前提，也是系统得以稳定存在的条件。

（4）系统目的性原理。在一定的范围内，其发展变化不受或少受条件变化或途径经历的影响。系统的目的性，是与系统的开放性相联系的。

（5）系统突变性原理。系统从一种状态进入另一种状态的一种突变过程，它是系统质变的一种基本形式。

系统的突变有两个层次：一层是在系统要素层次的突变；另一层是在系统层次的突变。

（6）系统稳定性原理。系统具有一定的自我稳定能力，在一定范围内有自我调节能力，从而保持和恢复原来的有序状态，保持和恢复原有的结构和功能。

系统的稳定性是系统在发展和演化之中的稳定性，是动态中的稳定性，而非绝对意义上的稳定性。

（7）系统自组织原理。开放系统在系统内外两方面因素的复杂、非线性相互作用下，系统会自发组织起来，使系统从无序到有序，从低级有序到高级有序。

（8）系统相似性原理。系统具有同构和同态的性质，其体现在系统的结构和功能、存在方式和演化过程具有共同性，这是一种有差异的共性，是系统统一性的一种表现。

2. 在系统规划与管理中的应用

系统论的核心思想认为系统是由多个相互作用的元素组成的，这些元素之间的相互作用和反馈机制形成了系统的结构和功能。

系统论提供了一种从整体全局思考问题的维度，系统怎么组成的，输入是什么，输出是什么，如何交互的。

3.4 信息论考点梳理

信息论（Information Theory）是"老三论"之一，是运用概率论与数理统计的方法研究信息、信息熵、通信系统、数据传输、密码学、数据压缩等问题的学科。为了正确认识并有效地控制系统，需要了解和掌握系统各种信息的流动与交换，信息论为人们提供了一般方法论的指导。

信息论诞生于 1948 年，创始人为香农。信息论可以分成两种：狭义信息论与广义信息论。

1. 主要思想

（1）信息（Information）一词的含义包括情报、资料、消息、报导、知识。广义信息论把信息定义为物质在相互作用中表征外部情况的一种普遍属性，它是一种物质系统的特性以一定形式在另一种物质系统中的再现。

（2）信息论中相关定义包括：

- 信号。信号是消息的载体，是物理量。信息通过信号在通信系统中传递。
- 信息量。信息量是信息多少的量度。
- 信源。信源即消息的来源。
- 信宿。信宿是信息的接收者，它能够接收消息并使消息再现。
- 信道。信道是信源和信宿之间存在着传递信息的通道。
- 信道容量。信道容量是指信道传输信息的多少以及速度。
- 编码。编码即使用特定符号、特定顺序将信息变成信号的过程。用符号来表达信息，称为信源编码；将符号转换成为信道所要求的信号，称为信道编码。
- 译码。译码是编码的逆过程，将信号还原为信息。

迄今为止，人类社会已经发生过四次信息技术革命。

- 第一次信息技术革命是人类创造了语言和文字，接着出现了文献。
- 第二次信息技术革命是造纸和印刷技术的出现。

- 第三次信息技术革命是电报、电话、电视及其他通信技术的发明和应用。
- 第四次信息革命是电子计算机和现代通信技术在信息工作中的应用。

（3）信息的特性有：传递性、共享性、依附性和可处理性、价值相对性、时效性、真伪性。

（4）信息论方法有两个主要特点：①它完全撇开对象的具体运动形态，把系统的运动过程抽象为信息过程，在不考虑系统内具体物质形态、不打开机器或活体的条件下研究系统与外界之间的输入与输出的关系；②它不是为了说明客观对象，而是为了说明客观对象的过程，说明主、客体之间信息交换过程的方式，以达到对控制系统运动过程的规律性认识。

2. 在系统规划与管理中的应用

信息是系统规划与管理的核心内容，抓住信息的特征，理解信息方法的特点，有助于高效、高质量地完成系统规划与管理工作。

在信息编码时需在准确性与简洁性之间找到一个平衡点，通过添加有限的冗余信息来确保信息编码的准确性和抗噪能力。在进行系统规划与管理时，需要在确保效果一致的情况下，尽量将烦琐的流程简化，提高系统的易用性。

3.5 控制论考点梳理

1948 年，美国数学家罗伯特·维纳把控制论（Control Theory）定义为动物和机器中控制和通信的科学。

控制论提供了一种方法论，它的研究对象是各种各样的系统，包括生物体、生物群、机器装置类的工程对象、人类社会、经济实体等。这些系统从控制论的角度可以统称为控制论系统。

所谓控制，是指为了改善系统的性能或达到某个特定的目的，通过对系统输出信号的采集和加工而产生控制信号施加到系统的过程。在通常情况下，系统可以分为不可控系统和可控系统两大类，前者是指无法进行人工控制与干预的系统，后者是指可以进行人工控制与干预的系统。

1. 主要思想

一般情况下，控制系统分为开环控制系统和闭环控制系统两大类。

所谓开环控制系统，是指控制器形成控制信号时不依赖于系统输出信号。开环控制系统必定是程序控制系统，它按事先规定的顺序或逻辑进行控制，其响应严格地由描述系统行为的数学模型、系统输入和初始条件所确定。

对于闭环控制系统而言，一般情况下并不严格地依赖于系统的数学模型，而对于设定信号和控制器参数的依赖程度是很高的。这两种控制方式在实际中都有广泛的应用。

通过闭合负反馈环路，可以获得几个重要的特征使系统达到稳定（最重要的特征）；可以使系统具有鲁棒性，即减小了系统输出对系统参数变化（系统元件老化或系统内部干扰）的敏感度，减小了系统对测量误差（测声）的敏感性；可以使系统具有抗干扰能力，即减小了外部干扰对系统输出的影响，可以改善系统输出的响应性能。

2. 在系统规划与管理中的应用

控制论研究的对象就是系统，包括工业系统、信息系统、社会系统等具有控制思想的系统，如综合自动化系统、计算机集成制造系统、网络化控制系统等。

（1）综合自动化系统。综合自动化追求的是总体最优，而不是局部最优；依赖的是信息集成，而不是简单的生产技术集成。

综合自动化系统离不开人，是以人为中心的系统。

综合自动化系统把各种分散的自动化系统有机地集成起来，构成一个优化的、完整的生产系统，从而获得更高的整体效益，缩短产品开发制造周期，提高产品质量、生产率、企业的应变能力和竞争能力。

（2）计算机集成制造系统。一个基本的计算机集成制造系统，至少有自动化设计系统、自动化制造系统、计算机辅助质量保障系统以及管理与决策支持系统四大部分。

自动化设计系统包括计算机辅助设计（Computer Aided Design，CAD）、计算机辅助制造（Computer Aided Manufacturing，CAM）、计算机辅助工程（Computer Aided Engineering，CAE）、计算机辅助工艺设计（Computer Aided Process Planning，CAPP）等。为使这四大部分集成起来，计算机集成制造系统还包括分布式数据库以及数据传输网络等支撑环境，最终实现所有信息集成的目的。

计算机集成制造系统通过信息集成，可以进一步改善产品质量，提高设备利用率，使企业管理、调度及决策科学化，同时增加新产品设计与生产的灵活性。

集成度的提高，使各种生产要素之间的配置得到更好的优化，各种生产要素的潜力得到更大的发挥，使实际存在于生产过程中的各种资源浪费减到最少，从而获得更好的整体效益。

（3）网络化控制系统。网络化控制系统是通信网络和控制系统相结合的产物，具有如下特点：①传统的计算机控制系统一般都采用等周期采样，这会使系统的分析与设计都大大简化，而在网络化控制系统中，数据采集与控制作用都不能确保是等周期的。②在网络化控制系统中，控制品质与性能不再仅依赖于控制算法，同时也受到网络调度算法的影响。③控制系统中的传感器、控制器和执行器通过网络传输信息，必然会导致网络的传导时延，不但会降低系统性能，还会导致系统的不稳定。时延的存在及其固有的不确定性，使控制系统的分析与设计变得复杂。④网络环境下被传输的数据包要经过多个网络节点，而且路径不唯一，这必然会导致数据包时序的错乱，甚至出现数据包丢失的现象。

网络节点有多种驱动方式，主要有时钟驱动和事件驱动两种。传感器通常采用时钟驱动，而控制器和执行器既可以是时钟驱动，也可以是事件驱动。

3.6 耗散结构理论考点梳理

1969年，比利时布鲁塞尔自由大学的普里戈金教授提出了耗散结构理论。

1. 主要思想

（1）耗散结构理论是熵理论的延伸，它的基本内涵是：一个远离平衡的开放系统，当外界条件变化达到某一特定阈值时，系统通过不断地与外界进行物质交换和能量交换，会从原来的无序状态转化为一种时间、空间或功能的有序状态，此时形成的远离平衡的、稳定有序的结构称为耗散结构。耗散结构理论指出非平衡态是有序之源，平衡态是无序的，系统朝向有序或无序发展。

（2）耗散结构的形成是有一定的条件的，普里戈金在提出耗散结构概念的同时也提出了如下耗散结构形成和维持的条件。

1）开放性。所谓开放性是指系统能够同周围环境进行能量、物质和信息的交换。

2）远离平衡态。系统想要朝向有序化发展，必须远离平衡态。所谓平衡态是指在与外界没有物质交换的条件下，系统的各部分在长时间不发生任何变化的状态，非平衡态是平衡态的对立面。

3）线性耦合。在热力学领域，当热力学分支失稳时，系统重新稳定到新的耗散结构分支上的使命是由非线性来完成的。

4）涨落现象。根据普里戈金的分析，所谓涨落是指微小偏差的发生，是系统形成耗散结构的触发器。涨落的发生是随机的、不可预测的，依赖于外界环境的刺激和内部运行产生的契机，只能大致地对涨落出现的阶段和意义做一定的描述。

2. 在系统规划与管理中的应用

在系统规划与管理中，认识系统的耗散结构特征，可以有针对性地利用耗散结构的演化形成过程，提升信息系统的抗熵（抗干扰）能力，促进系统不断改进优化。

（1）物流网络的耗散结构。物流网络形成耗散结构是完全可行的，一个稳定运行的物流网络就是一个典型的耗散结构，物流网络的开放性、动态性和自组织演化是物流网络形成耗散结构的根源。

系统要想在实践中获得存在与发展，必须不断地从外界引入熵流，以抵消对象体内的熵产生，从而确保系统不断地走向更高层次的稳定有序结构。

（2）企业管理信息系统的耗散结构。企业管理信息系统必须具备抗熵能力。所谓抗熵能力，就是抗干扰能力。企业管理信息系统的干扰来自内外两个方面，内部干扰是信息系统部件产生的噪声。外部干扰是由于外界的正熵输入，大量的信息资料不加分析地输入信息处理部门，管理者很难找出有价值的信息，造成决策困难。

要增强系统的抗熵能力，必须完善系统各部件的功能，及时地从外界输入信息，并根据信息不断地改变企业的信息结构，使之适应外界环境的变化和发展，使企业管理信息系统维持一种稳定的耗散结构。

3.7 协同论考点梳理

协同论亦称协同学或协和学，是研究不同事物的共同特征及其协同机理的学科，它着重探讨各种系统从无序变为有序时的相似性。

协同论主要研究远离平衡态的开放系统在与外界有物质或能量交换的情况下，如何通过自己内部协同作用，自发地出现时间、空间和功能上的有序结构。

协同论的主要特点是通过类比从无序到有序的现象，建立了一整套数学模型和处理方案，并推广到广泛的领域。

1. 主要思想

协同论由三大基本原理构成，即不稳定原理、支配原理和序参量原理。

（1）不稳定原理。不稳定原理揭示的是一种模式的形成意味着原来的状态不再能够维持，从而变为不稳定的。协同论承认不稳定性具有积极的建设性作用，不稳定性充当了新旧结构演替的媒介。

（2）支配原理。支配原理的主要概念是"慢变量不稳定模""快变量稳定模"和"支配"。

支配原理的核心思想是认为系统内部的各种子系统、参量或因素的性质和对系统的影响是有差异的、不平衡的，但在远离临界点时，这种差异和不平衡受到抑制，未能表现出来。

支配原理认为有序结构是由少数几个缓慢增加的模或变量决定的，所有子系统都受这少数几个模的支配。

（3）序参量原理。序参量是指不论什么系统，如果某个参量在系统演化中从无到有地变化并能指示出新结构的形成，它就是序参量。序参量是描述系统整体行为的宏观参量。

2. 在系统规划与管理中的应用

在信息系统规划中，协同论的应用可以帮助人们更好地理解和分析信息系统的各个组成部分，优化各要素之间的协作关系，从而提高信息系统的整体性能。

在信息系统中，自组织系统的协同作用表现在以下三个方面。

- 自适应能力。自组织系统能够根据外部环境的变化自动调整自身的结构和行为，以适应新的环境和条件。
- 自我修复能力。自组织系统在出现故障或异常时，能够自我修复和恢复。
- 自我进化能力。自组织系统能够通过学习和演化，不断提升自身的性能和适应性。

3.8 突变论考点梳理

突变论被用来研究系统的稳定性、变化以及社会现象的突然转变。突变论在系统科学领域与耗散结构论、协同论并称"新三论"。

1. 主要思想

突变论研究的主要问题是质变产生的路径。该理论认为质变既可通过飞跃的方式实现，也可通过渐变的方式实现；同时提出，只要改变控制条件，一个飞跃过程可以转化为渐变，而一个渐变过程又可转化为飞跃，并给出了相应的数据模型进行验证。

突变论的数学基础是奇点理论和分岔理论。奇点理论主要用来描述系统中的突变或飞跃现象，即从一个状态转变为另一个状态的情况。在突变论中，奇点被视为一种数学模型，用于描述在特定条件下系统的状态变化。

2. 在系统规划与管理中的应用

突变论在系统规划与管理中既可以为系统规划提供思想体系，提升系统的性能、稳定性及安全性，其强大的数学理论基础也可以为算法设计及实际问题的求解提供有效的支撑。它可以帮助人们理解和描述系统中的复杂现象，从而为算法设计提供更精确的模型和更有效的解决方案。

3.9 复杂系统论考点梳理

复杂系统论是基于复杂性科学研究的哲学思想。复杂系统论客观承认世界的多样性、无序性及非线性，是研究复杂系统特征及演化表现的理论思想。

1. 主要思想

复杂系统论认为，导致复杂性出现的核心原因是局部互动不可测。即在整个系统中，人们可以充分了解每个单元的特性，但是当这些单元组合在一起形成一个整体系统时，整个系统将呈现出单个单元所不具备的新特性，对复杂系统的研究须着眼于整体性，强调"整体大于部分之和"。

目前，应用复杂系统论认为复杂系统具备自我学习和适应能力，由反馈、异质性和随机性等原则创造。反馈是观测复杂系统是否积极向好的重要手段。异质性是保证复杂系统稳定运行的关键特性。

2. 在系统规划与管理中的应用

复杂系统论提出的背景及时代都表明了科学研究将进入复杂科学研究时代。计算机则是人类了解复杂科学的重要工具。借助复杂系统论的思想体系，系统规划与管理可在以下五个方向进行扩展。

- 整体视角。复杂系统具有多层次、多子系统的特点，因此需要从整体视角出发，全面考虑系统的各个组成部分以及它们之间的相互作用。在系统规划与管理时，应将系统视为一个整体，分析其内部结构和外部环境，以便更好地理解和解决系统中的问题。
- 动态演化。复杂系统是动态演化的，具有自组织和适应环境变化的能力。在系统规划与管理中，需要考虑系统的历史、现状和未来趋势，分析系统在不同阶段的特点和规律，以便制定出更加符合实际情况的方案与措施。
- 非线性思维。复杂系统中的各个组成部分之间相互作用，往往呈现出非线性的关系。在系统规划与管理中，应该采用非线性思维，分析系统中存在的各种反馈机制和相互作用，以便更好地理解和预测系统的行为。
- 多样性原则。复杂系统中的个体和群体具有多样性，这种多样性可以促进系统的稳定性和适应性。在系统规划与管理中，应该充分考虑系统中存在的多样性，鼓励不同的策略、方案、方法和技术的融合，以便更好地应对复杂多变的情况。
- 适应性策略。复杂系统是不断变化的，需要具备适应性和灵活性。在系统规划与管理中，应该制定适应性策略，根据系统在不同阶段的特点和需求及时调整方案和方法，以便更好地适应系统的变化和发展。

3.10　考点实练

1. 关于矛盾的特殊性，说法错误的是（　　）。
    A．每一种运动形式中的矛盾都具有特殊性
    B．每一个事物的发展过程中的矛盾都具有特殊性
    C．每一个事物中的矛盾及其不同方面的地位都具有特殊性
    D．所有事物的矛盾都完全一样，不存在特殊性

   答案：D

2. 以下被合称为"老三论"的是（　　）。
    A．系统论、控制论、信息论
    B．耗散结构论、协同论、突变论
    C．博弈论、运筹学、混沌理论
    D．复杂性理论、超循环理论、自组织理论

   答案：A

3. 关于耗散结构形成条件中的"开放性"，以下描述正确的是（　　）。
    A．系统封闭运行，不与外界交互
    B．系统能够同周围环境进行能量、物质和信息的交换
    C．仅涉及物质交换，不包含能量与信息
    D．开放性与系统是否有序化发展毫无关联

   答案：B

4. 耗散结构理论是以下（　　）理论的延伸。
    A．熵理论　　　　　　　　　　B．相对论
    C．量子理论　　　　　　　　　D．博弈论

   答案：A

5. 在网络化控制系统中，影响控制品质与性能的因素有（　　）。
    A．控制算法和系统性能算法
    B．网络调度算法和周期采样
    C．控制算法和网络调度算法
    D．耗散结构算法和非平衡算法

   答案：C

6. 协同论由以下（　　）基本原理构成。
    A．熵增原理、蝴蝶效应原理、自组织原理
    B．平衡原理、反馈原理、循环原理

C．不稳定原理、支配原理、序参量原理

D．突变原理、混沌原理、耗散原理

答案：C

7．突变论研究的主要问题是（　　）。

A．量变积累的过程　　　　　　　B．系统要素的构成

C．系统平衡的维持　　　　　　　D．质变产生的路径

答案：D

第4章 信息系统规划知识点梳理及考点实练

4.0 章节考点分析

第 4 章主要学习信息系统规划概述、主要内容、工作要点、常用方法等内容。

根据考试大纲，本章知识点会涉及单项选择、案例分析和论文，单项选择题预计分值约占 3～5 分。本章内容侧重于概念知识，多数参照教材，扩展内容较少。本章的架构如图 4-1 所示。

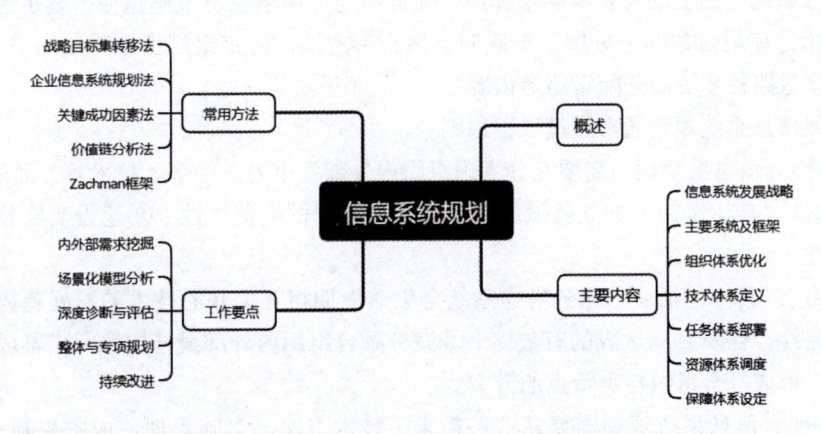

信息系统规划
- 常用方法
  - 战略目标集转移法
  - 企业信息系统规划法
  - 关键成功因素法
  - 价值链分析法
  - Zachman 框架
- 工作要点
  - 内外部需求挖掘
  - 场景化模型分析
  - 深度诊断与评估
  - 整体与专项规划
  - 持续改进
- 概述
- 主要内容
  - 信息系统发展战略
  - 主要系统及框架
  - 组织体系优化
  - 技术体系定义
  - 任务体系部署
  - 资源体系调度
  - 保障体系设定

图 4-1 本章的架构

【导读小贴士】

信息系统规划是组织战略规划的有机组成部分，是组织关于数字能力的目标及其实现的总体谋划。它描绘了组织未来的信息系统蓝图，并明确了获取与整合这些蓝图的能力。本章所要讲述的内容偏概念，侧重于理解，考生把握住重点记忆部分，拿到该拿分数即可。

4.1 信息系统规划概述考点梳理

【基础知识点】

信息系统规划是指在充分考虑组织内外部发展条件的基础上，基于组织发展战略，明确信息系统发展愿景、目标、系统框架，以及各系统及其组成部分的逻辑关系、建设模式和实施策略，从而促进和保障组织目标的达成。

（1）信息系统规划的关键价值与意义主要体现在以下六个方面：

1）确立组织关键数字能力目标。

2）明确组织数字能力建设路径。

3）确保数字能力建设认识上的一致性。

4）具象数字能力建设的关键任务。

5）明确数字能力标准与控制措施。

6）统筹部署与管理相关建设资源。

（2）信息系统规划面向组织全局性、长远性的关键问题，具有较强的不确定性、系统概括性和结构化程度低等特点。

（3）信息系统规划活动需要组织全体成员充分参与，由组织决策层担任主要负责人，管理层作为工作主体，使用自顶向下分解、自底向上聚合等方法，确定组织信息系统的整体发展战略、总体框架、演进路径和资源分配策略等内容。

（4）开展信息系统规划通常遵循以下原则：

1）战略性。信息系统规划需要充分考虑组织内外部竞争力、经济、技术等方面的发展趋势。

2）整体性。具体包括：①业务赋能整体性；②系统框架整体性；③建设实施整体性；④集成融合整体性。

3）先进性。具体包括：①充分考虑系统全生命周期相互关联的技术的发展趋势，从而选择适当的技术路线，保障目标达成的有效性；②充分融合组织内外部最佳实践，借鉴成功经验，规避发展风险，形成符合组织自身特点的方案。

4）指导性。信息系统规划需要从业务需求、技术方案、实施管理、成本控制、范围界定、风险预防等方面，给出框架性的要求和建议，为系统的设计与实现提供基本依据和指导。

5）柔性。信息系统规划需要充分满足对组织内外部环境变化的适应性，在确保目标可获取的基础上，明确监测、调整和优化的基本原则，保障系统的柔性。

6）遵从性。具体包括：①信息系统规划需要充分识别相关法律法规的要求，并确保规划活动满足这些要求；②信息系统规划需要充分挖掘相关国家、行业、地方、团体、企业的标准规范，并明确对这些标准规范的引用或遵守情况；③信息系统规划需要满足组织战略、数字能力的发展需求，确保规划活动与相关内容的一致性。

4.2 信息系统规划主要内容考点梳理

1. 信息系统发展战略

组织战略是对企业长远发展的全局性规划，是由组织的愿景和使命、政策环境、长短期发展目标及实现目标的策略组成的总体概念，是组织信息系统建设要实现的目标及实现这些目标的方法、策略、措施的总称。

（1）发展战略与目标。

信息系统发展战略：作为组织信息系统建设与优化的全局性策略，包含组织数字能力建设方向、纲领、方针、政策、技术等方面的内容。

信息系统建设目标：是对信息系统发展战略的阶段性定义，是由总体目标、分目标和多层次子目标构成的一个目标树。

1）基本趋势：发展战略需要组织全员获得一致性认识。

2）指导思想、战略目标和基本方针如下：

指导思想是组织开展相关活动的核心指引，信息系统发展的指导思想需要覆盖国家战略、行业与领域要求、上级主管部门与主要负责人的思想与意见。

战略目标需要以时间为轴线，以阶段为区隔，对发展目标进行定性和定量的表达，并强调重点工作与活动，使其作为后续工作的关键依据。

基本方针是针对还未细化或还未明确的工作内容实施时的基本准则，需要以高度概括的语言、动宾结构清晰的排比等方式进行表达，方便记忆和传播，从而形成易于开展相关工作的思维习惯和工作习惯。

（2）发展路径与阶段。

1）发展路径：在选择发展路径时，需要遵循的基本原则包括业务一致、能力主线、基础优先、稳态先行。

2）发展阶段：定义信息系统发展阶段的必要性主要体现在便于理解、响应目标、定义主旨、调整优化。

组织的信息系统发展阶段可以参考行业最佳实践，按照成熟度的模式进行。这些成熟度通常将组织的相关发展定义为打基础、提效率、做协同、强决策、构生态五个等级。

2. 主要系统及框架

大数据等新一代信息技术的深入应用，大部分组织的信息系统总体框架主要使用"感、传、智、用、安"的框架模式。组织信息系统总体框架示意图如图 4-2 所示。

（1）系统总体框架。

1）以应用功能为主线的框架：直接采购成套且成熟的应用软件，并基于应用软件的运行需求建设相关的基础设施。该阶段重点关注的是组织职能的细化分工以及行业最佳实践的导入。

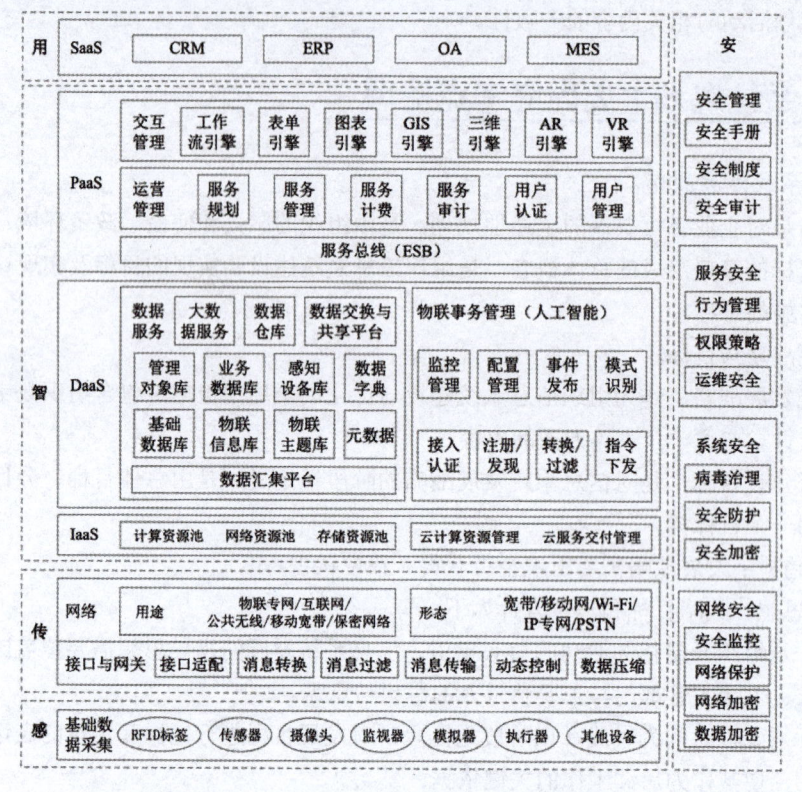

图 4-2 组织信息系统总体框架示意图

2）以平台能力为主线的框架：该框架起源于云计算技术的发展和云服务能力的提升。其核心理念是将"竖井式"信息系统的各个组成部分，转化为"平层化"建设方法，包括数据采集平层化、网络传输平层化、应用中间件平层化、应用开发平层化等，并通过标准化接口和新型信息技术，实现信息系统的弹性、敏捷等能力建设。

3）以互联网为主线的框架。以互联网为主线的框架强调将各信息系统功能最大限度地 App化（微服务）。把组织各项业务职能和工艺活动等进行细化拆分，实施数字化封装，通过云边端的融合，实现对职能或工艺活动的动态重组和编排，支持对不同成熟度组织的适配，以及组织各项能力的敏捷组合与弹性变革。

（2）分系统划分通常遵循的原则包括：技术一致性、工程一致性、职能一致性、数据一致性。

3. 组织体系优化

（1）中小型单位的信息组织体系。

1）中小型单位的信息组织体系通常由信息化管理委员会和信息化团队构成。

- 信息化管理委员会：数字能力的治理机构，负责信息系统的规划、统筹、评估、指导和监督工作。
- 信息化团队：信息系统的建设和管理机构，负责信息系统的设计、建设、集成和运维等工作。

2）在信息化团队中，按照专业分工，还可以细分为主机组、网络组、开发组、桌面组等。

（2）大型单位的信息组织体系。

大型单位的信息组织体系通常分为以下三种模式。

1）集中式。该模式一般都会设立具有一定规模的专业的信息部门，由组织的最高管理者作为第一责任人，并安排专职高级管理者进行统筹管理。

2）分权式。该模式往往存在于组织数字能力建设的中早期阶段，或业务单元间差异较大的组织中。优势是信息系统往往能够比较快速地响应业务需求，但劣势也比较明显，就是相对分散的系统建设会带来集成融合以及重复投资的问题。

3）平衡矩阵式。该模式集合了集中式和分权式的主要优点，即信息数字基础环境进行集中式建设管理，而业务应用分权式管理。

（3）业务领域的信息组织体系。

通常采用两种模式：①在业务相关的组织角色中设定和部署具有一定信息技术基础的人员，作为数字化转型和智能化改造的"能手"或"旗手"，通过重点培育的方式，驱动业务人员的数字能力提升；②对组织内全员开展信息技术基础培育和培养，重点聚焦在数字意识、数字素养等，可采用虚拟学习方式，全面带动相关人员数字能力的提升。

4. 技术体系定义

技术体系是支撑和承载信息系统落地运行的基础，决定了组织的信息技术环境，体现了组织对信息技术开发应用的选择偏好和关键创新点。

（1）技术体系定义原则。组织选择和确立技术体系时可以遵守以下六项基本原则：

1）可用性原则。技术可用性也称技术可行性，是指技术提供的特征和能力能够满足组织信息系统建设、运行、发展的需要。

2）安全性原则。在技术体系定义中需要注意：①充分了解每一种技术自身可能存在的安全漏洞；②通过技术特征或技术组合，最大可能减少故障对业务运行的影响；③技术体系与信息安全管理体系的匹配情况。组织需要根据各项技术特征与特点，构筑兼顾整体与局部安全的技术体系。

3）可靠性原则。可靠性一般可从三个方面进行考察，即成熟性、技术整体性和技术风险性。

4）灵活性原则。当内外部需求发生变化时，技术体系能够通过少量变化或者不变来满足相关要求。

5）可扩展性原则。可扩展性强调尽可能使用既有技术来满足新的需求，或者通过扩展技术应用或组件来实现。

6）可驾驭性原则。驾驭的模式可以是多种多样的，包括采取直接、间接、混合方式，或者通过人员、商业、生态等掌控。

（2）技术体系的范围。技术体系的范围取决于信息系统规划涉及的领域，通常包括应用软件及开发技术、网络技术、数据库技术、中间件技术、计算机与存储技术、数据资源技术、客户端访问技术、容灾技术、信息安全技术等。

(3) 技术蓝图绘制。

1) 逻辑结构图。逻辑结构图是技术蓝图绘制最常用的方式，它基于信息系统的结构逻辑或技术组件的结构逻辑进行蓝图绘制，重点表述技术对信息系统的支撑情况，以及技术组件之间的关系。

2) 技术应用图。将某一组强关联的技术全面应用于组织信息系统的表达方式。

5. 任务体系部署

任务体系部署的主要过程包括：

（1）任务拆解。任务拆解是任务体系部署的基础，一方面将任务体系进行层次化和精细化划分，满足从宏观导向到具体活动的结构化定义，另一方面分析和明确各项任务间的关系。

（2）明确目标。为确保各层级任务能够顺利实施，不同层级的任务都需要制定明确的目标，并且这些目标需要和系统发展目标保持一致。在定义任务目标时，通常遵循如下原则：①目标是具体的；②目标是可测量的；③目标是可实现的。

（3）匹配组织。任务的落实离不开组织中的各职能部门与业务团队，确定任务的具体方案需要充分考虑组织的职能与业务分工，从而确保每一层级的任务和目标都由对应的团队或团队组合来承担。

（4）制定策略。我们需要围绕任务设定情况，对重点任务制定对应的实现策略，以突破约束因素对任务实现的影响。制定任务策略还需要针对任务风险进行感知、预判和应对等，对实施任务时面临的各种风险进行评估，并针对风险给出应对策略。

（5）定义计划。任务的具体实施需要计划的支撑，计划包括任务内容、干系团队、责任人、时间表和评估评测指标等。

（6）监控措施。有效的监控措施能够确保任务得到有效实施，也是统筹系统规划及优化调整的关键依据。

6. 资源体系调度

资源体系调度包括以下四个方面。

（1）资源识别与评估。开展资源体系调度策划，需要充分挖掘组织的资源情况，明确各类型资源的容量及其变化趋势。根据识别的资源需求，对组织的相关资源情况进行评估，确定哪些资源是可用的，以及哪些资源需要补充或调配。

（2）资源关系与控制。

1) 资源关系与控制是指基于任务的优先级及依赖关系，确定资源分配的顺序和优先级，以及明确不同资源之间的依赖、依存、支撑和交互关系。

2) 常见的资源控制方法包括节约资源技术的使用、减少资源无效利用、优化资源开发利用管理等。对应的规划措施主要包括：①设定资源合理开发利用的指标，即在资源体系规划中精准明确资源的需求；②鼓励能够节约资源的技术创新，并通过宣传、宣贯、案例等方式，强化相关创新的使用；③充分考虑对先进资源开发技术的使用。

（3）资源分配与调度。资源调度是指对各种资源进行合理有效的调节、测量、分析和使用。

在信息系统规划中，需要重点考虑两种情况下的资源调度方法：①资源可能出现异常情况下的资源调度，包括相同资源再分配，或者相近资源的补充等；②应急情况下的资源调度，基于重大风险场景，给出对应资源调度的策略与方法。

（4）资源风险与优化。进行信息系统规划时，要充分意识到任何资源都存在风险，包括资源供给的容量风险、可持续供应的中断风险、资源使用中的质量与能力风险等。

7. 保障体系设定

保障体系由以下六个方面组成。

（1）组织保障。组织保障的重点是组织决策层和管理层对相关内容的决策和承诺。

（2）人员保障。人员保障重点涉及以下几方面：

- 大力培养培育全员数字能力，包括信息技术、数字素养、数字意识等方面。
- 所有涉及组织数字能力建设的部门和团队，需要强化相关能力培育、培养和储备。
- 强化组织全员接受变革（业务、组织、岗位等）的预期和意识。
- 重视人员碎片化时间的开发利用，提升学习效率。
- 引导和强化重点人员的新技能建设，以及对组织数字能力目标的认同。

（3）技术保障。技术保障重点涉及以下几方面：

- 加大技术储备，做好技术预研。
- 优化技术创新考核，鼓励微创新的提出、实施、研制和推广等。
- 强化团队创新氛围，优化创新环境，形成崇尚创新的文化基础。
- 推动技术及其创新的标准化，依托标准化驱动技术创新应用和组合二次创新等。

（4）资源保障。资源保障主要涉及以下几方面：

- 充分重视数字能力等组织软实力建设，并将其作为组织各团队的主要职责之一。
- 面对资源投入矛盾，积极采用新型资源获取方法获得"硬"资源（如云服务），而不放弃和降低"软"资源建设。
- 结合组织发展目标，适当提升数字能力相关的资源优先级。
- 强化对资源管理人员的能力建设，持续优化资源开发利用方法，如循环资源利用、资源节约、资源碎片化使用等。

（5）数据保障。数据保障重点关注以下几方面：

- 强化组织各级人员和团队的数据治理能力，明晰数据生命周期价值。
- 持续优化数据管理措施与方法，完善数据管理体系。
- 紧抓数据质量，确保数据从源头到全过程的可靠性。
- 提升数据标准化能力，逐步实现全员对数据标准化的重视和规模化行动。
- 持续培育全员数据开发利用的能力，如大数据价值的挖掘。
- 将数据资源作为各领域发展的基础，并确保数据资源的有效性，以及保值增值等。

（6）安全保障。安全保障重点关注以下几方面：

- 加强组织全员的信息安全意识。

- 提升组织全员信息安全相关的知识、技能和经验。
- 完善信息安全管理体系。

4.3 信息系统规划工作要点考点梳理

1. 内外部需求挖掘

（1）内部需求挖掘。

1）组织内部需求挖掘是开展信息系统规划工作的重要环节，也是信息系统规划活动的第一个实质性工作。该阶段的工作方法包括资料收集、交流访谈、现有系统查勘、业务现场查勘、案头研究等。主要工作任务如下：①理解组织战略；②熟悉业务流程；③收集用户需求；④评估现有系统；⑤感知数字环境。

2）本工作过程的重点是尽可能获得组织相关领域的真实状态，尽可能获得直接需求信息，但并不追求需求的有效性和精细化，要避免在该阶段进行过多的技术纠缠、路线纠缠、应用系统功能纠缠等。注意事项主要包括：①以原始信息获取为主；②避免直接给出解决方案；③及时开展引导性培训；④谨慎信息交叉传递；⑤关注隐性需求的推演。

（2）外部需求挖掘。

1）外部需求是组织外部环境对组织能力建设的影响，包括国家战略、行业趋势、技术发展、竞争环境、客户期望、标准与规范要求等。主要工作任务包括：①国家战略导入；②行业趋势分析；③技术趋势研究；④竞争环境分析；⑤客户期望调研；⑥标准与规范引用。

2）在开展组织外部需求挖掘的过程中，重点是对外部各种信息的甄选。注意事项主要包括：①国家战略与政策引用；②定性内容转定量对比；③避免信息安全事件。

（3）整合与分析。

在完成内外部需求挖掘后，需要对收集到的需求进行整合和分析，确定以下几个方面的内容：

- 组织信息系统发展过程中的主要矛盾及各种矛盾之间的关系。
- 整体或分领域的主要需求，以及它们之间的冲突、联系及优先级等。
- 关键干系人和干系群体的内在需求。
- 外部对组织相关建设的要求及引导性内容。
- 组织创新环境、数字环境的基本状态。
- 组织数字化发展所处的大致水平，以及目标水平。
- 组织治理与文化的基本模式，以及发展突破的历程。
- 信息系统规划可能面临的重大风险。
- 进一步开展工作的主要策略等。

2. 场景化模型分析

场景化模型分析的主要目的是准确把握系统的需求，从而使信息系统支撑和引领业务发展的价值最大化。通过对实际场景的深入研究和分析，可以提高系统的适应性、可用性和可靠性。

（1）场景拆解与选择。**基本方法和过程**主要包括：①从信息系统目标价值链角度进行结构化拆解；②从业务发展能力链角度进行结构化拆解；③将信息系统目标价值链与业务发展能力链进行交叉融合，找出能力链与价值链的融合点；④在融合点中，找出组织特定价值与关键价值的部分，形成关键价值点；⑤对关键价值点进行聚合，定义出对应的场景化分析需求；⑥评价具有场景化分析需求的部分是否具备进行场景化分析的条件，形成需要进行场景化分析的清单。

（2）场景化模型构建与分析。开展场景化模型分析需要构建对应的场景模型，模型的主要组成部分包括场景定义、角色分析、业务分析、数据分析、技术分析、组织分析、风险分析、政策与法律分析等。

（3）场景化模型分析应用。

1）规划前，场景化模型分析可以用来识别组织的关键需求、明确规划目标，并进行规划环境和资源的分析。

2）在规划中，场景化模型分析可以用来评估不同规划方案的可行性和风险，并进行决策支持。

3）在规划后，场景化模型分析可以用来监控和评估规划实施的效果，并进行必要的调整和优化。

（4）场景化模型分析关键价值。主要体现在以下四个方面：

1）提高规划决策的科学性和实践性。

2）确保规划与组织发展的衔接。

3）降低规划风险和成本。

4）促进信息系统规划的共识和沟通。

（5）场景化模型分析的优缺点。

1）优点主要体现在：①贴近实际需求；②提供指导和参考；③提高系统适应性。

2）缺点主要体现在：①数据采集和分析困难；②可行性限制。

3. 深度诊断与评估

（1）成熟度与需求控制。

1）成熟度的概念。成熟度通常指事物发展到最高级或某理想目标状态过程中的一个阶段。从信息技术与组织业务融合发展角度而言，通常将其成熟度定义为五个等级。

- 成熟度一级。以确立业务领域需要完成的主要工作和推动该领域数字化转型的基本策划为主，以及完成这些工作通常要开展哪些规范化建设。
- 成熟度二级。侧重管理精细化和流程化，并以解决业务领域的运行效率为聚焦点，强调在业务领域中对信息技术手段的使用（以数据为重点的部分）和信息应用系统的部署（以流程为重点的部分）。
- 成熟度三级。侧重业务领域中部分职能、分工之间的协同一体化，数据流动逐步替代业务流程化管理，关注集成平台化、数据平台化等对业务协同的优化和改革，以及对组织知识技能的沉淀与创新的支撑等方面。
- 成熟度四级。侧重组织敏捷能力建设，强调如何快速响应客户的各种服务需求，以数据模型应用与预测和快速决策为重点，驱动组织治理与决策体系的深度改革。
- 成熟度五级。侧重围绕组织生态一体化建设为重点，持续推进业务自组织、管理自组织、生产自组织、服务自组织等，能够通过自组织模式提高对未知风险的应对能力。

2）成熟度的应用。对于组织来说，通过能力成熟度不仅能够找到最短板是什么，还能知道哪些能力发展需要延缓，乃至暂停。

3）需求控制。对于任何组织来说，无论何种目标、何种理由、何种场景，都需要对信息系统需求进行有效的控制。

（2）诊断与评估模型确立。

诊断与评估模型主要分为两个维度：①业务能力维度，可逐步细分为能力域、能力子域、能力项、能力分项、能力子项和能力点等；②成熟度等级维度，可以根据成熟度的概念，将成熟度等级确定为五个等级。

（3）诊断与评估实施。目标是精准、精细地把握组织需求，以及挖掘组织在信息环境下各项能力需要进一步提升的内容和路径。

1）计划与打分。诊断与评估工作的开展需要制订详细的工作计划，并全面识别每项能力诊断与评估的干系人，诊断评估可以采用量化打分模式进行，以便发现最短板、最长板所在，以及组织各项能力的等级状态分布。

2）权重与计算。在有些场景下，为确立组织整体或局部重点能力，在诊断与评估中也会引入分项权重的概念，从而获取并计算整体的情况，用于设定或分析整体的目标。

3）记录与确认。需要针对每条成熟度等级设定进行诊断与评估过程记录，形成记录底稿，如果存在不满足情况，要清晰标注对应的诊断与评估发现。诊断与评估记录用于信息系统规划需求的后期，能够支持对需求进行挖掘和确认。

4. 整体与专项规划

（1）需求整合与确认。需求整合需要多维展开，如业务领域维、能力建设维、技术发展维等。

（2）整体规划。

1）常见的信息系统规划推演与策划模式为"自底向上"和"自顶向下"。
- 在以解决业务效率为主的组织中，"自底向上"的模式相对更适合。
- 在解决协同与敏捷的组织中，"自顶向下"的模式相对更适合。

2）整体规划的目标是确保信息系统与组织的战略目标和业务需求相互协调和支持。需要重点关注以下内容：
- 确保信息系统与组织战略目标的一致性。
- 提高信息系统的协同性和一体化程度。
- 优化资源配置和投资回报。

（3）专项规划。专项规划是指对信息系统中某个特定领域或问题进行详细规划和设计的过程。专项规划侧重于解决特定问题或满足特定需求，通常是在整体规划的基础上细化和完善。

实施专项规划需要重点关注以下内容：
- 需要清晰明确信息系统的管理和使用主体，该主体可以是部门或团队，也需要明确关键责任人或岗位。
- 强调单项领域的规划系统性，但可以不用考虑较长时间周期，主要以管理和使用主体可理解、可接受为主。
- 技术路线和技术属性需要进一步明确和强化，需要进行细致的科学推理。
- 需要配套更加细致的实施路径或计划，往往不以阶段进行划分，而是以时间为主轴。

（4）一致性检查。在形成整体规划与专项规划的过程中，需要持续进行一致性检查，检查内容包括：
- 规划成果与需求之间的对应关系，规划成果与组织战略的一致性。
- 规划内容之间的协调一致性，包括组织、框架、人员、技术、资源和任务等。
- 规划内容的科学性和可行性。
- 规划内容与组织干系人理解的一致性等。

5. 持续改进

信息系统规划是一个持续改进的过程，旨在确保信息系统能够满足组织的战略和业务需求。需要关注以下几方面：
- 持续跟踪组织的战略。
- 感知技术的发展创新。
- 关注数据管理和信息安全。
- 注重用户体验和用户参与。
- 建立一个监测和评估机制。

信息系统规划的持续改进是一个动态的过程，需要规划者具备敏锐的洞察力和持续学习的能力。只有通过不断地适应变化和改进，信息系统才能为组织提供可靠、高效和创新的支持。

4.4 信息系统规划常用方法考点梳理

1. 战略目标集转移法

战略目标集转移法（Strategy Set Transformation，SST）是 William King 于 1978 年提出的一种确定信息系统战略目标的方法。SST 把组织的总战略、信息系统战略分别看成"信息集合"，信息系统战略规划的过程则是将组织战略集转换成与其相关联一致的信息系统战略集。

（1）组织战略集。

1）组织战略集是组织本身战略规划过程的产物，包括组织的使命、目标、战略和其他一些与信息系统有关的组织属性。

2）组织的目标就是它希望达到的目的，这些目标可以是定量的也可以是定性的。

3）组织的战略是为达到目标而制定的总方针。

（2）信息系统战略集。

1）信息系统战略集由系统目标、系统约束和系统建设战略构成。

2）系统目标主要定义信息系统的服务要求，其描述类似组织目标的描述，但更加具体。

3）系统约束包括内部约束和外部约束。

4）系统建设战略是信息系统战略集的重要元素，相当于系统建设中应当遵循的一系列原则。

（3）信息系统战略规划过程。

1）识别和解释组织战略集。该过程可按以下三个步骤进行：①画出组织利益相关方的结构；②确定利益相关方的要求；③定义组织相对于每个利益相关方的任务和战略。

2）进一步解释和验证组织战略集。

2. 企业信息系统规划法

企业信息系统规划法（Business System Planning，BSP）是 IBM 公司在 20 世纪 70 年代提出的，旨在帮助企业制定信息系统规划，以满足企业近期和长期的信息需求。该方法是先通过全面调查，分析企业信息需求，然后制定信息系统总体方案。

BSP 的四个基本步骤概括如下。

（1）定义管理目标：只有明确企业的管理目标，信息系统才可能给企业直接的支持。

（2）定义管理功能：识别企业过程中的主要管理活动。

定义管理功能并进行分组是 BSP 方法的核心，管理功能主要是根据企业中的资源及其生命周期来识别的。

- 资源：这里说的"资源"是广义的，指被管理的对象。
- 资源的生命周期：资源的生命周期一般划分为产生、获得、服务和归宿四个阶段。
- 汇总分析：对以上识别出来的功能进行合并归类，减少不一致和重叠。

（3）定义数据类。识别数据类的目的在于了解企业目前的数据状况和数据要求，查明数据共享的关系，建立功能/数据类矩阵，为定义信息结构提供基本依据。定义数据类有两种基本方法：①实体法；②功能法。

（4）定义信息结构。定义信息结构也就是定义信息系统子系统及其相互之间的数据交换，这是 BSP 方法的最终成果，即获得最高层次的信息系统结构。

3. 关键成功因素法

关键成功因素法（Critical Success Factors，CSF）由哈佛大学教授 William Zani 于 1970 年提出。

（1）CSF 的主要内容。

1）CSF 设计的目的是为管理者提供一个结构化的分析方法，帮助组织确定其关键成功因素和信息需求。

2）关键成功因素有四个主要来源：①个别产业的结构；②竞争策略、产业地位及地理位置；

③环境因素；④暂时因素。
3）CSF 的主要特征如下：
- 内部型 CSF：针对组织机构内部的活动而言。
- 外部型 CSF：与组织的对外活动有关，如与其他组织联系或获得对方的信贷。
- 监控型 CSF：对现实情况的详细考察，如监测业务缺陷或异常百分比。
- 建立型 CSF：与组织未来计划的变化有关，如改善产品或服务组合。

(2) CSF 的实施步骤。
1）CSF 的实施步骤包括：①确定组织的战略目标；②识别组织的所有成功因素；③确定组织的关键成功因素；④识别各关键成功因素的绩效指标和标准以及测量绩效的数据。
2）组织战略规划是描述组织期望的目标，关键成功因素则提供达到目标所需要的测量标准。
3）CSF 的特点是抓住主要矛盾，使得目标识别突出重点，主次分明。该方法简便可行，应用范围广，是企业信息系统规划最常用的方法。
4）CSF 是一种战略规划方法，适用于信息系统的规划。一般在高层管理者中应用效果比较好。

4. 价值链分析法

价值链分析法（Value Chain Analysis，VCA）由美国哈佛商学院著名战略学家迈克尔·波特（Michael Porter）于 1985 年提出。

(1) VCA 基本观点。波特的价值链分析法包含四个基本观点：
- 价值是组织一切活动的核心，组织不仅要谋求总收入最大化，控制总成本最低，更注重的是赢利最大化。价值管理就是努力追求包含利润在内的价值成就。
- 把组织内外价值增加的活动分为基本活动和支持性活动。
- 组织的价值活动不是一些孤立的活动，基本活动和支持性活动相互依存，形成一个系统，构成了组织的价值链。
- 组织的效率或者竞争优势来自价值活动的有效组合，来自价值链的优化，这也是组织不同于或者优于其他厂商的特质，组织的竞争成功也产生于合理的价值链。

(2) VCA 价值应用。VCA 应用主要包括以下四个基本步骤：①识别组织价值链；②确定关键价值增加环节；③确定关键价值减少环节；④明确信息技术对关键价值环节的支持。

5. Zachman 框架

Zachman 框架源于约翰·扎科曼（John Zachman）于 1987 年创立的企业架构理论，其全称为企业架构和企业信息系统结构（Zachman Framework for Enterprise Architecture and Information Systems Architecture）。

(1) Zachman 框架的主要内容。

一个框架包括六行（纵向），每行中包含六个子单元的格式（横向）。横向维度采用"6W"进行组织，即 What（什么）、How（如何做）、Where（什么地点）、Who（谁）、When（什么时间）、Why（为什么），从纵向维度反映了 IT 架构层次，从上到下分别为范围模型、企业模型、系统模型、技术模型、详细模型和功能模型。

横向结合"6W"，Zachman 框架分别由数据、功能、网络、人员、时间、动机对应回答 What、How、Where、Who、When 和 Why 六个问题。纵向按企业中不同角色的关注点进行划分，具体如下：

- 规划人员关注范围模型，能够看到企业的发展方向、业务宗旨和系统边界范围。
- 系统所有者关注企业模型，能够用企业术语定义企业的本质，其看到的是企业的结构、处理及组织等。
- 体系架构师设计人员关注系统模型，能够用更严格的术语定义企业业务，其看到的是每项业务处理所要完成的功能。
- 构造人员关注技术模型，使用技术模型来解决企业业务的信息处理需求。
- 集成工作者关注详细模型，需要解决关于特定语言、数据库存储表格及网络状况等的具体细节。
- 使用人员（系统的最终用户）关注的是功能模型，考虑系统能否支持自身职能工作的要求。

（2）Zachman 框架实施步骤。

1）确定组织的愿景和原则。具体包括：
- 确定信息系统在业务和组织架构中的覆盖范围和边界，识别业务驱动力。
- 确定信息系统的愿景和原则。
- 识别信息系统相关需求。
- 业界信息系统规划最佳实践研究与学习。

2）现状描述分析。具体包括：
- 搜集信息系统现状资料。
- 业务现状分析，识别现有信息系统在业务支撑上存在的问题。

3）目标架构定义。具体包括：引入最佳实践，结合企业实际情况，定义目标系统架构，包括数据、应用和基础设施架构。

4）差距与改进点分析。具体包括：
- 目标架构与现状的差距与改进点分析。
- 把具体信息系统需求纳入目标架构框架中。
- 对改进点及具体需求进行优先级排序。

5）制订实施计划。具体包括：
- 确定向目标系统迁移的具体实施计划。
- 确定目标信息系统建设的主责部门。

6）持续改进优化。具体包括：
- 信息系统规划过程中，各个环节不断优化。
- 制订目标信息系统持续改进计划。
- 建立信息系统管理维护机制。

4.5 考点实练

1. 信息系统规划要考虑组织未来在市场竞争中的地位、宏观经济走向以及新兴技术突破，这体现了（　　）原则。
   A．战略性　　　　B．整体性　　　　C．先进性　　　　D．指导性
   答案：A

2. 在大型单位信息组织体系中，由最高管理者担任第一责任人，还设有专职高级管理者统筹管理专业信息部门，这描述的是（　　）模式。
   A．平衡矩阵式　　B．分权式　　　　C．集中式　　　　D．混合式
   答案：C

3. 场景化模型分析可以用来评估不同规划方案的可行性和风险，并进行决策支持属于规划中（　　）阶段的应用。
   A．规划前　　　　B．规划中　　　　C．规划后　　　　D．规划结束
   答案：B

4. 资源的生命周期一般划分为产生、（　　）、服务和归宿四个阶段。
   A．测试　　　　　B．获得　　　　　C．规划　　　　　D．检查
   答案：B

5. （　　）不属于场景化模型分析的优点。
   A．贴近实际需求　　　　　　　　　B．提供指导和参考
   C．提高系统适应性　　　　　　　　D．可行性限制
   答案：D

第 5 章
应用系统规划知识点梳理及考点实练

5.0 章节考点分析

第 5 章主要学习应用系统规划的基础知识、主要内容、主要过程、常用方法、软件工厂等。根据考试大纲，本章知识点会涉及单项选择、案例分析和论文，其中单项选择题预计分值 2～3 分。本章内容侧重于概念知识，多数参照教材，扩展内容较少。本章的架构如图 5-1 所示。

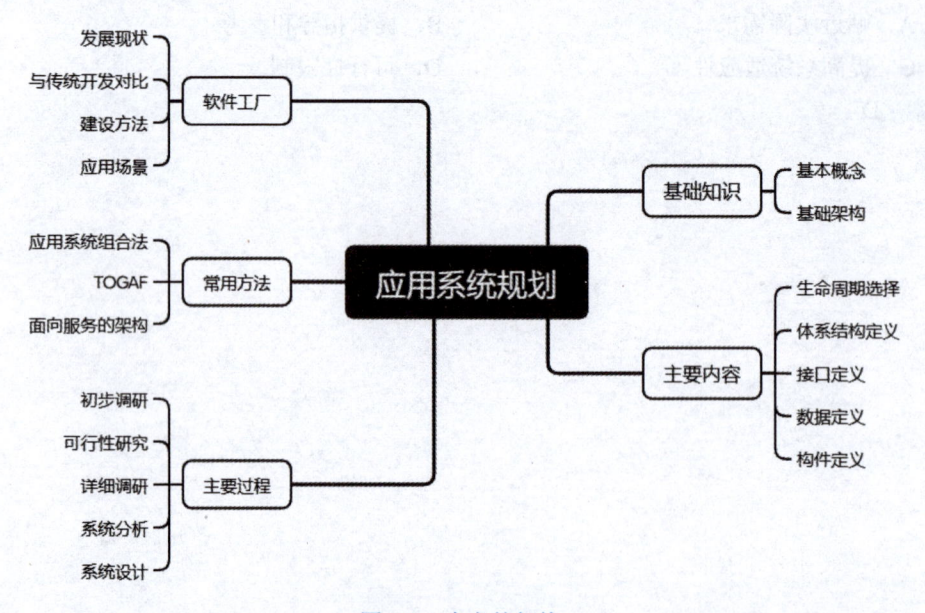

图 5-1 本章的架构

【导读小贴士】

科学的应用系统规划可以减少相关活动的盲目性，使应用系统具备良好的整体性、较高的适用性，同时，信息系统发展也具备有序的阶段性，有效管控信息系统的开发周期可以节约各类资源和费用投入。本章所讲述的内容偏概念，侧重于理解，考生把握住重点记忆部分，拿到该拿分数即可。

5.1 基础知识考点梳理

【基础知识点】

针对组织的具体需求，应用系统规划设计的内容存在较大差异，覆盖了：①应用系统整体规划；②应用系统业务条线规划；③应用软件设计。

1. 基本概念

无论是何种类型的应用系统规划设计，其基本业务逻辑都是基于组织业务发展的特定和个性化的需求，针对应用系统不同颗粒和层次的体系架构、领域或模块、模式等，按照"需求－抽象－体系－配套"的过程，实现相关内容的定义。

（1）抽象。抽象是从众多的事物中抽取出共同的、本质性的特征，而舍弃其非本质的特征的过程。

对应用系统的不同层次进行抽象时，应用系统规划设计人员需要创建业务抽象、过程抽象、数据抽象和技术抽象。

1）业务抽象：实质上就是面向现实世界的不同"场景"进行建模的过程，它用高度概括性和结构化的内容来描述场景最核心的本质。

2）过程抽象：指具有明确和有限功能的指令序列。

3）数据抽象：描述数据对象的具体数据集合。

4）技术抽象：描述问题解决所需要的可持续开发利用的技术体系。

（2）体系架构。

1）体系架构特性定义了系统的组成部分（如系统、模块、对象过滤器）及其被封装的方式，以及不同部分之间相互作用的方式。

2）外部功能特性指出体系架构如何满足需求。这些需求可包括发展需求、性能需求、功能需求、可靠性需求、安全性需求、可适应性需求以及其他特征需求。

3）一旦明确了架构特性，就可以用一种或多种不同的模型来表示应用系统体系架构。

- 架构模型将体系架构表示为应用系统组成部分的有组织的集合。
- 框架模型可以通过确定相似应用中遇到的可复用体系框架来提高抽象的级别。

- 动态模型强调体系架构的行为方面，指明结构或系统配置如何随着外部事件的变化而产生变化。
- 过程模型强调系统必须提供的业务或技术流程的设计。
- 功能模型可用于表示系统的功能层次结构。

（3）模式。

1）模式承载了已证实的解决方案的精髓。

2）应用系统规划设计模式描述了解决某个特定问题的应用系统架构、解决问题方法、技术措施等。

3）面对不同的业务场景、应用系统建设需求，可以采用不同的模式。

4）每种模式通常用来解决特定环境的问题，该环境会影响模式的应用和使用方式。常见的模式包括创建型模式、结构型模式和行为型模式等。

每种设计模式的目的都是提供一种描述，以使规划设计人员可以确定：
- 模式是否适用于当前的工作。
- 模式是否能够复用（节约设计时间）。
- 模式是否能够用于指导下一个相似的，但功能或结构不同的模式。

（4）关注点分离。关注点分离是日常生活和生产中广泛使用的解决复杂问题的一种系统思维方法。

关注点分离表明任何复杂问题如果被分解为可以独立解决或优化的若干块，该复杂问题便能够更容易地得到处理。

（5）模块化。模块化是关注点分离最常见的表现，也是一个相对概念，对于不同的应用系统规划的设计场景，其定义模块的颗粒度也不同。

（6）信息隐蔽。信息隐蔽是指模块应该被特别说明并规划设计，使信息（算法和数据）都包含在模块内，其他模块无须对这些信息进行访问。

（7）功能独立。

1）功能独立的概念是关注点分离、模块化、抽象和信息隐蔽概念的直接产物。

2）独立性可以通过两条定性的标准进行评估：内聚性和耦合性。
- 内聚性显示了某个模块相关功能的强度。
- 耦合性显示了模块间的相互依赖性。

耦合性表明应用系统架构中多个部分之间的相互连接。耦合性依赖于各部分间的接口复杂性、互操作所在的点，以及什么数据通过接口进行传递。在应用系统规划设计中，应当尽力得到最低可能的耦合。

（8）求精。求精是一种自顶向下的规划设计策略。通过逐步分解功能的宏观陈述（过程抽象）进行层次建设，直至最终到达程序语言的语句可描述的层级。

（9）重构。重构是一种重新组织的技术，可以简化应用系统及其组成部分的规划设计而无须改变其功能或行为。在重构应用系统时，重点检查现有应用系统的冗余性、没有使用的元素、低效的或不必要的算法、拙劣的或不恰当的数据结构以及其他不足,修改这些不足,以获得更好的规划设计。

2. 基础架构

应用系统的框架是指系统的一个或多个结构,包括软件构件、构件的外部可见属性以及它们之间的相互关系。应用系统体系架构是建立在系统支持环境基础上的系统基本框架,是应用系统生命周期中必须具备的骨骼,可作为构建、扩充与完善应用系统的基础。

(1)分层体系。通常,应用系统从上至下可划分为多层,如图 5-2 所示。

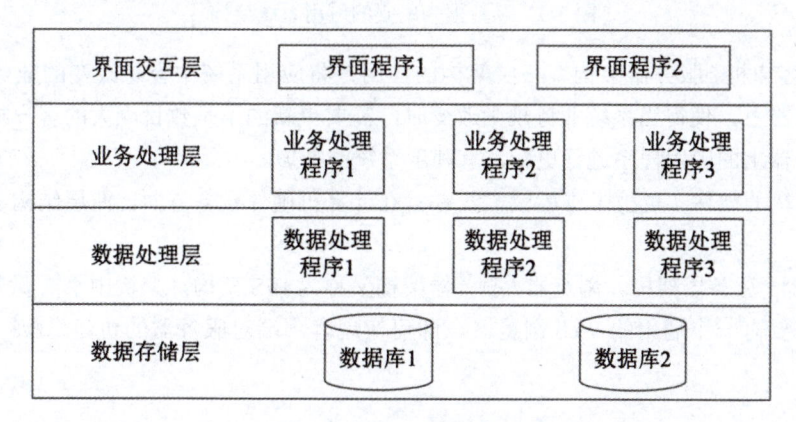

图 5-2 应用系统分层体系

- 界面交互层:实现系统与环境的交互,需要面向用户确定操作规则,构造元素主要是界面控件,如按钮、文本框等。
- 业务处理层:实现业务流程控制与业务数据计算,构造元素是业务子系统,它们通常基于特定业务定义,构造元素是一些功能构件。
- 数据处理层:实现数据读写处理,构造元素主要是基于 SQL 语言的函数包,如数据视图、数据存储过程、数据触发器等。
- 数据存储层:实现数据有效存储,构造元素是数据集合体,如数据表、数据文件等。

(2)以数据为中心的应用系统架构。对于以数据处理、统计、汇总为业务特征的应用系统,可以数据为中心构建应用系统架构,如图 5-3 所示。

(3)客户机/服务器架构。

1)两层客户机/服务器架构。两层客户机/服务器架构的优点是结构简单、容易实现,而且交互与业务处理程序运行在客户端,具有较好的操作性能,可方便客户端对数据进行计算与信息表示。

但两层结构存在管理与维护的不便。客户端程序需要承担信息表示与业务处理双重任务,并且被分散在许多不同的客户机上,当界面风格或业务规则改变时,需要进行较大的客户机程序的变更,变更成本较大。

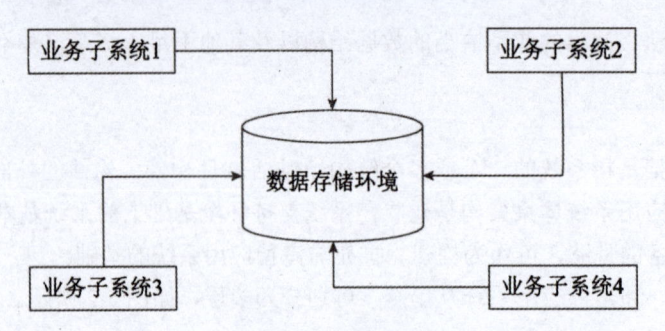

图 5-3 以数据为中心的应用系统架构

2）三层客户机/服务器架构。三层架构的作用是将应用系统中容易改变的业务处理部分集中到应用服务器上，使得当系统业务规则改变时，需要更新的不是数目庞大的客户机，而只需要针对应用服务器上的应用程序进行更新，有利于系统的维护。

但三层架构的软件实现技术难度较大，并且在计算机硬件设备方面比两层结构需要更高的性能要求。

3）浏览器/服务器架构。浏览器/服务器架构又称为 B/S 架构，架构中不需要专门的客户端程序，而只需要有一个通用的 Web 浏览器，即可实现客户端对服务器的访问。B/S 架构如图 5-4 所示。

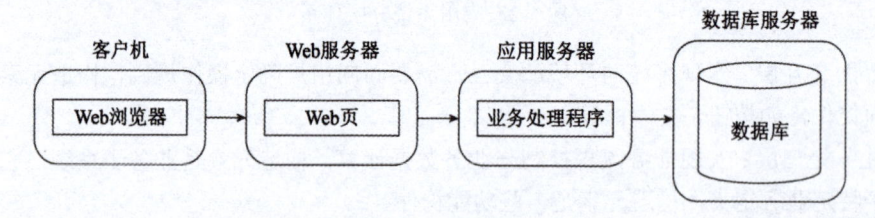

图 5-4 B/S 架构

B/S 架构的优点：无须对客户机专门维护，且能够较好地支持基于互联网的远程信息服务。

B/S 架构的不足：用户信息需要通过 Web 服务器间接获取，因此系统中数据的传输速度、数据安全性、稳定性都将低于传统客户机/服务器架构。

（4）组件分布架构。组件是程序实体，常由对象类集成，其形态多样。

组件分布架构可突破传统客户机/服务器架构对分布的限制。

组件分布架构需要有组件分布中间层构件提供基础服务，组件分布中间层构件如同软件总线，可支持组件插拔，并可支持组件之间的通信与任务协作。

目前应用中的主要的组件分布中间层构件有 CORBA、DCOM、EJB。

①通用对象请求代理模型（Common Object Request Broker Architecture，CORBA）：目前已在 UNIX、Linux 及 Windows 等诸多操作系统上有效应用。

②分布式组件对象模型（Distributed Component Object Model，DCOM）：是一系列微软的概

念和程序接口，利用这个接口，客户端程序对象能够请求来自网络中另一台计算机上的服务器程序对象。DCOM 的通用性不如 CORBA。

③ EJB（Enterprise Java Beans）：主要用在基于 Java 的组件网络分布计算中。

5.2 主要内容考点梳理

【基础知识点】

应用系统规划设计包括对相关应用系统进行分级分类，并根据分级分类的结果，对应用系统进行生命周期选择、体系结构定义、接口定义、数据定义、构件定义等。

接口规划设计有三个重要元素：①用户界面；②和其他系统、设备、网络或其他信息生产者或使用者的外部接口；③各种构件之间的内部接口。

1. 生命周期选择

应用系统的生命周期是指从规划设计该系统的构想开始，到系统需求的确定、系统设计、系统实现、产品测试与验收、投入使用以及应用系统版本的不断更新，到最终该应用系统退役的全过程。

生命周期模型把应用系统生命周期细分为几个阶段，这些阶段需要包含识别用户需求、开发、测试、安装、运行以及退役这六个步骤。

（1）瀑布模型。瀑布模型特点包括：①阶段间具有顺序性和依赖性；②推迟实现的观点；③质量保证的观点。

（2）V 模型。

1）V 模型是瀑布模型的变种，它主要描述了测试活动是如何与分析和设计活动相关联的。

2）编码是 V 模型的顶点，分析和设计在模型的左侧，测试和维护在右侧。

3）单元测试和集成测试关注程序的正确性。V 模型说明单元测试和集成测试也可以用来验证程序设计。

（3）迭代模型。

1）迭代模型分为两种：

- 演化建设，即开始交付的就是一个完整的应用系统，然后在后续迭代中不断完善系统的功能和质量。
- 增量建设，即将应用系统作为一系列的增量构件来规划设计、编码集成和测试，刚开始交付的是一个实现了部分功能的子系统，然后在后续迭代中不断增加新的功能。

2）迭代模型的优点包括：

- 逐步增加应用系统的功能可以使用户有较充裕的时间学习和适应新产品，从而减少全新的应用系统可能给用户带来的冲击。
- 建设失败的风险较低。
- 优先级最高的服务首先交付，然后再将其他增量构件逐次集成进来。

53

采用迭代模型需注意的问题包括：①在把每个新的增量构件集成到现有的应用系统体系架构中时必须不破坏原来已经部署的应用系统内容；②应用系统体系架构必须是开放的，即向现有应用系统中加入新构件的过程必须简单、方便。

（4）敏捷方法。

1）敏捷宣言的四种核心价值是：①个体和互动高于流程和工具；②工作的软件高于详尽的文档；③客户合作高于合同谈判；④响应变化高于遵循计划。

2）敏捷宣言的12条原则包括：

- 最高优先级的是，通过尽早和持续交付有高价值的软件，满足客户。
- 欣然面对需求变化，即使是在开发阶段的后期，敏捷流程就是用变化来为客户获得竞争优势。
- 频繁交付可工作的软件，从数周到数月，交付周期越短越好。
- 在项目过程中，业务人员、开发人员必须每天在一起工作。
- 以受到激励的个体为核心构造项目，为他们提供所需的环境和支持，信任他们可以把工作做好。
- 最有效的、最高效的沟通方法是面对面的交谈。
- 可工作的软件是衡量进度的首要标准。
- 敏捷流程倡导可持续开发，客户、开发人员、用户要能够共同、长期维持步调（节奏）、稳定向前。
- 持续地追求技术卓越和良好的设计，以此增强敏捷的能力。
- 简单，尽最大可能减少不必要的工作，简单是敏捷流程的根本。
- 最佳架构、需求和设计，来自自组织型的团队。
- 团队定期反思如何提升效率，并调节和调整自己的工作方式。

（5）生命周期模型选择。每个生命周期模型都会包含的通用的活动：①和用户达成一致的需求；②基于需求的规划设计；③基于规划设计的构造；④基于所有优先级步骤的测试流程的构建。⑤每一阶段的出口和入口标准。活动的某些部分会重叠，但基本上是顺序关系。

2. 体系结构定义

在对应用系统进行体系结构定义时，首先从系统的功能入手，按照工程标准和严格的规范将目标系统划分为若干功能模块。

（1）面向数据流的定义方法。

1）面向数据流的定义方法是常用的结构化规划设计方法，多在概要阶段使用。它主要是指依据一定的映射规则，将需求分析阶段得到的数据描述从系统的输入端到输出端所经历的一系列变换或处理的数据流图转换为目标系统的结构描述。

2）在数据流图中，数据流分为变换型数据流和事务型数据流两种。

- 针对变换型数据流的规划设计可以分为以下三个步骤：①区分变换型数据流中的输入数据、变换中心和输出数据，并在数据流图上用虚线标明分界线；②分析得到系统的初始结构图；③对系统结构图进行优化。
- 针对**事务型数据流**的规划设计可以分为以下三个步骤：①确定以事务为中心的结构，找出事务中心、接收数据、处理路径三个部分；②将数据流图转换为初始的系统结构图；③分解和细化接收分支和处理分支。

（2）面向数据结构的定义方法。

面向数据结构的定义方法就是根据**数据结构规划设计程序处理过程**的方法。通常在详细设计阶段使用。

比较流行的面向数据结构的定义方法包括 Jackson 方法和 Warnier 方法。Warnier 方法仅考虑输入数据结构，而 Jackson 方法不仅考虑输入数据结构，还考虑输出数据结构。Jackson 方法把数据结构分为三种基本类型：顺序型结构、选择型结构和循环型结构。

（3）表示应用系统体系结构的图形工具。

1）层次图：通常使用层次图描绘应用系统的层次结构。

2）结构图：结构图和层次图类似，也是描绘体系结构的图形工具，图中一个方框代表一个模块，框内注明它们的名字或主要功能，方框之间的箭头（或直线）表示它们间的调用关系。

3. 接口定义

（1）接口定义的内容应包括**功能描述、接口的输入/输出定义、错误处理**等。接口定义通常需要包括：①用户接口；②外部接口；③内部接口。

（2）界面定义是接口定义中的重要组成部分。**指导用户界面定义活动的基本原则**包括：①置用户于控制之下；②减少用户的记忆负担；③保持界面一致。

（3）**明确系统界面是一个迭代的过程**，其核心活动包括：①创建系统功能的外部模型；②确定为完成此系统功能，人和计算机应分别完成的任务；③考虑界面定义中的典型问题；④借助 CASE 工具构造界面原型；⑤评估界面质量。

（4）在界面定义中，应该考虑以下四个问题：①系统响应时间；②用户求助机制；③出错信息；④命令方式。

4. 数据定义

数据定义就是将需求分析阶段定义的数据对象转换为数据结构和数据库的过程，注意要对程序级的数据结构和应用级的数据库两个方面进行定义。数据库的定义过程大致可分为**需求分析、定义概念模型、定义逻辑模型、定义物理数据库、验证**五个步骤。

5. 构件定义

进行构件定义的**典型任务包括**：
- 标识出所有与问题域对应的类。
- 确定所有与基础设施域对应的类。
- 细化所有不需要作为可复用构件的类。
- 说明持久数据源（数据库和文件）并确定管理数据源所需要的类。
- 开发并且细化类或构件的行为表示。

- 细化部署图以提供额外的实现细节。
- 考虑每个构件级定义表示，并且时刻考虑其他可选方案。

5.3 主要过程考点梳理

系统设计的目标是将分析阶段所获得的系统概念模型转换为一个具体的计算机实现方案的物理模型。

1. 初步调研

系统的开发工作是从接受用户提出的任务开始的。

（1）初步调研的目标。建设新系统正式立项之前必须进行可行性研究，而可行性研究的基础是对系统的初步调研。初步调研的目标就是掌握用户的概况，对用户提出的各种问题和初始要求进行识别，明确新系统的初步目标，为可行性研究提供基础。

（2）初步调研的内容。初步调研主要围绕规划设计工作进行，应立足于宏观和全面，不需要过于具体和细致。初步调研的具体内容主要包括：组织概况、组织环境、现行系统概况、各方面对新系统的态度、系统研制工作的资源情况。

2. 可行性研究

可行性研究也称可行性分析，是所有项目投资、工程建设或重大改革在开始阶段必须进行的一项工作。

可行性研究是一个特定的过程，用来识别项目可能存在的问题、机会或要求，确定项目目标，描述现有状况和成功后的结果，对问题的不同解决方案进行费用和收益的比较。

（1）可行性研究概述。

可行性研究的结果可分为三种情况：①可行，按计划进行；②基本可行，对项目要求或方案做必要修改；③不可行，不立项或终止项目。

可行性研究必须从系统总体出发，一般需要从经济、技术、社会、管理等多个方面进行综合分析和论证，这四方面的分析工作分别称为经济可行性分析、技术可行性分析、社会可行性分析和管理可行性分析。

（2）可行性研究的步骤。

1）典型的应用系统可行性研究由以下八个步骤组成：①复查系统目标和规模；②研究目前正在使用的系统；③导出新系统的高层逻辑模型；④重新定义问题；⑤导出和评价供选择的方案；⑥推荐一个方案并说明理由；⑦草拟开发计划；⑧书写文档并提交审查。

2）可行性研究的前四个步骤实际上构成一个循环：定义问题，分析这个问题，导出一个试探性的解；在此基础上再次定义问题，再次分析，再次修改……继续这个过程，直到提出的逻辑模型完全符合系统目标为止。

（3）可行性研究的必要性。必要性来自组织内部对建设应用系统的需要和组织外部的要求，是从管理人员对系统的客观要求及现行系统的可满足性两个角度来分析新系统建设是否必要。

（4）可行性研究的内容。可行性研究的目的不是解决问题，而是研究在当前的具体条件下建设新系统是否具备必要的资源和其他条件。一般来说应从以下四方面进行论证。

1）经济可行性。

a. 投资/效益分析需要确定所要建设的系统的总成本和总收益。总成本包括建设成本和运行成本，总效益包括直接经济效益和间接社会效益。

- 建设成本是指从立项到投入运行所需要的费用，而运行成本则是指系统投入使用之后运行、管理和维护所需要的费用。
- 直接经济效益是系统能够直接获取的并且能够用资金度量的效益。间接社会效益是能够整体提升组织信誉和形象、提高组织管理水平，但不能简单地或无法用资金计算的那部分效益。间接社会效益常常需要根据本组织的状况和不同组织之间的类比进行估计。

b. 在进行成本估算时，往往要加大一定的比例，以防由于意外或物价变动因素而出现预算偏低的现象。通常总成本主要由以下几项组成：设备成本、人员成本、材料成本、其他成本。

c. 通过比较成本和效益，可以决定将要立项的新系统是否值得建设。一般可获得的结论有以下三种：①效益大于成本，建设对组织有价值；②成本大于效益，不值得建设；③效益和成本基本持平。
在进行成本/效益分析时不要忽视应用系统给组织所带来的间接社会效益。

2）技术可行性。在进行技术可行性分析时，一定要注意以下几方面的问题：
- 应该全面考虑系统建设过程中涉及的所有技术问题。
- 尽可能采用成熟技术。
- 慎重引入先进技术。
- 着眼于具体的开发环境和开发人员。

3）社会可行性。

a. 社会可行性需要从政策、法律、道德、制度、管理、人员等社会因素论证系统建设的可能性和现实性。

b. 社会可行性还需要考虑操作可行性。操作可行性是指分析和测定给定系统在确定环境中能够有效地工作并被用户方便使用的程度和能力。操作可行性需要考虑以下几方面：
- 问题域的手动业务流程和新系统的流程的相近程度和差距。
- 系统业务的专业化程度。
- 系统对用户的使用要求。
- 系统界面的友好程度以及操作的方便程度。
- 用户的实际能力。

分析操作可行性必须立足于实际操作和使用系统的用户环境。

4）管理可行性。管理可行性包括如下内容：
- 组织领导、部门主管对新系统建设是否支持以及态度是否坚决。
- 管理人员对新系统建设的态度以及配合情况如何。
- 管理基础工作如何，现行管理系统的业务处理是否规范等。

- 新系统的建设运行会导致管理模式、数据处理方式及工作习惯的改变,这些工作的变动量如何以及管理人员能否接受。

(5)可行性研究报告。可行性研究完成之后要编写可行性研究报告。

1)可行性研究报告的书写要求。在写可行性研究报告时,要注意叙事清楚、文字简明、实事求是、客观公正、分析全面而准确。

可行性研究报告的首页是可行性研究报告正文前面的内容的统称,一般包括标题、研究人员名单、目录、前言四部分。

可行性研究报告的正文核心是论证项目的可行性。要围绕影响项目的各种因素,运用大量的数据材料,以系统分析为主要方法进行论证。

不同的可行性研究报告会有不同类型的附件材料,其作用是补充说明正文,避免因在正文中出现过多说明而影响正文内容的表达。

2)可行性研究报告包括如下主要内容:
- 建设任务的提出。
- 系统的目标。
- 初步调研概况。
- 初步实施方案与比较。
- 可行性研究。
- 结论。根据分析的结果,对新系统建设做出以下三种结论之一:①项目可行,条件成熟,可以立即建设;②需要修改目标,追加资源或等待条件;③不可能或没有必要进行,项目终止。

(6)可行性论证会。可行性研究报告提交给上级主管部门后,按规定应召开由主管部门主持,用户组织、研制组织和其他组织的专家学者参加的可行性论证会。

讨论的结果有两种可能:一种是同意或基本同意报告中的结论,立即执行或修改目标、追加资源和等待条件,或者取消研制项目;另一种是对报告持不同意见,对某些问题的判断有不同看法。

可行性研究报告一旦通过,将成为以后工作的依据,因此必须有一个正式的报告文本和可行性论证会的结论。

3. 详细调研

详细调研的目的主要是了解组织内部信息的处理和流通情况。重要性在于细致、准确地掌握用户信息处理的具体情况,为建立一个符合实际要求的逻辑模型以及顺利开展系统的规划设计与实现工作打下良好基础。

(1)详细调研的目标。详细调研的对象是现行系统(包括手动业务和已采用计算机的应用系统)。

详细调研的目的在于完整掌握现行系统的现状,查明其执行过程,发现问题和薄弱环节,收集资料和数据,为下一步的系统分析和提出新系统的逻辑设计做好准备。具体的调研内容包括管理业务状况与数据流程的调查和分析。

系统调研分析从一开始就应成立调研组。调研组由使用组织的业务人员和领导人员与规划设计团队共同组成。

（2）详细调研的范围。详细调研的范围可大致归纳为以下九个方面：①组织和功能业务；②组织目标和发展战略；③工艺流程和产品构成；④数据和数据流；⑤业务流程和工作形式；⑥管理方式和具体业务的管理方法；⑦决策方式和决策过程；⑧可用资源和限制条件；⑨现存问题和改进意见。

（3）详细调研的原则。详细调研工作应该遵循如下六项原则：①自顶向下全面展开；②用户参与；③分析系统有无改进的可能性；④工程化的工作方式；⑤全面与重点相结合；⑥主动沟通和友善的工作方式。

（4）详细调研的内容。在详细调研阶段，以下六项活动必须全部完成，它们之间是互补的，并且通常同时完成。

1）收集信息。为保证信息收集的质量，应坚持以下三项原则：准确性原则、全面性原则、时效性原则。

在完成这项活动时，应该回答的关键问题是"我们是否已经拥有全部的信息来定义系统必须完成的工作"。

2）系统需求建模。需求模型（或模型的集合）是一种逻辑模型，它能够很详细地展示系统需要完成哪些功能，而不依赖任何技术。

在完成这项活动时，应该回答的关键问题是"我们需要系统做什么（详细的）"。

3）需求的优先级划分。为什么要对用户提出的功能进行优先级的划分呢？因为资源往往是有限的，我们时常需要判断系统的作用域，所以了解究竟什么是绝对需要的非常重要。

在完成这项活动时，应该回答的关键问题是"系统要完成的最重要的事是什么"。

4）构建系统原型，检验可行性并发现问题。在分析过程中构建原型（通常称之为发现原型）的主要目的是更好地理解用户的需求。

在系统分析阶段的原型构建有助于回答两个关键问题，即"我们是否可以证明这种技术能够实现我们想让它完成的那些功能"和"我们是否已经构建出一些原型，可以使用户完全理解新系统的潜在功能"。

5）产生和评估候选方案。系统的最终设计和实现会有各种不同的方案，因此，仔细地定义并评估所有的可能性是很重要的。

在完成这项活动时，应该回答的关键问题是"创建系统的最好方案是什么"。

6）和管理部门一起复查各种建议。向资深的主管人员提交一份推荐书是整个项目管理中的一个主要检验点。每一个可选方案（包括已取消的）都必须研究。

在完成这项活动时,应该回答的关键问题是"我们应不应该继续设计和实现我们提出的系统"。

（5）详细调研的方法。详细调研的方法包括：①收集资料；②发调研表征求意见；③开调研会；④访问；⑤深入实际的调研方式。

4. 系统分析

系统分析产生的系统说明书（需求规格说明书）既是后续开发工作的依据，也是衡量一个信息系统优劣的依据。系统分析是系统开发中最重要也是最困难的阶段。

（1）系统分析的任务。系统分析阶段的基本任务是，系统分析师与用户在一起充分了解用户的要求，并把双方的理解用系统说明书表达出来。系统说明书审核通过之后，将成为系统设计的依据，也是将来验收系统的依据。

系统分析要回答新系统"做什么"这个关键性的问题。

系统说明书是这一阶段工作的结晶，它实际上是用户与系统研发人员之间的技术合同。

（2）系统分析的过程和方法。

1）问题分析。问题分析时重点明确以下事项：

- 需要明确系统建设的背景。
- 在了解背景的基础上，需要进一步了解：本系统解决了用户的什么问题，本系统涉及什么人、什么单位，本系统建设的目标是什么，范围是什么，成功标准是什么？
- 找出关键利益相关人员及待解决的问题。
- 详细调查和分析业务流程，建立业务流程模型以描述用户处理业务的过程及过程中数据的流转，快速让分析人员、用户、开发人员对企业业务流程和管理流程达成共识。

2）需求分析。系统需求就是新系统必须完成的功能或其局限性。系统需求包括功能性需求和非功能性需求。

- 功能性需求。功能性需求是系统最主要的需求，表达系统必须完成的所有功能的必要性和相容性，以满足企业完成业务活动和管理的需要。
- 非功能性需求。非功能性需求也称为技术性需求，是和环境、硬件和软件有关的所有可操作目标。通常是响应时间、安全性、可靠性、易用性等技术指标和系统的质量特性。

为了提高需求分析效果，各种需求分析方法都强调模型的使用，通过建立模型的方式来描述用户的需求，为用户、开发方及相关参与方提供一个交流的渠道。根据建模特点，主要有以下四种常用的需求分析方法：面向过程的结构化方法、面向数据的信息工程方法、基于UML的用例驱动方法、基于敏捷过程的用户故事。

3）需求定义。需求定义阶段的任务是整理并建立最终的需求模型，详细定义和描述每项需求，确认约束条件及限制，编写需求规格说明。

（3）系统说明书。

1）系统说明书一旦审议通过，则成为有约束力的指导性文件，成为用户与技术人员之间的技术合同，成为下阶段系统设计的依据。系统说明书应具有以下特征：正确性、完整性、一致性、无二义性、可修改性、可跟踪性。

2）对系统说明书的审议是整个系统研制过程中一个重要的里程碑。系统说明书通常包括以下三方面的内容：

- 引言。说明系统建设项目名称、目标、功能、背景、引用资料（如核准的计划任务书、有关业务文件、项目合同等）、本文所用的专门术语等。
- 概述。具体包括：系统建设项目的主要工作内容、现行系统的调查情况、系统功能需求、系统数据需求、系统其他需求。
- 实施计划。具体包括：工作任务的分解、进度、预算。

5. 系统设计

系统设计阶段主要解决系统"如何做"的问题，为后续各项系统实施工作做好具体实施方案。通常可分为总体设计和详细设计，这两部分工作是互相联系的，需要交叉进行。

（1）系统设计的目标。系统设计的目标是评价和衡量系统设计方案优劣的基本标准，也是选择系统设计方案的主要依据。评价与衡量系统设计目标实现程度的主要指标包括以下五方面：

1）系统的可靠性。
2）系统的可变更性。
3）系统的效率。
4）系统的通用性。
5）系统的工作质量。

（2）系统设计的原则。为保证系统设计的质量，在系统设计时要遵循的原则包括：①系统性原则；②灵活性原则；③可靠性原则；④经济性原则；⑤管理可接受原则。

（3）系统设计的内容和步骤。

系统设计主要可以概括为：①系统总体结构设计；②处理流程设计；③代码设计；④人机界面设计；⑤输出设计；⑥输入设计；⑦数据库设计；⑧安全保密设计；⑨系统物理配置方案设计；⑩编写系统设计说明书。

5.4 常用方法考点梳理

1. 应用系统组合法

（1）应用系统组合法（Application Portfolio Approach，APA）是一种用于评估和管理组织应用系统的方法。

（2）APA 的主要目标是帮助组织管理其应用系统组合，确保应用系统与组织的业务目标和战略一致，同时降低应用系统的维护成本和风险。

（3）APA 的过程通常包括以下六个步骤：①应用系统清单；②评估应用系统；③分析应用系统组合；④制定优化策略；⑤实施优化计划；⑥监测和评估。

2. 开放组体系结构框架（TOGAF）

（1）TOGAF 基础。

1）TOGAF 旨在通过以下四个目标帮助企业组织和解决所有关键业务需求。
- 确保从关键利益相关方到团队成员的所有用户都使用相同语言。
- 避免被"锁定"到企业架构的专有解决方案，只要该企业在内部使用 TOGAF 而不是用于商业目的，该框架就是免费的。
- 节省时间和金钱，可以更有效地利用资源。

- 实现可观的投资回报（Return On Investment，ROI）。

2）TOGAF 反映了企业内部架构能力的结构和内容，TOGAF9 版本包括六个组件：①架构开发方法（Architecture Development Method，ADM）；② ADM 指南和技术；③内容框架；④企业连续体和工具；⑤ TOGAF 参考模型；⑥架构能力框架。

（2）ADM。

1）ADM 对开发企业架构所需执行的各个步骤以及它们之间的关系进行了详细的定义，同时它也是 TOGAF 规范中最核心的内容。

2）架构开发方法是企业连续体得以顺利演进的保障，而作为企业连续体在现实中的实现形式或信息载体，企业架构资源库也与架构开发方法有着千丝万缕的联系。

3）ADM 的全生命周期模型将架构开发全生命周期划分为预备阶段、需求管理、架构愿景、业务架构、信息系统架构（应用和数据）、技术架构、机会和解决方案、迁移规划、实施治理、架构变更治理十个阶段。这十个阶段是反复迭代的过程。

4）ADM 三个级别的迭代概念：基于架构开发整体的迭代；多个开发阶段间的迭代；在一个阶段内部的迭代。

5）ADM 各个开发阶段的主要活动见表 5-1。

表 5-1 ADM 各个开发阶段的主要活动

架构开发阶段	架构开发阶段内的主要活动
预备阶段	为实施成功的企业架构项目做好准备，包括定义组织机构、特定的架构框架、架构原则和工具
需求管理	完成需求的识别、保管和交付，相关联的架构开发阶段则按优先级顺序对需求进行处理；TOGAF 项目的每个阶段都是建立在业务需求之上并且需要对需求进行确认
阶段 A：架构愿景	设置 TOGAF 项目的范围、约束和期望。创建架构愿景，包括定义利益相关者、确认业务上下文环境、创建架构工作说明书、取得上级批准等
阶段 B：业务架构；阶段 C：信息系统架构（应用和数据）；阶段 D：技术架构	从业务、信息系统和技术三个层面进行架构开发，在每一个层面分别完成以下活动：开发基线架构描述、开发目标架构描述、执行差距分析
阶段 E：机会和解决方案	进行初步实施规划，并确认在前面阶段中确定的各种构建块的交付物形式，确定主要实施项目，对项目分组并纳入过渡架构，决定途径（制造／购买／重用、外包、商用、开源），评估优先顺序，识别相依性
阶段 F：迁移规划	对阶段 E 确定的项目进行绩效分析和风险评估，制订一个详细的实施和迁移计划
阶段 G：实施治理	定义实施项目的架构限制，提供实施项目的架构监督，发布实施项目的架构合同，监测实施项目以确保符合架构要求
阶段 H：架构变更治理	提供持续监测和变更管理的流程，以确保架构可以响应企业的需求并且将架构对于业务的价值最大化

3. 面向服务的架构

面向服务的架构（Service-Oriented Architecture，SOA）是一种软件架构设计的模型和方法论。

（1）SOA 的设计原则包括：①明确的接口定义；②自包含与模块化；③粗粒度；④松耦合；⑤互操作性；⑥兼容性和策略声明。

（2）SOA 的主要技术内容包括：①服务封装；②服务编排；③服务注册与发现；④服务治理；⑤服务安全；⑥服务可靠性和可用性。

（3）SOA 的适用场景。SOA 适用于多种场景，其主要适用场景包括：①组织级应用集成；②业务流程管理；③系统扩展和重用；④云计算和微服务架构；⑤跨平台集成。

总体来说，SOA 适用于那些要求灵活、可扩展、可重用的组织级系统，尤其是在需要集成多个系统或服务、处理复杂业务流程、使用云计算资源或进行跨平台集成的场景中。

5.5 软件工厂考点梳理

软件工厂是一种软件开发的组织和管理模式。基于软件工厂，可实现模板一次编写，生成多样化产品。软件工厂能够提高软件开发的效率、质量和可控性，使得开发过程更加工业化和可持续。它适用于大规模软件开发项目和组织，尤其在需要快速交付、高质量和可扩展性的场景下具有明显的优势。

1. 发展现状

（1）软件工厂的概念。

将软件开发过程转化为工业化的生产过程，通过规模化、标准化、自动化和协作等手段来提高软件开发的效率、质量和可控性。

（2）软件工厂的构成。

1）专业人员。软件工厂的核心资源。

2）基础设施和硬件。软件工厂顺利运行的基石。

3）工具和技术。软件工厂的辅助工具和支持系统。

4）流程规范和方法论。软件工厂的运作指南。

5）质量管理。软件工厂保证软件交付质量的一套保证机制。

这五方面相互配合，共同构成了一个高效、可靠的软件开发组织。通过合理的组织和管理，软件工厂能够提高开发效率和质量，实现软件开发过程的工业化和规模化。

（3）软件工厂的国内外发展历程。

软件工厂概念成型于 20 世纪 70 年代，20 世纪 90 年代进入了工业化和自动化的阶段。21 世纪初，敏捷开发方法成为软件工厂的主流开发方法之一。

21 世纪 10 年代，DevOps（Development 和 Operations 的组合词）和持续集成/持续交付（Continuous Integration/Continuous Delivery，CI/CD）的概念开始受到广泛关注。DevOps 强调开发和运维团队之间的协作和沟通，以实现快速、可靠的软件交付。CI/CD 则强调通过自动化工具和流程，实现持续集成、持续测试和持续部署，提高软件交付的质量和效率。

2. 与传统开发对比

软件工厂更加注重灵活性、自动化和创新，强调持续快速交付、质量保证和高效协作等。

（1）敏捷交付。敏捷交付强调通过迭代、协作和自组织的方式，快速响应变化并持续交付软件产品。

主要包括的关键实践和原则包括：①敏捷开发方法；②用户需求和产品回溯日志；③迭代开发；④自动化测试；⑤持续集成和持续交付（CI/CD）；⑥产品质量和用户反馈；⑦团队协作和沟通；⑧可视化和透明度。

这些实践共同推动了软件工厂的敏捷交付能力，使其能够快速响应变化、持续交付高质量的软件产品。

（2）流水线作业。软件工厂的流水线作业是指将软件开发过程划分为不同的环节和任务，并通过流水线的方式将这些环节和任务连接起来，以实现高效、规范和持续的软件开发。

流水线作业主要内容包括：①环节划分；②任务定义；③流转规则；④并行处理；⑤自动化支持；⑥监控和优化。

通过软件工厂流水线作业的实践，可提高开发效率，降低开发成本，并确保软件质量和交付时间的可控性。

（3）安全可靠。安全可靠是指在软件开发和交付过程中，保障软件系统的安全性和可靠性。软件工厂确保安全可靠性的关键实践和原则主要包括：

1）安全开发实践。软件工厂通过采用安全开发实践来保障软件系统的安全性。包括：安全需求分析、安全设计原则、安全编码规范、安全测试和审计。

2）数据和隐私保护。软件工厂需要重视数据和隐私保护，确保用户的数据得到合理的保护和使用。包括：数据加密、访问控制、隐私保护。

3）持续集成和持续交付。软件工厂倡导持续集成和持续交付（CI/CD），这有助于减少人为错误和安全漏洞的引入，并提高系统的可靠性。包括：自动构建和测试、持续部署和发布、监控和告警。

4）团队安全培训和安全意识。软件工厂重视团队的安全培训和安全意识，确保团队成员具备必要的安全知识和技能。包括：安全培训、安全意识。

（4）协同开发。协同开发的关键实践和原则主要包括：

1）团队协作和沟通。软件工厂的协同开发强调团队成员之间的协作和沟通。包括：日常站会、迭代评审会、冲刺回顾会。

2）共享知识和经验。软件工厂的协同开发强调共享知识和经验，以提高团队的整体能力和效率。包括：文档和知识库、代码审查、技术分享会。

3）协同工具和平台。软件工厂的协同开发需要借助适当的协同工具和平台，包括即时通信工具（如微信、钉钉等）、在线文档协作工具（如 WPS 等）、代码托管和协作平台、团队协作工具（如金山协作）、数字协同平台（如 WPS365 等）。

3. 建设方法

（1）组织建设。

1）软件工厂的组织建设是确保软件开发团队高效运作和实现项目目标的关键要素之一。组织建设的重要性主要体现在：一是明确分工和责任；二是提高团队协作；三是提升决策效率。

2）组织建设的策略和最佳实践方法包括：①确定组织结构；②制定明确的岗位和职责；③设计有效的流程和规范；④优化沟通渠道和协作工具；⑤培养领导力和团队文化；⑥定期评估和改进。

3）组织建设也要做好人才培养和团队建设。

（2）资源部署。通过资源部署，可以更好地规划和管理团队成员的工作和资源，提高资源的利用率和项目的整体效益。合理的资源部署可以减少项目风险和延迟，确保项目按时交付，并满足客户的需求和期望。

软件工厂资源部署的策略和最佳实践方法包括：①项目规划和优先级；②人员分配和技能匹配；③工作量估计和调整；④工具和设备支持；⑤项目管理和协调；⑥优先级和变更管理。

（3）业务管理。软件工厂的业务管理主要由以下模块构成：①项目管理模块；②资源管理模块；③质量管理模块；④绩效管理模块；⑤沟通与协作模块；⑥数据分析与报告模块。

实现业务管理主要采取的步骤包括：确定需求和目标、选取合适的软件解决方案、进行系统定制和开发、进行系统测试和验证、系统部署和培训、监控和维护。

（4）体系保障。软件工厂的体系保障是一个全面的、结构化的系统，旨在确保软件开发和交付过程的质量和可靠性。

首先，软件工厂的体系保障需要建立一个质量管理体系。其次，软件工厂的体系保障需要制定和实施流程规范。

资源配置也是软件工厂体系保障的重要组成部分。它涉及人员、设备和工具的合理配置，以支持软件开发和交付过程。必须确保团队成员具备所需的技能和知识，同时提供适当的工作环境和工具。

质量控制是软件工厂体系保障的核心内容，质量控制措施可以包括代码审查、单元测试、集成测试、系统测试和用户验收测试等。

持续改进是软件工厂体系保障的关键要素之一，它涉及不断识别和改进软件开发和交付过程中的问题和风险。

此外，软件工厂的体系保障还需要建立一套完善的文档和记录体系，用于记录和追溯软件开发和交付过程中的关键信息。

综上所述，软件工厂的体系保障是通过建立质量管理体系、流程规范、资源配置、质量控制和持续改进等措施，确保软件开发和交付过程的质量和可靠性。它需要全面考虑软件开发的各个方面，并与团队成员密切合作，以实现高质量的软件产品和服务。

4. 应用场景

（1）软件开发组织。软件开发组织项目类型包括嵌入式软件开发、桌面应用软件开发、Web

应用软件开发、移动应用软件开发等。

嵌入式软件开发中的软件工厂应用如下：
- 建立规范化的开发流程和标准化的开发规范。
- 使用版本控制系统来管理嵌入式软件的源代码和配置文件等资源。
- 建立自动化构建和测试环境。
- 将嵌入式软件拆分为模块，并使用模块化设计和开发方法。
- 建立自动化部署和配置管理流程。
- 将持续集成和持续交付的理念引入嵌入式软件开发中。
- 利用适合嵌入式软件开发的工具和框架。

相较于嵌入式软件开发，桌面应用软件、Web 应用软件、移动应用软件等的开发环境不同，需要软件工厂配置适合各类软件开发的集成开发环境，例如相较于嵌入式软件开发，桌面应用软件开发、Web 应用软件开发、移动应用软件开发等的开发环境不同，需要软件工厂配置适合各类软件开发的集成开发环境，例如 Eclipse、Visual Studio、WebStorm 等。

（2）软件项目交付。

1）软件项目交付阶段确保服务安全上线运营，具体内容包括：发布管理、安全性检查、事件响应计划。

2）软件发布后运营阶段的具体内容包括：①安全监控；②安全运营；③风险评估；④应急响应；⑤升级与变更管理；⑥服务与技术支持；⑦运营反馈。

5.6 考点实练

1．以下关于各类抽象的描述，正确的是（　　）。
　　A．业务抽象是指具有明确和有限功能的指令序列
　　B．过程抽象用高度概括性和结构化的内容来描述场景最核心的本质
　　C．数据抽象描述数据对象的具体数据集合
　　D．技术抽象指用高度概括性和结构化的内容来描述场景最核心的本质

答案：C

2．（　　）将体系架构表示为应用系统组成部分的有组织的集合。
　　A．架构模型　　　　　　　　　　　B．框架模型
　　C．动态模型　　　　　　　　　　　D．过程模型

答案：A

3．以下关于 V 模型的说法，正确的是（　　）。
　　A．V 模型与瀑布模型毫无关联
　　B．在 V 模型中，编码处于最底部
　　C．V 模型主要阐述了测试活动与分析、设计活动的关联

D．V模型只涉及测试环节，不关乎其他开发流程

答案：C

4．迭代模型的优点不包括（ ）。

A．能让用户有充裕时间学习适应新产品，缓冲新系统冲击

B．使得全新应用系统给用户带来的冲击最大化

C．建设失败的风险较低

D．优先交付最高优先级服务，再集成其他增量构件

答案：B

5．在进行技术可行性分析时，以下做法不正确的是（ ）。

A．综合考量系统建设中的各类技术问题

B．优先选用最新研发、尚未大规模应用的前沿技术

C．重点关注当下所处的具体开发环境

D．尽可能挑选成熟的技术手段

答案：B

6．系统分析要回答新系统（ ）这个关键性的问题。

A．"怎么做"　　B．"何时做"　　C．"谁来做"　　D．"做什么"

答案：D

7．软件工厂顺利运行的基石指的是（ ）。

A．质量管理　　B．专业人员　　C．工具和技术　　D．基础设施和硬件

答案：D

8．软件工厂流水线作业把软件开发过程进行（ ），再连接各部分实现高效开发。

A．整体保留，不做拆分　　　　B．划分为不同的环节和任务

C．只保留核心环节　　　　　　D．拆分成单一任务，不区分环节

答案：B

9．（ ）不属于协同开发的关键实践和原则。

A．团队协作和沟通　　　　　　B．共享知识和经验

C．分析与报告　　　　　　　　D．协同工具和平台

答案：C

10．（ ）是软件工厂体系保障的关键要素之一，它涉及不断识别和改进软件开发和交付过程中的问题和风险。

A．质量控制　　B．持续改进　　C．规划设计　　D．运营管理

答案：B

第 6 章

云资源规划知识点梳理及考点实练

6.0 章节考点分析

第 6 章主要学习云资源规划的重要性和目标、关键要素、基本流程，云计算架构，计算资源规划，存储资源规划，云数据中心规划等内容。

根据考试大纲，本章知识点会涉及单项选择题、案例分析和论文，单项选择题预计分值 2～5 分。本章内容属于基础知识的范畴，考查的知识点大多来源于教材，扩展内容较少，考生需理解和掌握易考知识点。本章的架构如图 6-1 所示。

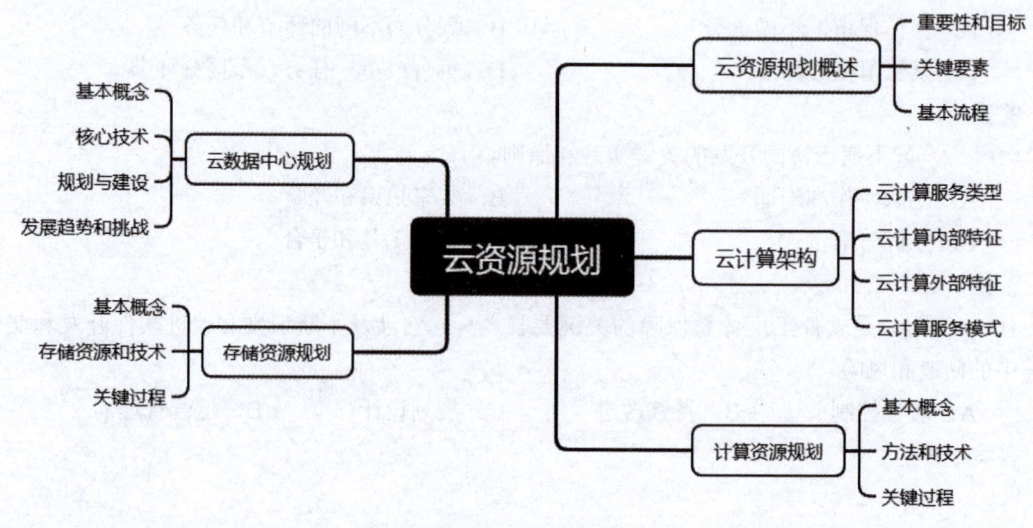

图 6-1 本章的架构

【导读小贴士】

云资源规划是指在云计算环境中，对可用的云资源进行合理和有效的管理和分配的过程等内容。旨在确保云资源的合理使用、性能优化，满足安全性、合规性要求及成本控制等。本章对易考知识点进行了总结，大多都是基础知识、偏概念，准确记忆即可。

6.1 云资源规划概述考点梳理

【基础知识点】

云资源是指由云服务提供商所提供的计算、存储、网络等基础设施和服务。这些资源可以通过互联网或专用网络进行访问和使用，用户无须拥有自己的物理设备或基础设施，而是通过租用云服务来满足需求。

ISO/IEC 17788：2014 和《信息技术 云计算概览与词汇》（GB/T 32400—2015）中关于云计算的定义为：云计算是一种通过网络将可伸缩、弹性的共享物理和虚拟资源池以按需服务的方式供应和管理的模式。

1. 重要性和目标

云资源规划的目标是确保有效管理和利用云计算资源，以满足业务需求和目标。

云资源规划的重要性在于优化资源利用、降低成本、确保可扩展性和提高可靠性，以支持业务需求和目标。

云资源规划的重要性和目标体现在：提高效率、降低成本，确保可扩展性，提高可靠性和弹性，支持业务需求。

2. 关键要素

云资源规划的关键要素包括：业务需求分析、资源评估和规划、预算管理、安全和合规性、弹性和可扩展性、性能优化以及监控和管理。这些要素相互关联，共同确保云资源能够满足组织的需求，并提供高效、可靠和安全的云计算环境。

3. 基本流程

云资源规划的基本流程如下：

（1）需求收集。具体包括以下内容：
- 理解业务需求和目标。
- 收集和分析相关的业务数据。
- 调研和了解利益相关者的需求和期望。

（2）资源评估和规划。具体包括以下内容：
- 评估当前的计算、存储和网络资源使用情况。

- 预测未来的资源需求，并根据业务增长和变化制定资源规划策略。
- 确定合适的云服务模型（如 IaaS、PaaS、SaaS、FaaS）和提供商，根据业务需求选择适当的资源类型和配置。

（3）预算管理。具体包括以下内容：
- 制订预算计划，考虑资源采购、运营和维护的成本。
- 评估云服务提供商的定价模型和费用结构，并进行成本效益分析。
- 设定费用控制和预算监控的策略，确保资源使用符合预算要求。

（4）设计与实施。具体包括以下内容：
- 基于需求和资源评估，设计云架构和系统配置。
- 选择适当的云服务提供商，并配置和部署云资源。
- 迁移应用程序和数据到云环境，并确保数据的安全和完整性。

（5）持续优化。具体包括以下内容：
- 监控和评估云资源的性能、可用性和成本效益。
- 根据实际使用情况和需求变化，进行资源调整和优化。
- 定期审查和更新资源规划，以确保与业务目标的一致性和适应性。

整个云资源规划流程应该是一个循环的过程，随着业务需求的变化和技术进展，不断进行评估和优化。

6.2 云计算架构考点梳理

【基础知识点】

云计算架构是指在云计算环境下，将各种资源和服务组织起来以满足用户需求的框架。旨在保障弹性、可靠性和高效性，以满足用户对云资源的需求。

1. 云计算服务类型

（1）公有云。公有云通常指第三方提供商为用户提供的能够使用的云，公有云一般可通过互联网使用，通常是免费或价格低廉的，公有云的核心属性是共享资源服务。

核心特征是基础设施所有权属于云服务商，云端资源向社会大众开放，符合条件的任何个人或组织都可以租赁并使用云端资源，且无须进行底层设施的运维。

公有云的优势是成本较低、无须维护、使用便捷且易于扩展，适应个人用户、互联网企业等大部分客户的需求。

公有云是一种灵活、可扩展、高可用性和成本效益高的云计算服务模式，适用于各种规模和行业的企业，可以帮助企业提高计算资源的利用率和管理水平。

（2）私有云。私有云是为一个客户单独使用而构建的，因而提供对数据、安全性和服务质量的最有效控制。私有云的特点是数据安全性高、服务质量保障完善和较高的资源使用率。

私有云架构是基于私有云环境构建的云计算基础设施。

私有云架构提供更高的安全性和控制权，但可能缺乏公有云的灵活性和可扩展性。

（3）混合云。混合云架构根据需求将工作负载和数据部署在不同的云环境中。

混合云架构可以提供灵活性、安全性和成本效益的平衡。

混合云将私有云和公有云协同工作，从而提高用户跨云的资源利用率。

业务根据其自身特点的不同，总体上可以分为稳态业务和敏态业务两类，分别适合部署在私有云和公有云中。

2. 云计算内部特征

云计算架构的内部特征是指在云环境内部的组件、技术和机制，用于实现资源管理、部署、弹性扩展和自动化管理等功能。

云计算架构的一些重要的内部特征包括：虚拟化、弹性扩展、自动化管理、多租户支持、资源编排和管理。

云计算架构的这些内部特征共同构成了云计算架构的基础，使其能够提供高效、可靠和灵活的计算环境。

3. 云计算外部特征

云计算架构的外部特征包括：可靠性和可用性、安全性、网络连接性、成本效益。

云计算架构的外部特征确保了用户能够安全、高效地使用云服务，并根据实际需求获得成本效益。

4. 云计算服务模式

（1）IaaS。

1）基础设施即服务（Infrastructure as a Service，IaaS），它提供了一种虚拟化的计算资源，如服务器、存储设备和网络设备等，用户可以通过云服务提供商租用这些资源来部署和管理应用程序。

2）IaaS 主要的用户是系统管理员。

3）IaaS 的优点包括：灵活性；可扩展性；高可用性和可靠性；高成本效益，即用户可以根据实际使用情况付费，避免了传统的硬件购买和维护的高昂成本。

4）IaaS 的适用场景包括：Web 应用程序部署、大规模数据处理、备份和灾难恢复。

5）IaaS 是一种具有灵活性、可扩展性、高可用性和高成本效益的云计算服务模式，适用于各种规模和行业的企业，可以帮助企业提高计算资源的利用率和管理水平。

（2）PaaS。

1）平台即服务（Platform as a Service，PaaS），它提供了一种构建和部署应用程序的中间件平台，用户可以使用该平台上的基础设施和应用程序运行时环境来开发、测试、部署和管理应用程序。

2）PaaS 主要的用户是开发人员，它是把服务器平台作为一种服务提供的商业模式。

3）PaaS 的优点包括：灵活性；简化部署和管理；可扩展性；高可用性和可靠性。

4）PaaS 的适用场景包括：Web 应用程序开发、移动应用程序开发、物联网应用程序开发、大数据和人工智能应用程序开发。

5）PaaS 是一种具有灵活性、可简化部署和管理、可扩展、高可用性和可靠性的云计算服务

71

模式，适用于各种类型的应用程序开发和管理。

（3）SaaS。

1）软件即服务（Software as a Service，SaaS），它将应用程序作为一种服务提供给用户，用户可以通过互联网访问和使用应用程序，而不需要在本地安装和配置软件。

2）SaaS 主要面对的是普通用户。

3）SaaS 的优点包括：方便性；可靠性；可扩展性；高成本效益。

4）SaaS 的适用场景包括：办公软件；客户关系管理（Customer Relationship Management，CRM）；人力资源管理（Human Resoure Management，HRM）；供应链管理（Supply Chain Management，SCM）。

5）SaaS 是一种方便、可靠、可扩展和高成本效益的云计算服务模式，适用于各种规模和行业的企业，可以帮助企业提高工作效率和管理水平。

（4）FaaS。

1）功能即服务（Function as a Service，FaaS），它将应用程序的不同功能拆分成独立的、可复用的函数，并以服务的形式提供给用户。每个函数都是独立的，可以单独部署、运行和扩展，而不需要考虑整个应用程序的复杂性。

2）FaaS 的优点包括：灵活性；可伸缩性；可靠性；高效性。

3）FaaS 的适用场景包括：微服务架构、事件驱动架构、云原生应用。

4）FaaS 是一种灵活、可扩展、可靠和高效的云计算服务模式，适用于各种应用程序的开发和部署。

6.3　计算资源规划考点梳理

【基础知识点】

计算资源规划是确保企业或组织在云计算环境中有效地管理和利用计算资源的关键过程。

1. 基本概念

在云资源规划中，计算资源规划是指对云计算环境中的计算资源进行有效管理和分配的过程。通过有效的计算资源规划，可以确保云计算环境中的计算资源能够满足应用程序和服务的需求，并实现资源的高效利用。

（1）计算资源的形态可以包括：虚拟机（Virtual Machine，VM）；容器（Container）；裸金属（Bare Metal）；图形处理器（Graphics Processing Unit，GPU）；弹性计算资源（Elastic Compute Resource，ECR）。

（2）计算资源规划的范围包括：硬件资源规划；虚拟化；容器化；弹性扩展和负载均衡；容量规划和预测；资源管理和调度。

2. 方法和技术

常用的计算资源规划方法和技术包括：容量规划；性能优化；负载均衡；弹性伸缩；虚拟化和容器化；自动化管理；云资源管理。

上述这些方法和技术可以根据具体情况进行组合和应用，以满足计算资源规划的需求。根据业务需求的变化和技术的发展，可能需要采用新的方法和技术来不断优化和改进资源规划。

3. 关键过程

计算资源规划是确保企业或组织在云计算环境中有效地管理和利用计算资源的关键过程。

计算资源规划的关键步骤包括：①需求分析；②容量规划；③云服务选择；④虚拟化策略；⑤安全性考虑；⑥成本效益分析；⑦持续监控和维护。

计算资源规划是一个多步骤的过程，需要考虑多种因素。通过有效的计算资源规划，企业可以在云计算环境中实现更高的效率、灵活性和可扩展性。

6.4 存储资源规划考点梳理

1. 基本概念

（1）在云资源规划中，存储资源规划是指对云计算环境中的存储资源进行有效管理和分配的过程。它涉及确定和配置所需的存储资源，以满足应用程序和服务的需求，并确保数据的安全性、可靠性和高性能访问。

（2）存储资源规划的定义和范围包括：①存储类型选择；②存储容量规划；③数据备份和冗余；④存储性能优化；⑤数据安全和隔离；⑥存储管理和调度。

通过有效的存储资源规划，可以满足应用程序和服务对于存储资源的需求，并确保数据的安全性、可靠性和高性能访问。

2. 存储资源和技术

存储资源和技术可以根据其工作原理、访问方式和应用场景进行分类。常见的存储资源和技术的类型如下：

- 直接附加存储（Direct Attached Storage，DAS）。DAS 是将存储设备直接连接到主机或服务器的存储方式。常见的 DAS 包括硬盘驱动器、固态硬盘和外部存储设备等。DAS 提供本地存储和高性能访问，适用于小型环境或需要高带宽和低延迟的应用。
- 网络附加存储（Network Attached Storage，NAS）。NAS 是通过网络连接提供存储服务的一种存储技术。NAS 设备作为独立的存储服务器，通过网络协议（如 NFS、CIFS/SMB）向客户端提供文件级别的访问。NAS 提供易于管理和共享的存储解决方案，适用于文件共享、备份和存档等场景。
- 存储区域网络（Storage Area Network，SAN）。SAN 是一种专用网络，将存储设备连接到服务器，提供块级别的存储访问。SAN 使用光纤通道（Fibre Channel）或以太网（iSCSI）等协议，为主机提供高性能的块级别存储。SAN 适用于对存储性能、可用性和扩展性要求较高的企业级应用。
- 对象存储（Object Storage）。对象存储是一种以<u>对象为基本存储单元</u>的存储技术，将数据和元数据组合成对象存储在分布式存储系统中。对象存储提供高可扩展性、可靠性和强大的元数据管理功能，适用于大规模数据存储、云存储和数据备份等场景。
- 云存储（Cloud Storage）。云存储是将数据存储在<u>云服务提供商</u>的存储设施中的一种存储方式。通过互联网连接，用户可以通过公有云或私有云访问和管理存储数据。云存储提供高度可扩展、弹性的存储解决方案，适用于数据备份、归档、共享和协作等需求。
- 分布式文件系统（Distributed File System，DFS）。分布式文件系统是一种将文件系统<u>跨多个存储节点分布式管理</u>的技术。它提供了高可用性、容错性和可扩展性，并支持文件共享和访问控制。分布式文件系统适用于大规模存储和分布式计算环境。
- 虚拟化存储（Virtualized Storage）。虚拟化存储是在物理存储设备上<u>创建逻辑存储池</u>，并将其分配给虚拟机或应用程序的一种技术。它提供了灵活的存储管理和资源利用，允许实现虚拟机迁移、存储快照和复制等功能。

3. 关键过程

存储资源规划的一般步骤包括：①收集需求；②分析和评估存储需求；③技术选择；④架构设计；⑤安全规划；⑥容量规划；⑦性能优化；⑧管理和监控；⑨定期评估和调整。

6.5 云数据中心规划考点梳理

云数据中心是云计算数据中心（Cloud Computing Data Center，CDC）的简称，处于云计算技术体系的核心地位。它以基于云计算技术架构为特征，以调度技术及虚拟化技术等为手段，通过建立物理的、可伸缩的、可调度的、模块化的计算资源池，将 IT 系统和数据中心基础设施合二为一，以崭新的业务模式向用户<u>提供高性能、低成本、弹性的持续计算能力、存储服务及网络服务</u>。

1. 基本概念

云数据中心规划是指在构建和运营云数据中心时所进行的策划和设计过程，它涉及确定数据中心的目标、范围、资源需求以及技术实施等方面，旨在确保数据中心能够高效地支持云服务的交付和运营。

（1）规划目标。云数据中心规划旨在实现高可靠性、高可扩展性、高性能和高安全性的云计算基础设施。

云数据中心规划的目标包括：<u>可靠性和可用性、可扩展性、性能和效率、安全和合规性</u>。

（2）设计原则。云数据中心的设计应遵循可用性、冗余性、弹性、可扩展性、性能优化、安全和隐私、灵活性、可管理性、节能和环保、高度可扩的存储和网络架构等原则，以构建高效、可靠和可持续发展的云计算基础设施。

（3）要素。云数据中心是传统数据中心适应市场需求的升级，也是数据中心演进的方向。

云数据中心一般具有的五大要素包括：面向服务、资源池化、高效智能、按需供给、低碳环保。

2. 核心技术

（1）网络架构设计。云数据中心对于网络有高带宽、低时延、高可靠性、高灵活性、低能耗的要求。

构建云数据中心网络需要具备以下要素：良好的可扩展性、多路径容错能力、低时延。高带宽网络传输能力、模块化设计、网络扁平化、绿色节能。

（2）网络融合技术。现阶段主要的网络融合技术：光纤以太网通道技术、数据中心桥接技术及多链接透明互连技术等。

（3）网络性能测试。

1）网络性能测试是通过测试工具对可用于系统设计、配置和维护的性能参数进行测试，然后得到的一组能代表网络性能的结果。它与用户的操作和终端性能无关，体现的是网络自身的特性。

在不同层次上都有各自对应的不同的测试指标：

- 网络层测试指标主要有连通性、带宽、时延和丢包率。
- 传输层测试指标主要有丢包率、吞吐量和连接数。
- 应用层测试指标主要有页面丢失率、应答延迟和吞吐量。

2）网络性能测试一般是利用 ICMP 和 TCP 等网络协议开展测试，主要有主动测试、被动测试，以及主、被动这两种测试相结合的测试方法。

- 主动测试只需要把测试工具部署在测试源端上，由监测者主动发送探测流去监测网络设备的运行情况，通过从网络的反馈中观察、分析探测流的行为来评估网络性能，从而得到需要的信息。
- 被动测试是指在链路或路由器等设备上对网络进行监测，为了解网络设备的运行情况，监测者需要被动地采集网络中现有的标志性数据。

主动测试比较适合端到端的时延、丢包以及时延变化等参数的测量，而被动测试则更适合路径吞吐量等流量参数的测试。

（4）虚拟化技术。虚拟化（Virtualization）技术的本质在于对计算机系统软硬件资源的划分和抽象。

1）虚拟化技术层次。计算机系统包括五个抽象层：硬件抽象层、指令集架构层、操作系统层、库函数层和应用程序层。虚拟化可以在每个抽象层中实现。

在系统虚拟化中，虚拟机是在一个硬件平台上模拟一个或者多个独立的和实际底层硬件相同的执行环境。每个虚拟的执行环境里面可以运行不同的操作系统，即客户机操作系统（Guest OS）。

2）常用虚拟化技术。常用的虚拟化技术包括：硬件仿真技术、全虚拟化技术、半虚拟化技术、硬件辅助虚拟化技术。

（5）安全技术。云计算数据中心安全体系应包括安全策略、安全标准规范、安全防范技术、安全管理保障、安全服务支持体系等多个部分。安全体系贯穿云计算数据中心安全的各个环节。

(6)节能技术。电源使用效率（Power Usage Effectiveness，PUE）是评价数据中心能源效率的指标，是数据中心消耗的所有能源与IT负载使用的能源之比。计算公式为

PUE= 数据中心的总用电量（Total Facility Power）/IT设备的总用电量（IT Equipment Power）

PUE的值越接近1，表示一个数据中心的绿色化程度越高。在固定IT设备不变的条件下，其能耗主要由承载的业务负荷值决定。

3. 规划与建设

数据中心根据其使用的独立性可划分为自用型数据中心与商业化数据中心。

根据《数据中心设计规范》（GB 50174），数据中心分级的原则是由机房的使用性质、管理要求及重要数据丢失或网络中断对经济或社会造成的损失或影响程度确定的，从高到低分为A、B、C三级。国际分级依据TIA-942《数据中心电信基础设施标准》，数据中心分级的原则是可用性，从高到低分为T4、T3、T2、T1四级。

（1）功能定位。数据中心的功能定位具体表现为：城市数据中心向实时性和弹性化发展；边缘数据中心实现计算能力下沉；数据中心和网络建设协同布局；试点探索建设国际化数据中心。

（2）建设项目分类。云计算数据中心的建设应在遵循安全适用的基础上，以合理控制投资、降低成本、提高投入产出比为指导原则。

建设项目分类主要包括：建筑工程、机房空调与配电工程、供电系统工程、机房工艺工程等方面。

4. 发展趋势和挑战

（1）新基建背景下的数据中心产业发展。新型基础设施建设致力于科技端的基础设施建设，主要包括5G基站建设、特高压、城际高速铁路和城市轨道交通、新能源汽车充电桩、大数据中心、人工智能、工业互联网七大领域，涉及诸多产业链，是以新发展为理念，以技术创新为驱动，以信息网络为基础，面向高质量发展需要，提供数字转型、智能升级、融合创新等服务的基础设施体系。

新基建对数据中心提出新要求，大型数据中心对海量数据处理能力和能耗水平提出更高要求。

在新基建的背景下，数据中心建设应当加强统筹协调，立足国家战略层面，从全局角度进行顶层设计，为数据中心全国统筹布局提供战略性、方向性指引。

（2）面临的挑战及建议。未来云资源规划将受到多云环境、自动化和智能化、弹性和可扩展性、绿色和可持续发展、安全和合规性、数据治理和隐私保护、边缘计算以及AI和机器学习等因素的影响。面对这些挑战和机遇，云资源规划需要不断演进和创新，以满足不断变化的业务需求和技术发展。

6.6 考点实练

1. 云资源规划的重要性不包括（　　）。
   A. 优化资源利用　　　　　　　　　　B. 增加不必要成本

C．确保可扩展性　　　　　　　　D．提高可靠性

答案： B

2. 关于公有云描述，下列说法错误的是（　　）。

A．公有云一般可通过互联网使用

B．公有云通常免费或价格低廉

C．公有云基础设施所有权归用户

D．符合条件者都能租赁使用公有云资源

答案： C

3. 以下哪类人群是 IaaS 主要的用户群体？（　　）

A．普通办公人员　　　　　　　　B．财务会计人员

C．市场营销人员　　　　　　　　D．系统管理员

答案： D

4. （　　）是一种高效、灵活、可扩展和可靠的云计算服务模式，适用于各种应用程序的开发和部署。

A．FaaS　　　　B．IaaS　　　　C．SaaS　　　　D．PaaS

答案： A

5. 对于对存储性能、可用性和扩展性要求极高的企业级应用，优先考虑的存储技术是（　　）。

A．存储区域网络（SAN）　　　　B．网络附加存储（NAS）

C．直接附加存储（DAS）　　　　D．云存储（Cloud Storage）

答案： A

6. （　　）是一种将文件系统跨多个存储节点分布式管理的技术。

A．对象存储　　　　　　　　　　B．分布式文件系统

C．虚拟化存储　　　　　　　　　D．云存储

答案： B

7. 若要测试传输层的性能，以下（　　）指标会重点关注。

A．连通性　　　B．吞吐量　　　C．页面丢失率　　　D．带宽

答案： B

8. 若要测量端到端的时延、丢包以及时延变化等参数，适合采用（　　）。

A．主动测试方法　　　　　　　　B．被动测试方法

C．主、被动相结合的测试方法　　D．以上都不合适

答案： A

第 7 章
网络环境规划知识点梳理及考点实练

7.0 章节考点分析

第 7 章主要学习网络架构和主要技术、广域网规划、局域网规划、无线网规划、网络整体规划的重点事项等内容。

根据考试大纲，本章知识点会涉及单项选择题、案例分析和论文，单项选择题预计分值 2～5 分，本章内容属于基础知识范畴，考查的知识点大多来源于教材，扩展内容较少，考生需理解和掌握易考知识点。本章的架构如图 7-1 所示。

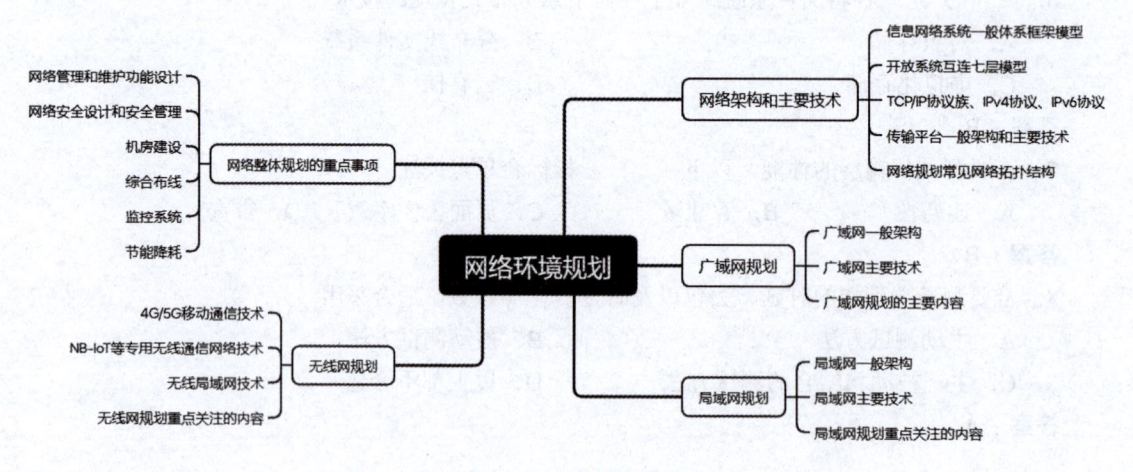

图 7-1 本章的架构

【导读小贴士】

网络环境规划是信息系统规划的重要组成部分,要根据客户网络、业务、管理的现状和需求,综合考虑各方面因素,做好相关工作,满足客户当前及可预见的将来的业务和管理需求。

7.1 网络架构和主要技术考点梳理

【基础知识点】

1. 信息网络系统一般体系框架模型

信息网络系统一般体系框架模型,如图 7-2 所示。

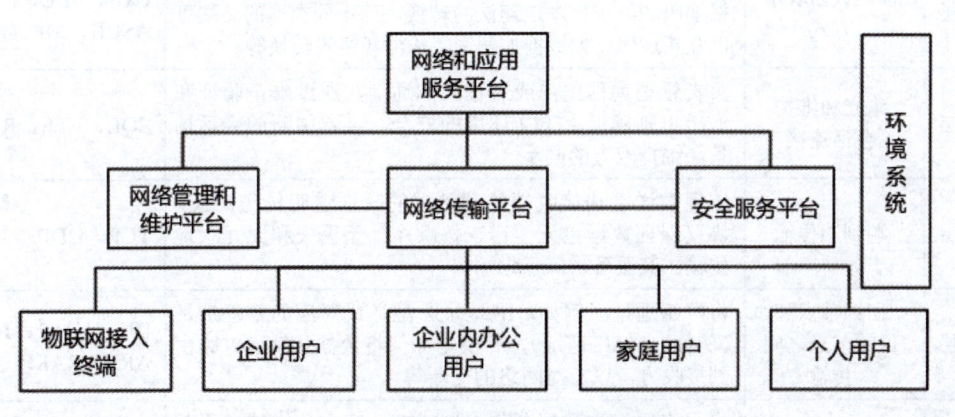

图 7-2 信息网络系统一般体系框架

(1)网络传输平台。负责信息网络系统中的数据传输,关注点是根据最终用户和上层应用的需要,高效、高质量、准确、安全地传输各类信息数据。网络传输平台一般包括传输、路由、交换、有线和无线接入等设备和系统。

(2)网络和应用服务平台。网络和应用服务平台负责网络管理服务和业务应用层面的管理逻辑、业务逻辑和信息数据处理,包括域名解析系统(Domain Name System,DNS)、地址分配系统、业务应用系统。

(3)安全服务平台。安全服务平台负责网络、应用和用户的安全防护,包括信息加解密、防火墙、入侵检测、漏洞扫描、病毒查杀、安全审计、数字证书等。

(4)网络管理和维护平台。网络管理和维护平台负责整个信息网络系统的管理和维护,如果对外提供业务服务,还需要专门的运营系统。

(5)环境系统。环境系统包括机房建设、环境监控、智能安防、节能降耗、综合布线等。

2. 开放系统互连七层模型

业界最通用的分层模型是开放系统互连（Open System Interconnection，OSI）通信参考模型，该模型是由国际标准化组织 ISO 于 1984 年提出的一种标准参考模型，OSI 模型被公认为信息网络通信系统的一种基本结构模型。

OSI 模型将信息网络系统中的通信和信息处理过程定义为上下衔接的<u>七个层级</u>，见表 7-1。各层相对独立，上下层之间和同层之间根据特定的标准规范进行相互调用和互通。

表 7-1　OSI 七层的主要功能和详细说明

层的名称	主要功能	详细说明	代表协议
应用层	处理网络应用	直接为终端用户服务，提供各类应用过程的接口和用户接口	FTP、SMTP、HTTP、Telnet
表示层	管理数据表示方式	使应用层可以根据其服务解释数据的含义。通常包括数据编码的约定、本地句法的转换，使不同类型的终端可以互相通信，如数据加解密、压缩和格式转换等	GIF、JPEG、DES、ASCII、MPEG
会话层	建立和维护会话连接	负责管理远程用户或进程间的通信，通过安全验证和退出机制确保上下文环境的安全，重建中断的会话场景，维持双方的同步	SQL、NFS、RPC
传输层	端到端传输	实现发送端和接收端的端到端的数据透明传送，TCP 协议保证数据包无差错、按顺序、无丢失和无冗余地传输。其服务访问点为端口	TCP、UDP
网络层	在源节点和目的节点之间传输	将网络地址（例如，IP 地址）翻译成对应的物理地址（例如，MAC 地址），并决定如何将数据从发送方路由到接收方，以及对网络的诊断等	IP、ICMP、IGMP、ARP、RARP
数据链路层	提供点到点的帧传输	将网络层报文数据分割封装成帧，建立、维持和释放网络实体之间的数据链路，在链路上传输帧并进行差错控制、流量控制等	HDLC、PPP、ATM、IEEE 802.3/.2
物理层	在物理链路上传输比特流	通过一系列协议定义了物理链路所具备的机械特性、电气特性、功能特性以及规程特性	FDDI、RS232、RJ-45

3. TCP/IP 协议族、IPv4 协议、IPv6 协议

（1）TCP/IP 协议族。

1）传输控制/网络协议（Transmission Control Protocol/Internet Protocol，TCP/IP）是现代信息网络系统中最基础和通用的协议，TCP/IP 由一系列协议组成，由于 TCP 和 IP 是其中最重要的两个协议，所以一般将相关的系列协议统称为 TCP/IP 协议族。

2）TCP/IP 协议定义了四个相对独立的层级，自上而下分别是<u>应用层、传输层、网络层、数据链路层</u>。TCP/IP 协议栈和 OSI 模型的对应关系如图 7-3 所示。

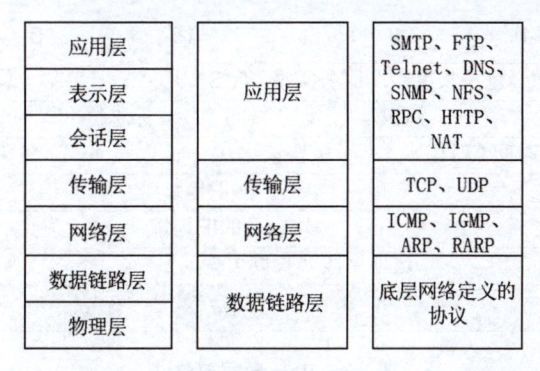

图 7-3 OSI 体系结构和 TCP/IP 体系结构及对应协议

①应用层。负责处理特定的应用程序细节，对应 OSI 七层模型中的应用层、表示层和会话层的部分功能。应用层的协议如：SMTP、FTP、Telnet、DNS、HTTP、NAT 等。

②传输层。负责应用层协议发送和接收具体数据的机制和过程，包括逻辑连接的建立、维护和拆除等，还包括可靠性传输和拥塞控制机制等。TCP/IP 协议栈中的传输层对应 OSI 模型中的传输层和会话层的部分功能。传输层主要包含 TCP 和 UDP 协议。TCP 是面向连接的协议，在收发数据前，必须和对方建立可靠的连接；UDP 是非连接协议，传输数据之前源端和终端不建立连接，并不保证数据一定能传送到，也不保证按顺序传输。

③网络层。负责基本的数据封装和全网传输，是整个网络内部、不同网络之间数据互联互通最重要的一层，对应 OSI 模型中的网络层。互联网络层最基本的协议是 IPv4 和 IPv6。

④物理和数据链路层。TCP/IP 协议栈的最底层，对应 OSI 的下两层——物理和数据链路层基于各种物理介质实现对上层数据的成帧传输。局域网、城域网、广域网都在这一层定义。

（2）IPv4 协议。IPv4 是互联网协议（Internet Protocol，IP）的第四版，也是第一个被广泛使用、构筑当今互联网基石的协议。主要技术概念包括 IPv4 数据包、IPv4 地址、IPv4 路由。

1）IPv4 数据包。IPv4 数据包格式如图 7-4 所示。IPv4 数据包由 IPv4 包头（Header）和实际的数据部分组成。包头由固定格式和顺序的 20 个字节的固定字段加上长度可变的选项字段组成，固定字段部分一般表示为图中的 5 行，每行 4 个字节。

- 版本号：4 比特，定义协议版本，IPv4 协议中版本号为 4。
- 包头长度：4 比特，定义整个 IP 数据包包头的长度。
- 服务类型（Type of Service，ToS）：8 比特，定义供相关路由设备数据处理方式的基本服务类型。
- 总长度：16 比特，表示整个 IP 数据包长度，表示的最大字节为 65535 字节。
- 标识（16 比特）、标志位（3 比特）、片偏移（13 比特）：用于 IP 数据包的分片与重组。
- 生存时间（Time To Live，TTL）：8 比特，表示数据包在网络中的生命周期，用通过路由器的数量来计量，即跳数（每经过一个路由器会减 1），TTL 指示数据包在网络中可通过的路由器数的最大值。

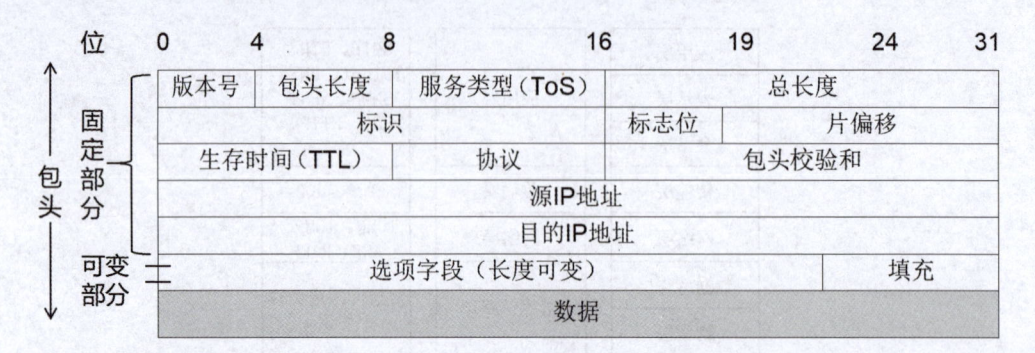

位	0	4	8	16	19	24	31
版本号	包头长度	服务类型（ToS）	总长度			
标识			标志位	片偏移			
生存时间（TTL）		协议	包头校验和			
源IP地址						
目的IP地址						
选项字段（长度可变）						填充	
数据						

图 7-4 IPv4 数据包格式

- 协议：8 比特，定义该数据包所携带的协议类型，协议类型包括 TCP、UDP、ICMP、IGMP、开放最短路径优先（Open Shortest Path First，OSPF）协议等。
- 包头校验和：16 比特，对数据包包头本身的数据信息进行校验，不包括数据部分。
- 源地址：32 比特（4 字节），标识 IP 数据包的发送源 IP 地址。
- 目的地址：32 比特，标识 IP 数据包的目的 IP 地址。
- 选项字段：可扩充部分，具有可变长度，定义了安全性、严格源路由、松散源路由、记录路由、时间戳等选项。
- 填充：用全 0 的填充字段补齐为 4 字节的整数倍。

2）IPv4 地址。IPv4 地址由 32 位二进制数组成，即由 4 个字节组成，通常称其为点分十进制表示法（例如 192.121.123.56）。IPv4 地址由网络位和主机位两大部分组成，前者用于标识网络，后者用于标识网络内部不同主机。

为了便于规划管理，又将 IPv4 地址分为 A、B、C、D、E 五类，A、B、C 类地址用于不同类型的网络规模，D 类地址专门用于组播地址。

A 类地址适用于大型网络建设，支持 126 个网络，每个网络最多支持 16777214 个主机地址。
B 类地址适用于中型网络建设，支持 16384 个网络，每个网络最多支持 65534 个主机地址。
C 类地址适用于小型网络建设，支持 209 万余个网络，每个网络最多支持 254 个主机地址。

公网地址是全球唯一分配的地址，私网地址则是可以在多个内部局域网里重复使用的地址。在 IPv4 的 A 类、B 类和 C 类地址池中，都有一部分预留给了私网地址：A 类地址中私网地址可用范围是 10.0.0.0 到 10.255.255.255；B 类地址中私网地址可用范围是 172.16.0.0 到 172.31.255.255；C 类地址中私网地址可用范围是 192.168.0.0 到 192.168.255.255。

家庭网络以及小规模的组织，通常设备数量比较少，使用 C 类私网地址即可，大中型组织在 IP 地址规划时，可以考虑使用 A 类或 B 类私网地址，能够支持更多的主机地址。

使用私网地址的主机需要通过地址转换技术（Network Address Translation，NAT）与公网 IPv4 地址的主机进行通信。NAT 一般在家庭网关、企业网关或者接口路由器等设备上实现。

3）IPv4 路由。路由（Routing）是指路由器从一个接口上收到数据包，根据数据包的目的地址进行定向并转发到另一个接口的过程。

路由器获得路由条目的方式（即路由的类型）包括：
- 直连路由。由设备物理端口直接相连而获取的路由，设备自动获取。
- 静态路由。由管理员亲自配置的路由，用于固定路径的流量转发。
- 动态路由。与静态路由相对的概念，指路由器能够根据路由器之间交换的特定路由信息自动地建立自己的路由表，并且能够根据链路和节点的变化适时地进行自动调整。

动态路由需要路由器之间可以互认的路由协议支持，主要有两大类路由协议：

一是距离矢量路由协议，主要依据从源网络到目标网络所经过的路由器的个数来选择路由，包括路由信息协议（Routing Information Protocol，RIP）、边界网关协议（Border Gateway Protocol，BGP）。

二是链路状态路由协议，综合考虑从源网络到目标网络的各条路径的情况选择路由，包括 OSPF 协议、中间系统到中间系统（Intermediate System to Intermediate System，ISIS）协议。

（3）IPv6 协议。

1）IPv6 地址。IPv6 地址由 128 位二进制数组成，是 IPv4 地址长度的 4 倍，前 64 比特为网络前缀，主要用于寻址和路由，后 64 比特为接口标识，主要用于标识主机。理论上，IPv6 地址总数几乎可以为地球上每一粒沙子分配一个地址。IPv6 地址由国际组织互联网数字分配机构（Internet Assigned Numbers Authority，IANA）/互联网名称与数字地址分配机构（The Internet Corporation for Assigned Names and Numbers，ICANN）统一管理，采用分级管理架构，首先由 IANA/ICANN 分配给大区一级的管理机构，再由各大区管理机构分配给各会员国。与 IPv4 地址表示方法不同，IPv6 地址采用点分十六进制形式，分为 8 段，每段 16 位，例如 ABCD:EF01:2345:6789:ABCD:EF01:2345:6789。

2）IPv6 数据包。IPv6 数据包格式如图 7-5 所示。

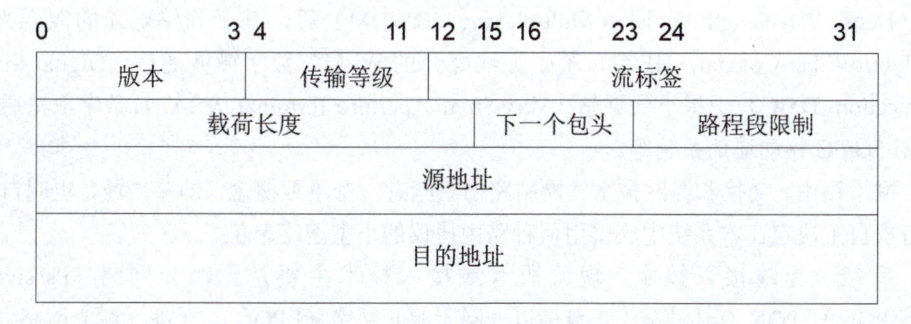

0	3 4	11 12 15 16	23 24	31
版本	传输等级	流标签			
载荷长度		下一个包头	路程段限制	
源地址				
目的地址				

图 7-5　IPv6 数据包格式

- 版本。该字段的长度与 IPv4 相同，版本号 4（二进制 0100）、版本号 6（二进制 0110）分别代表 IPv4 和 IPv6 数据包。
- 传输等级。8 位传输等级字段用于源节点或路由器识别和区分不同级别的 IPv6 信息包。

- 流标签。源节点用 20 位流标签字段来标识一系列属于同一流的信息包。一个流可以由源 IPv6 地址和非空的流标签唯一的标识，属于同一个流的信息包必须由 IPv6 路由器做专门的处理，至于做何种处理则由信息包本身或资源预留协议（Resource Reservation Protocol，RSVP）所给的信息来决定。
- 载荷长度：16 位载荷长度字段，指出 IPv6 信息包除去报头之后的数据字段的长度，以字节为单位，IPv6 数据包的最大载荷长度为 65535 个字节。
- 下一个包头：8 位下一个包头字段指出 IPv6 包头之后的包头类型。
- 路程段限制：8 位路程段限制字段。数据包每向前经过一个转发节点（通常为路由器），路程段限制减 1，当路程段限制减至 0，则丢弃该数据包。
- 源地址：128 位 IPv6 源地址。
- 目的地址：128 位 IPv6 目的地址。

4. 传输平台一般架构和主要技术

网络传输平台的一般架构，如图 7-6 所示。

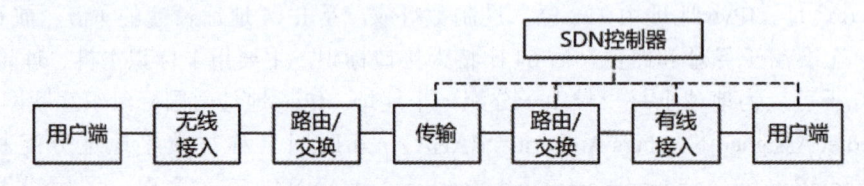

图 7-6 网络传输平台一般架构示意图

（1）网络传输媒介。网络传输媒介是指在传输系统中，借助电磁波能量承载的信号将数据由发送端传输到接收端的媒介，处于 OSI 的物理层。传输媒介一般分为有线和无线两大类。

（2）网络传输技术。目前常用的网络传输技术包括基于光纤的同步数字序列（Synchronous Digital Hierarchy，SDH）、准同步数字序列（Plesiochronous Digital Hierarchy，PDH）、密集波分复用（Dense Wavelength Division Multiplexing，DWDM）等，基于同轴电缆的混合光纤同轴电缆（Hybrid Fiber-Coaxial，HFC），基于无线媒介的 Wi-Fi、数字微波通信（Digital Microwave Communication，DMC）、卫星小数据站（Very Small Aperture Terminal，VSAT）、数字卫星通信系统、2G/3G/4G/5G/6G 移动通信系统等。

（3）网络路由、交换和组网技术。网络路由组网有一个重要概念，即路由域，也叫自治系统，是一个有权自主决定在本系统中应采用何种路由协议的小型网络单位。

（4）有线、无线接入技术。现阶段有线接入技术主要是无源光网络（Passive Optical Network，PON），PON 有几种类型，包括以太网无源光网络（EPON）、千兆无源光网络（GPON）和 10G 无源光网络（10G-PON）。无线接入技术包括 Wi-Fi 和蓝牙等。

5. 网络规划常见网络拓扑结构

（1）总线网络拓扑如图 7-7（a）所示，所有节点都连接在一个公共传输通道——总线上。这种网络结构需要的传输链路少，增减节点比较方便，但稳定性较差，网络范围也受到限制。

（2）星形/双星形网络拓扑。星形网络拓扑如图7-7（b）所示，星形网也称为辐射网，它将一个节点作为辐射点（转接交换中心），该点与其他节点均有线路相连。与后面提到的网状网络拓扑相比，星形网的传输链路少、线路利用率高，经济性较好，但安全性较差（因为中心节点是全网可靠性的瓶颈，中心节点一旦出现故障会造成全网瘫痪）。

（3）树状网络拓扑。树状网络拓扑如图7-7（c）所示。树状网可以看成星形拓扑结构的扩展。在树状网中，节点按层次进行连接，信息交换主要在上下节点之间进行。树状结构主要用于用户接入网或用户线路网中。

（4）环形网络拓扑。环形网络拓扑如图7-7（d）所示，各节点通过环路接口进行首尾相连组成环形网络，环形网的特点是结构简单，实现容易。

（5）网状网络拓扑。各节点之间进行全互连或者部分互连,可组成网状网络结构,如图7-7（e）所示，当节点数增加时，传输链路将迅速增加。这种网络结构的冗余度较大，稳定性较好，但线路利用率不高，经济性较差，适用于局间业务量较大或分局量较少的情况。

网孔形结构是网状结构的一种变形，其大部分节点相互之间有线路直接相连，一小部分节点可能与其他节点之间没有线路直接相连，哪些节点之间不需直达线路视具体情况而定（一般这些节点之间业务量相对较少）。网孔形结构与网状结构相比，可适当节省一些线路，即线路利用率有所提高，经济性有所改善，但稳定性稍有降低。

（6）复合型/层级型。复合型网络拓扑如图7-7（f）所示。复合型网由网状结构和星形结构复合而成。复合型网具有网状结构和星形结构的优点，是通信网中普遍采用的一种网络结构，但网络设计应以交换设备和传输链路的总费用最小为原则。

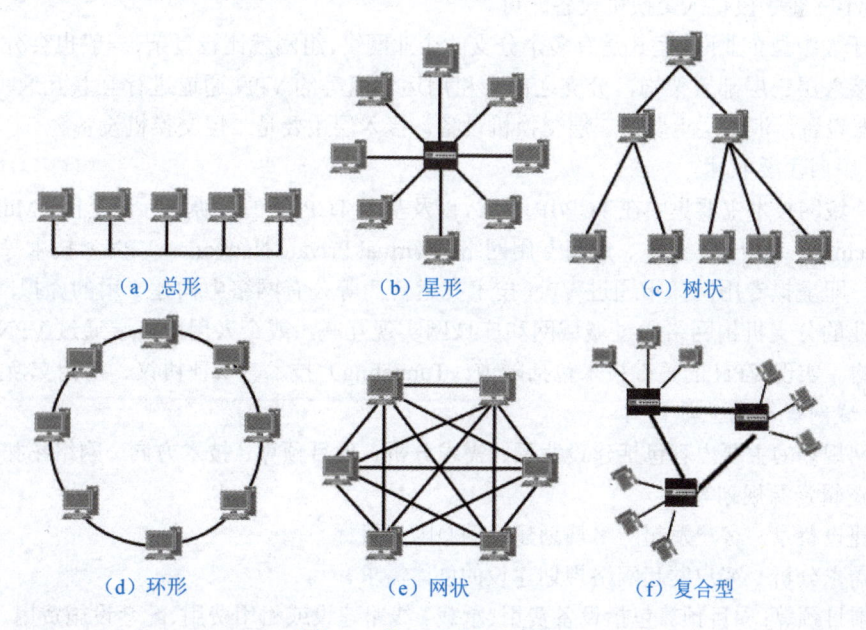

（a）总形　　　　（b）星形　　　　（c）树状

（d）环形　　　　（e）网状　　　　（f）复合型

图7-7　常见网络拓扑结构

7.2 广域网规划考点梳理

广域网是跨地区、省市、国家的更大规模网络的统称，用来连接地区的局域网、城域网、省网和各个国家的网络。

1. 广域网一般架构

（1）当前的 IP 城域网已演变成以 IP 技术为基础，以光纤为传输媒介，集数据、语音、流媒体等业务服务于一体的高带宽、多功能、多业务接入的多媒体通信网络。

（2）典型的城域网一般由核心层、汇聚层和接入层三层架构组成。

1）核心层部署核心路由器设备，提供本城域网的互联网出口，与省级骨干网相连，同时作为本城域内的 IDC、CDN 等中心节点的接入。

2）汇聚层部署汇聚交换机设备，作为本城域网的区域性汇接点，上联核心层设备，下接光纤线路终端（Optical Line Terminal，OLT）等接入设备，同时作为各类边缘 IDC 节点、边缘计算节点的接入。

3）接入层面向各类园区、楼宇、住宅小区等商业、家庭和个人用户，提供各种有线、无线接入方式。

（3）运营商广域网建设的目的之一就是为企业广域网的建设提供联通服务。

1）对于中小型企业网，一般设置企业网关 / 企业接口路由器设备，核心层设置若干台二层或者三层交换机设备，相关应用服务器、接入点（Access Point，AP）、PC、手机等设备通过光纤、双绞线、Wi-Fi 等手段接入交换机设备即可。

2）对于大中型企业网，尤其是有多个分支的企业网络，组网就比较复杂，一般也会分为核心层、汇聚层、接入层三层部署架构，分支之间会租用运营商等的 VPN 通道进行互联互通，核心层主要是路由器设备，汇聚层主要是三层交换机设备，接入层主要是二层交换机设备。

2. 广域网主要技术

当前广域网技术主要集中在 TCP/IP 领域，以及基于 TCP/IP 的多协议标记交换（Multi-Protocol Label Switching，MPLS）技术、虚拟专用网络（Virtual Private Network，VPN）技术等。

VPN，即虚拟专用网，指通过 VPN 技术在运营商等公有网络中构建专用的虚拟网络，主要用于将企业的分支机构网络通过城域网和广域网实现互联，或个人用户终端通过 VPN 接入远程的企业网络。实现 VPN 的关键技术包括隧道（Tunneling）技术、认证协议、密钥交换技术等。

3. 广域网规划的主要内容

广域网规划的主要内容包括建设背景、需求分析、项目预算、技术方向、网络拓扑结构设计、IP 地址等逻辑资源规划等。

（1）建设背景：客户发起网络规划建设的原因和目标。

（2）需求分析：客户发起网络规划建设的总体需求。

（3）项目预算：项目预算包括设备费用、承载 / 线路建设或租用费用、配套设施费用、建设成本、运维成本、优化成本等。

（4）技术方向：需要与客户沟通确定大的技术方向和技术路线。

（5）网络拓扑结构设计：网络拓扑结构设计包括物理网络设计和逻辑网络设计。

（6）IP 地址等逻辑资源规划。IP 地址等逻辑资源规划包括 IPv4 地址、IPv6 地址的规划。还要重点关注二层 VLAN、大二层 VXLAN 的具体规划等。

7.3　局域网规划考点梳理

局域网是在比较小的管理范围或地理范围内（例如企业单位内部、家庭内部）组建的网络。

1. 局域网一般架构

局域网一般由计算机设备、网络连接设备、网络传输介质三大部分构成。

大型、大中型的局域网一般会采用多层级结构，考虑到层级过多会带来转发时延加大等因素，通常仍采用典型的三层结构，包括核心层、汇聚层、接入层。

一般中型的局域网可采取核心层－汇聚层的二层的结构，更小规模的局域网可采取简单的星形结构组网。

2. 局域网主要技术

局域网中的一个重要技术是虚拟局域网（Virtual Local Area Network，VLAN），VLAN 将局域网设备从逻辑上划分成一个个虚拟网段（更小的局域网），从而实现局域网内虚拟工作组（单元）的数据交换技术。

VLAN 划分方法大致有六类：①按照端口划分 VLAN；②按照 MAC 地址划分 VLAN；③基于网络层协议划分 VLAN；④根据 IP 组播划分 VLAN；⑤按策略划分 VLAN；⑥按用户定义、非用户授权划分 VLAN。

3. 局域网规划重点关注的内容

局域网的规划与广域网的规划内容类似，涉及建设背景、需求分析、项目预算、技术方向、网络拓扑结构设计、IP 地址等逻辑资源规划、网络安全设计、网管和运维功能设计、机房环境设计、综合布线设计等内容，除此以外，局域网规划还应重点关注 VLAN 划分、VLAN 编号、VLAN 间路由设计、生成树协议（Spanning Tree Protocol，STP）设计与动态主机配置协议（Dynamic Host Configuration Protocol，DHCP）设计等。

7.4　无线网规划考点梳理

从规划的角度看，一般有三大类无线网：一是运营商专门对外提供移动语音、数据等通信业务的移动通信网，目前主要是指 4G、5G 移动通信；二是一些专门用于某种特定场景的，如窄带物联网（Narrow Band Internet of Things，NB-IoT）等用于物联网等的无线通信网络；三是一般意义上的如 Wi-Fi 等常用的无线局域网络。

1. 4G/5G 移动通信技术

（1）4G 移动通信技术。4G 移动通信的优势包括：高速率，高容量，网络频谱更宽，智能性能更高，兼容性能更平滑，实现更高质量、更低费用的通信，更好的安全性。

（2）5G 移动通信技术。

1）2019 年 6 月，工信部正式向中国电信、中国移动、中国联通、中国广电发放 5G 商用牌照。国际电信联盟（ITU）定义了 5G 的三大类应用场景：

增强移动宽带（Enhanced Mobile Broad band，eMBB）：主要面向移动互联网流量爆炸式增长，为移动互联网用户提供更加极致的应用体验。

超高可靠低时延通信（Ultra Reliable Low Latency Communication，uRLLC）：主要面向工业控制、远程医疗、自动驾驶等对时延和可靠性具有极高要求的垂直行业应用需求。

海量机器类通信（Massive Machine Type Communication，mMTC）：主要面向智慧城市、智能家居、环境监测等以传感和数据采集为目标的应用需求。

2）5G 系统主要性能指标如下。

- 峰值速率达到 10～20Gb/s，以满足高清视频、虚拟现实等大数据量传输。
- 空中接口时延低至 1ms，满足自动驾驶、远程医疗等实时应用。
- 具备百万连接/平方公里的设备连接能力，满足物联网通信。
- 频谱效率比 4GLTE 提升 3 倍以上。
- 连续广域覆盖和高移动性下，用户体验速率达到 100Mb/s。
- 流量密度达到每平方米 10Mb/s 以上。
- 移动性支持 500km/h 的高速移动。

5G 系统采用了更多的创新技术包括网络功能虚拟化、控制面与用户面分离、网络切片、边缘计算、网络功能重构等新型网络技术和架构，以及极化码（Polar Code）编码、毫米波、小基站、MIMO 等新型空中接口技术。

3）5G 系统网络架构：5G 系统采用总线式的微服务架构，将大型服务分解为若干个小型独立的服务，每个服务可以独立运行、扩展、开发和演化。

5G 具体包括以下内容。

- 用户设备（User Equipment，UE）：包括手机、电脑、各类物联网终端在内的各种接入终端设备。
- 接入网（Access Network，AN）：指由业务节点接入到用户网络接口间的传输网络。
- 应用功能（Application Function，AF）：指应用层的各种服务功能，AF 与核心网交互以提供各种服务。
- 数据网络（Data Network，DN）：指 5G 系统可以对接的其他运营商网络、企业网或者互联网上的网络服务。
- 接入及移动性管理功能（Access and Mobility Management Function，AMF）：实现终端用户的接入和移动性管理。
- 会话管理功能（Session Management Function，SMF）：用以实现会话管理，支持会话的建立、修改和释放，以及 UEIP 地址的分配和管理等。
- 用户面功能（User Plane Function，UPF）：5G 核心网中所有的用户面功能都由 UPF 完成，包括分组路由和转发、外部 PDU 与数据网络互连的会话点等。
- 统一数据管理功能（Unified Data Management，UDM）：用于管理用户数据。
- 鉴权服务功能（Authentication Server Function，AUSF）：用于实现用户鉴权。
- 策略控制功能（Policy Control Function，PCF）：支持管控网络行为的统一策略框架，为控制面提供策略规则等。
- 网络开放功能（Network Exposure Function，NEF）：提供对外开放网络数据的功能，使非 3GPP 网络能够接入 5G 核心网。
- 网络切片选择功能（Network Slice Selection Function，NSSF）：网络切片技术可以把网络切成多个虚拟的子网，以满足不同业务的个性化需求。
- 网络功能存储功能（NF Repository Function，NRF）：用于网络功能（NF）的注册、存储、管理和状态检测，实现所有 NF 的自动化管理。

2. NB-IoT 等专用无线通信网络技术

根据信息传输距离的远近程度，无线通信技术可分为短距离无线传输技术和广域无线传输技术。

（1）短距离无线传输技术包括两大类：一类是以 Wi-Fi 和蓝牙等为代表的高速率短距离传输技术，主要应用于智能家居和可穿戴设备等场景；另一类是以 ZigBee 为代表的低功耗、低速率的近距离传输技术，主要应用于低速近距离人机交互、数据采集等场景。

（2）广域无线传输技术中，NB-IoT 技术属于授权频谱技术，使用半双工通信，具有覆盖广、连接多、速率快、成本低、耗电少等特点，广域无线传输技术还包括高功耗、高速率的蜂窝通信技术，主要应用于导航与定位、视频监控等实时性要求较高的大流量传输场景。

3. 无线局域网技术

（1）无线局域网需要通过无线接入点（Access Point，AP）为无线客户端提供网络接入。

无线接入点分为瘦 AP 和胖 AP：

1）瘦 AP 需要通过专门的无线控制器（Access Controller，AC）进行集中式管理，常用于需要部署大量 AP 且难以对各个 AP 进行一一管理和维护的大型无线局域网环境。

2）胖 AP 则自带管理平面，管理员可以登录到胖 AP 上直接对其进行管理和维护。

（2）在实际无线局域网建设中，要特别注意 AP 的物理部署位置（会影响传输速率和稳定性）、IP 地址分配、VLAN 与 SSID 的映射关系、AC 可靠性设计、无线用户接入控制等事项。

4. 无线网规划重点关注的内容

无线网种类繁多，专业性强，与广域网、局域网的规划内容类似，也同样涉及建设背景、需求分析、项目预算、技术方向、网络拓扑结构设计、网络安全设计、网管和运维功能设计等内容。除此以外，无线网规划还应重点关注无线频率规划、无线传输覆盖范围规划、无线传输容量规划、无线基站站址规划与无线组网规划等。

7.5 网络整体规划的重点事项考点梳理

1. 网络管理和维护功能设计

（1）国际标准化组织（ISO）专门定义了网络管理五大功能，分别是故障管理、配置管理、性能管理、计费管理、安全管理。

（2）网络管理系统的功能体系结构一般可以划分为三层，由下至上依次为**网元/网络层、管理应用层和表示层**。

- 网元/网络层：网元/网络层是网管系统的最底层，包括被管理的所有网元设备和网络系统，被管理的设备会按照一定的规范定义自身的管理信息，包括各种操作信息、告警信息、设备状态信息等。
- 管理应用层：在管理应用层主要实现上面阐述的网络管理五大功能，并可根据具体的管理需求和扩展接口实现附加的管理功能模块或者网络管理子系统。
- 表示层：表示层向用户提供直观、友好的人机交互界面。

2. 网络安全设计和安全管理

（1）网络安全关注的重点如下：

- 网络结构，包括网络结构合理性、安全域划分合理性等。
- 访问控制，包括网络边界是否部署访问控制设备，是否制定了用户和系统之间的允许访问规则，访问控制策略和粒度是否合理等。
- 网络入侵防护，包括拒绝服务攻击的监控和防御能力，对于端口扫描、IP碎片攻击、网络蠕虫等网络攻击的监控能力等。
- 网络安全审计，包括对网络设备运行状况、网络流量、用户行为等进行日志审计的能力等。

（2）网络安全的设备和手段具体如下：

- 通过防火墙可以实现系统内外网边界的访问控制，对进出的网络数据包进行过滤和检测，并可实现对网络层分布式拒绝服务（Distributed Denial of Service，DDoS）攻击的防御功能。
- 利用 VLAN 等技术进行安全域划分，按照不同功能、级别、安全要求等对网络系统划分不同的安全域。
- 网络入侵检测和防护主要通过入侵检测系统/入侵防御系统（Intrusion Detection System，Intrusion Prevention System，IDS/IPS）安全设备进行，通过部署 IDS/IPS，能够对已知的网络攻击进行监控和报警。
- 网络安全审计主要通过统一日志管理系统或安全运营中心（Security Operations Center，SOC）进行，通过部署 SOC 系统或统一的日志服务器，能够对网络安全日志进行统一管理和分析。

（3）安全管理的重点内容如下：

- 安全组织和责任，包括建立安全工作组织架构，设置安全分管领导和安全管理专员，明确人员的安全责任等。
- 风险管理工作机制，包括实施定期的安全评估、漏洞管理、安全加固、残余风险评价等工作。
- 应急处理工作机制，包括安全风险监控、定期安全通告、安全紧急事件处理措施等。
- 容灾备份工作机制，包括制定完善的灾难恢复方案并制订定期的灾难恢复演练计划等。
- 制定系统上线、切换办法及安全运维方案等。

3. 机房建设

机房建设包括机房装修、空调系统、电气系统、接地和防雷系统、消防系统、环境监控系统、节能降耗系统等。

4. 综合布线

所谓综合布线系统，是指按标准的、统一的和简单的结构化方式编制和布置各种建筑物（或建筑群）内各种系统的通信线路，包括网络系统、电话系统、监控系统、电源系统和照明系统等。因此，综合布线系统是一种标准通用的信息传输系统。

5. 监控系统

机房监控系统主要对机房环境自身和所承载的信息网络设备进行集中监控和管理，通过监控系统收集机房运行的各种参数数据，进行实时分析和研判，当出现问题时或者有潜在隐患时，及时或者预先通知机房及专业维护人员，做出判断和进行相关处置动作。

机房监控对象可涵盖机房环境、承载设备和运行所涉及的方方面面。具体包括：内部各类动力设备、各类环境设施、消防设施、安防设施、所承载的信息网络设备等。

机房监控的具体作用包括：自动预警、报警，机房故障能及时处置，避免扩大故障影响；让运维人员从烦琐、复杂的运维工作中解脱出来，做到机房智能运维管理模式；机房得到有效管理，防护效果提升，业务系统能长期运行，为企业创造直接、间接的利益。

典型的机房监控功能系统（子系统）包括：机房动力环境系统监测、机房网络设备监控、机房监控门禁监控、机房环境消防监控、统一运维管理平台。

6. 节能降耗

机房的节能降耗是多方面的。在机房选址和规划建设方面，就要考虑选址是否有利于节能和降低能源成本，机房的密封、绝热、配风、气流组织等设计是否合理，能否降低空调的使用成本。

机房内部的规划布局、机柜的布局排列是否能分隔冷热气流，形成良好的气流组织，提高空调使用效率。

各种设备本身，如机柜、服务器等是否具备一定的节能降耗措施。

基于人工智能等技术手段，通过对机房内的实时环境监测和对各类设备系统的能源消耗情况监测，进行智能分析和决策。

7.6 考点实练

1. 在信息网络系统中，（　　）负责网络管理服务和业务应用层面的管理逻辑、业务逻辑和信息数据处理。

  A．网络传输平台   B．网络和应用服务平台
  C．安全服务平台   D．网络管理和维护平台

答案：B

2. OSI 七层模型中，（　　）为上层协议提供端到端的可靠和透明的数据传输服务，包括处理差错控制和流量控制等。

A．表示层　　　　B．会话层　　　　C．应用层　　　　D．传输层

答案：D

3．以下关于 IPv4 协议和 IPv6 协议的描述，不正确的是（　　）。

　　A．IPv4 数据包由 IPv4 包头和实际的数据部分组成

　　B．IPv6 地址由 64 位二进制数组成

　　C．IPv4 地址由 32 位二进制数组成

　　D．IPv6 地址采用点分十六进制形式

答案：B

4．下列选项中，（　　）属于无线局域网的应用。

　　A．某人租用云服务，发布个人网站

　　B．某商场使用的无线收款机，只需插入 SIM 卡即可使用

　　C．某图书馆提供线上查询和借阅服务

　　D．某大学提供无线校园网供教师和学生使用

答案：D

5．下列选项中，（　　）属于无线局域网的应用。

　　A．某人租用云服务，发布个人网站

　　B．某商场使用的无线收款机，只需插入 SIM 卡即可使用

　　C．某图书馆提供线上查询和借阅服务

　　D．某大学提供无线校园网供教师和学生使用

答案：D

6．以下关于瘦 AP 的描述，正确的是（　　）。

　　A．自带管理平面，管理员可直接登录管理

　　B．需要通过专门的无线控制器进行集中式管理

　　C．常用于小型且 AP 数量极少的无线局域网

　　D．无须额外管理设备，独立性强

答案：B

7．以下哪些运营商没有获得工信部发放的 5G 商用牌照？（　　）

　　A．中国铁塔　　B．中国电信　　C．中国联通　　D．中国广电

答案：A

8．（　　）不属于短距离无线传输技术。

　　A．Wi-Fi　　　　B．蓝牙　　　　C．ZigBee　　　　D．卫星通信

答案：D

9．在网络管理系统的功能体系结构中，负责向用户提供人机交互界面的是（　　）。

　　A．网元层　　　B．管理应用层　　C．表示层　　　D．网络层

答案：C

第 8 章
数据资源规划知识点梳理及考点实练

8.0　章节考点分析

第 8 章主要学习数据的定义、数据资源的定义、数据资源规划的定义与作用、数据资源规划的方法、数据架构、数据标准化、数据管理等内容。

根据考试大纲，本章知识点会涉及单项选择题、案例分析题、论文，单项选择题预计分值占 2～6 分，本章内容属于基础知识范畴，考查的知识点大多来源于教材，扩展内容较少。考生需理解和掌握易考知识点。本章的架构如图 8-1 所示。

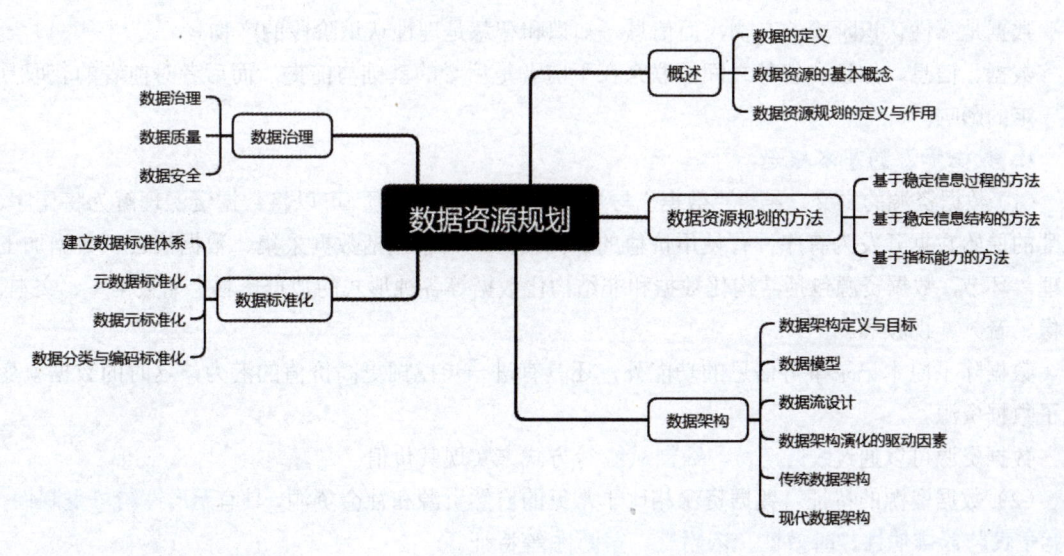

图 8-1　本章的架构

【导读小贴士】

科学合理的数据资源规划意义重大，它不仅能保障数据资源的高效利用与分析，助力数据跨平台交换、共享、整合，为组织挖掘有价值信息；更是数据工程生命周期的首要关键环节，是高质量信息化建设的必由之路；对加速各领域数据交易流通，促进数据全流程，即生产、管理、服务与应用，有着不可忽视的推动作用。

8.1 概述考点梳理

【基础知识点】

1. 数据的定义

数据是对客观事物的性质、状态，以及相互关系等进行记载的物理符号或物理符号的组合。

（1）数据与信息的关系。信息是指对数据进行加工处理，使数据之间建立相互联系，形成回答某个特定问题的文本，解释具有某些意义的数字、事实、图像等。

信息是对数据的有效解释，信息的载体就是数据。

数据是信息的原材料，数据与信息是原料与结果的关系。

（2）信息与知识的关系。信息是知识的原材料，信息与知识是原料与结果的关系。

（3）知识与智慧的关系。数据是信息的源泉，信息是知识的"子集或基石"，知识是智慧的基础和条件。

数据是感性认识阶段的产物，而信息、知识和智慧是理性认识阶段的产物。

数据、信息、知识和智慧之间的联系在于前者是后者的基础与前提，而后者对前者的获取具有一定的影响。

2. 数据资源的基本概念

（1）数据资源的定义。结合"数据"与"资源"的定义与性质，可以将数据资源理解为将无序、混乱的原始数据开发为有序、有使用价值的数据资源，其中包括数据采集、数据聚合、数据加工处理等环节，数据资源包括结构化数据和非结构化数据等各种形式的数据资料，如数据库、文本、图像、音频、视频等。

数据除了原本记录事务信息的功能外，还具有进一步挖掘更高价值的潜力，这时的数据就变成了数据资源。

数据资源可以通过数据交易、数据赋能等方式来实现其价值。

（2）数据资源的特征。数据资源相比于常见的自然资源和社会资源，具有无形性与可复制性、非竞争性与弱排他性、时效性、依附性、垄断性等特征。

（3）数据资源的发展阶段。

1）数据资源化。数据资源化阶段是将无序、混乱的原始数据开发为有序、有使用价值的数据资源的过程，包括数据采集、整理、分析等行为，最终形成可用、可信、标准的高质量数据资源。

2）数据资产化。数据资产化阶段是基于既定的应用场景及商业目的，将数据资源进行一系列加工，形成可供组织应用或交易的数据产品。

3）数据资本化。数据资本化是拓展数据价值的途径，其本质是实现数据要素的社会化配置。

3. 数据资源规划的定义与作用

本书的数据资源规划是对企事业单位或政府部门的数据从产生、获取、到处理、存储、传输和使用的全面规划，是信息化建设的基础工程。

数据资源规划的核心对象是数据本身，规划的数据对象必须相对稳定，最终用户必须真正参与数据资源规划工作。

数据资源规划在当前的信息化建设中发挥着重要作用，主要包括：提质增效、缓解"数据孤岛"问题、标准化与共享、市场化发展。

8.2 数据资源规划的方法考点梳理

【基础知识点】

目前主流的数据资源规划的三种方法，及其适用场景和特点见表 8-1。

表 8-1 三种数据资源规划方法的适用场景和特点

方法	适用场景	优点	缺点
基于稳定信息过程的方法	适用于业务场景相对固定，前期数据积累较少的情况	理论成熟、易理解、实现难度不大	步骤繁杂、涉及因素多、数据稳定性较差
基于稳定信息结构的方法	适用于业务场景经常变化，前期数据积累较多的情况	理论较成熟、实施周期较短、数据稳定性好	全局设计后置、初期工作量大、并行工作组织难度大
基于指标能力的方法	适用于业务场景涉及决策，前期数据积累较少的情况	直接支撑决策需求、设计思路清晰、数据稳定性好	实现案例少、实施难度大、对设计人员要求高

1. 基于稳定信息过程的方法

数据资源规划方法可以概括为两条主线、三种模型、一套标准，其核心步骤包括:定义职能域、各职能域业务分析、各职能域数据分析、建立领域的数据资源管理基础标准、建立信息系统功能模型、建立信息系统数据模型、建立关联模型。

（1）可行性分析。对数据资源规划的可行性，至少应从资源可行性、操作可行性、技术可行性三个方面进行研究。

（2）确定目标和范围。这个阶段的工作是后续工作的基础，应尽量避免规划的范围过宽，想面面俱到，结果造成规划工作量过大，严重影响数据资源建设的进度和质量；还要避免规划的范围过窄，导致在数据资源建设过程中才发现大量内容没有有效规划，从而失去了数据资源规划的实际意义。

（3）准备。数据资源规划实施前必须做好充分的准备工作，在准备阶段的主要工作包括：组建数据资源规划小组、确定总体设计的技术路线、人员培训。

（4）业务活动研究。不论是研制开发信息系统，还是开展业务领域的数据资源建设，都是围绕当前的业务活动展开的。充分地分析和研究这些业务活动，是数据资源规划的前提和基础。

详细研究当前的业务活动能够帮助数据资源规划人员捕获这些细节，并正确理解所要规划的数据到底是什么。

（5）建立业务逻辑模型。建立逻辑模型的图形化工具有数据流图、实体-联系图、状态转换图、用例图、业务功能的层次结构图等，这些图形化工具通过不同的角度准确反映了当前业务的功能和活动。

（6）导出并建立数据模型。建立业务逻辑模型的目的不仅仅是反映将来信息系统的功能，更主要的是能够反映数据资源建设的需求，以便进行统一的、一致的数据资源规划和设计，这就需要建立数据模型。

（7）建立管理标准。规划小组成员讨论并提出全域数据分类编码体系表；根据体系表和编码目录，结合主题数据库设计的要求，从数据元素库中提取全部可供信息编码的数据元素，填入各类信息编码的码表，逐一进行编码，并编写其编码原则和编码说明。属于程序标记类的编码可在应用开发时再做；一些码表内容非常庞大的信息编码，可另组队伍专门开发。完成后应组织专家评审。

（8）设计主题数据库。设计主题数据库是数据资源规划非常重要的一步工作。一般而言，采用自顶向下规划和自底向上设计的数据资源规划方法来设计主题数据库。

主题数据库的一般设计过程如下：

- 统一数据标准。
- 筛选数据。
- 在数据标准统一和数据筛选、确定对应数据库的基础上，建立数据标准一致、信息共享的主题数据库，实现对分散开发的信息系统的数据集成、系统集成。

（9）数据的分布分析。数据的分布分析要充分考虑业务数据的发生和处理地点，权衡集中式数据存储和分布式数据存储的利弊，还要考虑数据的安全性、保密性，以及系统的运行效率和用户的特殊要求等。

（10）制定方案。将前面步骤中形成的业务逻辑模型、数据模型、资源编码标准体系、主题数据库设计方案、数据分布分析方案整合形成整体数据资源规划方案，以便后续信息系统建设和数据工程建设参考分析。

（11）审核、评价方案。邀请部门领导、用户和领域专家共同分析、评估数据资源规划方案，分别从经济可行性、技术可行性和操作可行性等方面再细致地进行分析研究，以确保该数据资源规划方案确实能解决用户问题、提高业务部门信息化的管理效率和水平，并对该数据资源规划方案给出结论性意见。

在进行数据资源规划的过程中需注意以下问题：

- 数据资源规划这种信息资源的开发方法，必须来自最高层的策划。
- 数据资源规划的基础是建立业务模型和数据模型。
- 数据资源规划的核心是模型分析。
- 数据资源规划的重点是建立主题数据库，确立整个信息系统的主题，并根据主题去组织数据。建立规范的数据库表是建立主题数据库的主要任务。
- 系统建设要与管理体制相互适应。

2. 基于稳定信息结构的方法

基于稳定信息结构的方法关键是建立"核心数据集"，再转换成满足不同的使用者需要的输出信息结构，即目标数据集，由于核心数据集的稳定性，通过更改输出信息结构即可满足不同的使用者，而输出信息结构的更改不会产生更多的"波及效应"。

基于稳定信息结构的数据资源规划方法有五个步骤：①确定目标与系统边界；②获取初始数据集；③建立核心数据集；④完善目标数据集；⑤建立信息模型。其中，任一步骤都可返回前面的任一步骤，它是一个循环过程，如图 8-2 所示。

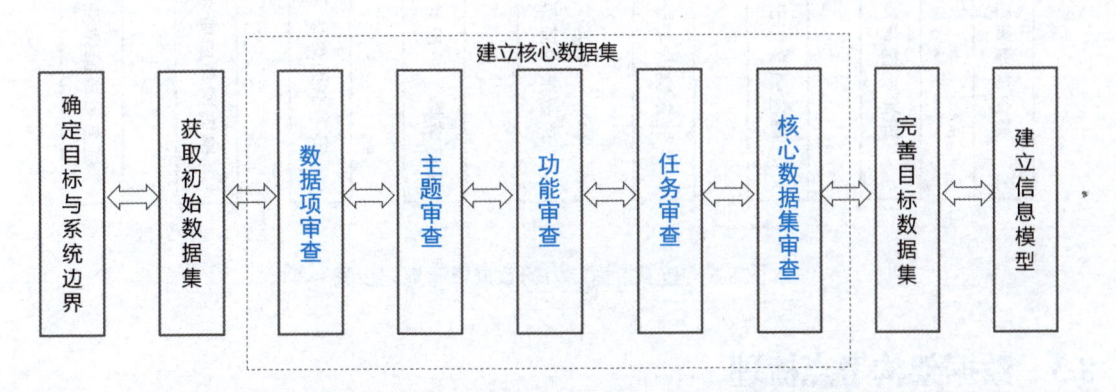

图 8-2 基于稳定信息结构的数据资源规划步骤

（1）获取初始数据集。初始数据集的收集应尽可能全，防止有用信息的丢失。

数据收集工作和后面的数据分析工作在实际工作中一般是交替进行的，数据收集常伴以分析，而数据分析又常需要补充收集数据。初始数据集具有包罗万象、关系不明、冗余度较大、数据的来源和目的并不明确、不规范等特征，这些都是在后续的分析过程中重点解决的问题。

（2）建立核心数据集。建立核心数据集的过程是去粗取精、去伪存真、由此及彼、由表及里的分析过程，需要经过数据项审查、主题审查、功能审查、任务审查和核心数据集审查（与目标及功能的对比）等步骤。其中，后四个步骤中发现问题（主要是完整性问题）时还要返回到前面若干步骤。

（3）完善目标数据集。完善目标数据集的过程是用户需求的实现过程。也是对核心数据集的检验过程。

（4）建立信息模型。信息模型的建立过程是根据数据之间的逻辑关系，找出信息的逻辑流程的过程，也是用这些过程联结各数据集合的过程。信息模型抽象地反映了组织运作过程中信息的流动过程，也就是数据资源规划的结果和归宿。

信息模型代表了组织（用户）的信息需求。也就是说，信息系统相关的设备、人员与组织机构及其相应的制度设计都是为满足组织信息需求服务的。

3. 基于指标能力的方法

基于指标能力的数据资源规划方法不需要关心具体的业务流程，也不需要收集大量的初始数据集。具体步骤主要包括：决策评估收集、支撑指标分析、指标体系构建、建立指标数据模型并分析数据集、数据子集融合、核心数据集的一致性检验、核心数据集评价，通过审核评价的数据形成核心数据集，最后围绕决策分析需求，按需完善目标数据集，形成可以完全支撑目标应用需要的数据集，完成数据资源规划，如图 8-3 所示。

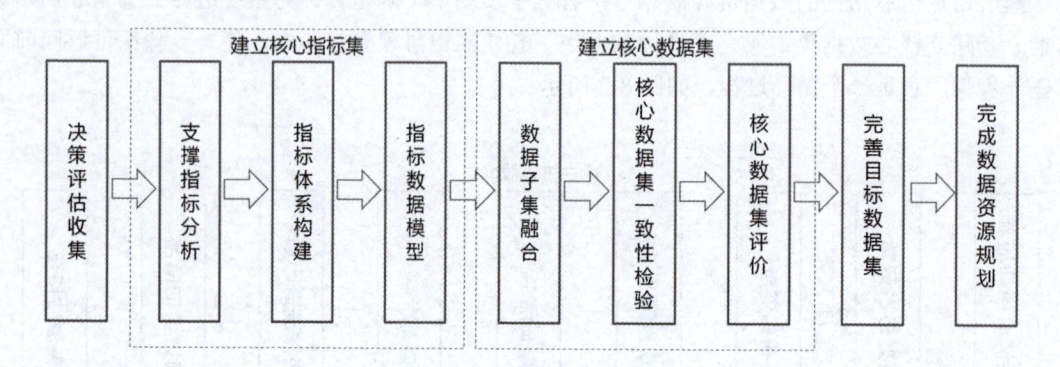

图 8-3　基于指标能力的数据资源规划步骤

8.3　数据架构考点梳理

【基础知识点】

1. 数据架构定义与目标

架构是系统的整体设计或结构，旨在优化整个结构或系统的功能、性能、可行性、成本和用户体验，并用于描述信息系统的重要设计部分。通常在组织中包含多种不同的架构类型。

数据架构的主要目标是数据的存储和处理需求，设计满足企业当前和长期的数据需求的结构和规划，其主要职责包括：

- 利用新兴技术所带来的业务优势，从战略上帮助组织快速改变产品、服务和数据。
- 将业务需求转换为数据和应用需求，确保能够为业务流程处理提供有效数据。
- 管理复杂数据和信息，并传递至整个企业。

- 确保业务和 IT 技术保持一致。
- 为企业改革、转型和提高适应性提供支撑。

2. 数据模型

企业数据模型是组织中用于描述和表示数据的整体框架，它提供了一个通用、一致的数据视图，为所有数据和数据相关的项目提供了基础。

企业数据模型的设计和开发是一个复杂的过程，需要定义和管理企业词汇、业务规则和企业知识。

企业概念模型是由主题域模型组合构建的。每个企业数据模型既可以采用自上而下，也可以采用自下而上的方法进行构建。

主题域的识别准则必须在整个企业模型中保持一致。常用的主题域识别准则包括：使用规范化规则，从系统组合中分离主题域，基于顶级流程（业务价值链）或者基于业务能力（企业架构）从数据治理结构和数据所有权（或组织）中形成主题领域。

3. 数据流设计

（1）数据流是描述数据在业务流程和系统中流动的过程，涵盖了数据的起源、存储、使用以及在不同流程和系统间的转化。

（2）数据流的表现形式多样，其中二维矩阵和数据流图是两种常见的方式。

- 矩阵方法能够清晰地展示数据的创建和使用过程，特别适用于复杂的数据使用场景。
- 数据流图是一种比较简单直观的方式，可以进一步扩展为更细层级的数据流图。

4. 数据架构演化的驱动因素

数据架构的演化是一个逐步积累和完善的过程，数据架构受多种因素的影响也在不断演进，这些因素包括但不限于以下方面：技术的发展与进步、业务量的快速增长、业务需求的变化、法律法规变化。

5. 传统数据架构

（1）集中式数据架构。集中式数据架构是指将企业数据集中存储和管理在一个中央数据仓库中，通过控制权和数据规则来实现数据一致性、数据保护和数据准确性的数据管理方式，如图 8-4 所示。

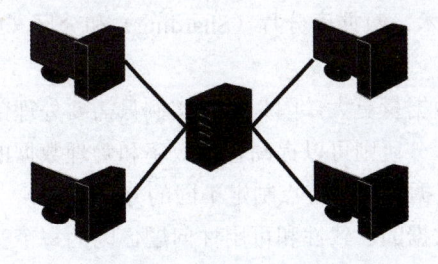

图 8-4　集中式数据架构

1）集中式数据架构的特点。
- 数据集中存储。所有的数据都存储在一个中心服务器上，方便管理和维护。
- 数据处理集中。所有的数据处理和管理都由中心服务器完成，客户端只需要向服务器发送请求即可。
- 数据安全性高。由于所有的数据都存储在一个中心服务器上，可以采用一些安全措施来保护数据的安全性。

2）集中式数据架构应用场景。集中式数据架构技术适用于数据量较小、数据处理和管理需求不高的场景，如小型企业的管理系统。

（2）分布式数据架构。分布式数据架构是指将数据分布式存储在多个节点之间，以提高数据的可靠性、可扩展性和高效性，如图 8-5 所示。

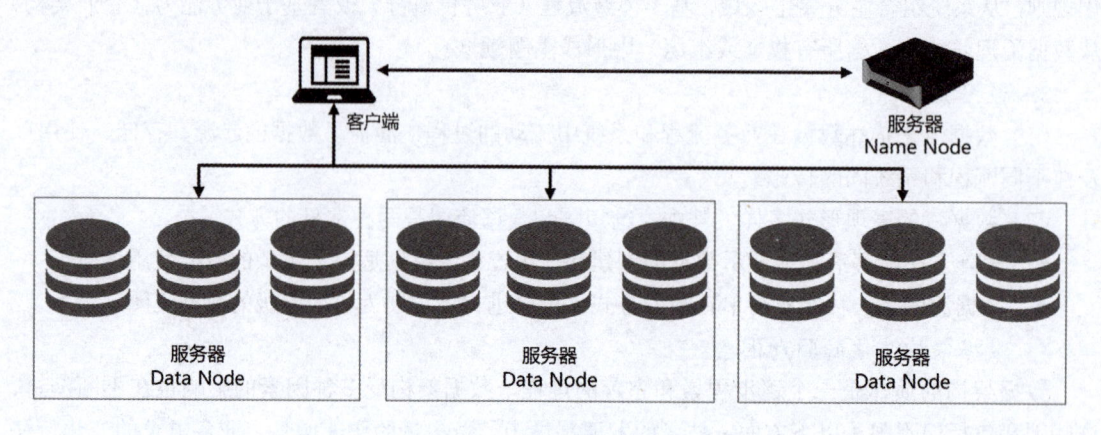

图 8-5 分布式数据架构

1）分布式数据库与存储系统。分布式数据库就是用分布式架构实现的数据库，它将数据分成多个分片，并将分片存储在多个服务器上，每个服务器都具有完整的数据库系统。在分布式数据库下，分为计算层、元数据层和存储层。

分布式存储系统面向海量数据的存储访问与共享需求，提供基于多存储节点的高性能、高可靠性和可伸缩性的数据存储和访问能力，实现分布式存储节点上多用户的访问共享。

2）数据库分区与分片技术。数据库分片（Sharding）和分区（Partitioning）可以提高数据库的性能、可扩展性和可靠性。

数据库分片可以处理的数据量更大，因为每个实例只需要处理部分数据，可以提高数据库的处理能力和吞吐量；而数据库分区则可以提高查询效率和管理数据的灵活性，因为每个分区可以独立进行查询和维护，可以根据数据的特点制定不同的分区策略。

数据库分片还需要考虑数据的一致性和可用性问题，因为每个实例之间需要同步数据，保证数据的一致性，同时需要考虑实例故障时如何保证数据的可用性；而数据库分区则可以在单个数据库实例中进行，不需要进行数据同步，但也需要考虑数据的备份和恢复等问题。

数据库分区通常有两种形式：水平分区和垂直分区。

3）数据一致性与容错机制。

a. CAP 指的是一个分布式系统的一致性（Consistency）、可用性（Availability）、分区容错性（Partition Tolerance）。

- 一致性（C）：指在分布式系统中的所有数据备份，在同一时刻是否有同样的值，即写操作之后的读操作，必须返回该值。一致性分为弱一致性、强一致性和最终一致性。
- 可用性（A）：指在集群中一部分节点故障后，集群整体是否还能响应客户端的读写请求。
- 分区容错性（P）：指从实际效果而言，分区相当于对通信的时限要求。

b. CAP 原则的精髓就是要么 AP，要么 CP，要么 CA，但是不存在 CAP，示意图如图 8-6 所示。

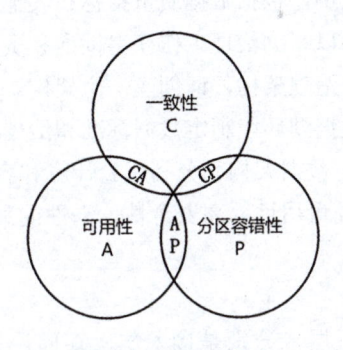

图 8-6 CAP 模型

- CA 模型。舍弃分区容错性意味着将所有的服务器搬到一个网络节点内，显然不满足分布式系统的可伸缩性扩展要求。CA 模型常见的例子包括单站点数据库、集群数据库、LDAP 和 XFS 文件系统等，通常是通过两阶段提交和缓存验证协议实现的。
- CP 模型。舍弃 A 保证 C，不同节点之间需要保证数据的一致性，但是因为网络分区的不稳定，可能出现其他节点的数据没有及时更新。CP 模型典型的场景是分布式数据库通过悲观锁机制或少数分区不可用来优先保证数据一致性。如分布式缓存 Redis、分布式协调中心 Zookeeper，满足分布式系统下的数据一致性是最基本的要求。
- AP 模型。AP 模型是在保证高可用性和分区容错性的同时，舍弃数据一致性。AP 模型是在保证高可用性和分区容错性的同时，舍弃数据一致性。AP 模型使用的场景非常多，在一些高并发的系统中，利用排队和乐观锁机制优先保证系统的可用性，避免造成系统的阻塞。

4）分布式数据架构应用场景。分布式数据架构技术适用于数据量较大、数据处理和管理需求较高的场景，如大型企业的管理系统。

6. 现代数据架构

（1）数据湖架构。

1）数据湖的概念与特点。数据湖是一个集中存储区，用于存储、处理和保护大量结构化、半结构化和非结构化数据。数据湖的主要思想是对企业中的所有数据进行统一存储，从原始数据（源系统数据的精确副本）转换为用于报告、可视化、分析和机器学习等各种任务的目标数据。

数据湖的主要特点包括：储存原始数据、无模式或灵活模式、可扩展、实时数据处理、海量数据处理、数据多样性。

2）数据湖架构与技术组件。数据湖架构是一个大规模的、高度可扩展的基础架构，由多种数据存储、管理、处理和分析组件组成，可处理从各个来源收集的大型多样数据集。

数据湖通常采用基于云的解决方案，包括以下关键组件：存储层、数据管理工具、数据治理工具、数据查询和分析工具、数据可视化工具、流数据处理工具、机器学习和人工智能工具。

3）数据湖的数据管理与治理。数据湖治理的常见初始步骤包括：
- 记录管理数据湖的业务案例，包括数据质量指标和其他衡量管理工作收益的方法。
- 寻找高管或业务发起人，以帮助治理工作获得批准和资金支持。
- 如果你还没有适当的数据治理架构，请创建一个架构。
- 与治理委员会合作，为数据湖环境制定数据标准和治理政策。

（2）云原生数据架构。云原生数据架构充分利用云计算和容器化技术，并采用灵活的微服务体系结构，以达到高可扩展性、高可用性、高安全性、高性能和高效率的目标。云原生数据架构通常包括各种云原生组件和工具。

（3）实时数据架构。

1）整个实时数据架构分为五层，分别是接入层、存储层、计算层、平台层和应用层，如图8-7所示。

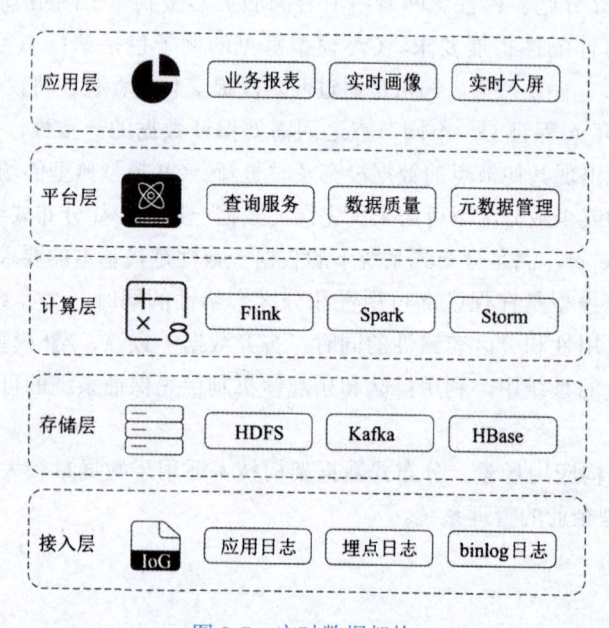

图8-7 实时数据架构

- 接入层：该层利用各种数据接入工具收集各个系统的数据。
- 存储层：该层对原始数据、清洗关联后的明细数据进行存储。
- 计算层：计算层主要使用 Flink、Spark、Presto 以及 ClickHouse 自带的计算能力等四种计算引擎。
- 平台层：在平台层主要做三个方面的工作，分别是对外提供统一查询服务、元数据及指标管理、数据质量及血缘。
- 应用层：以统一查询服务对各个业务线数据场景进行支持，业务主要包括实时大屏、实时数据产品、实时 OLAP、实时特征等。

2）实时数据架构一般有 Lambda 架构和 Kappa 架构两种。

- Lambda 的数据通道分为两条分支：实时流和离线。实时流依照流式架构，保障了其实时性；而离线则以批处理方式为主，保障了最终一致性。Lambda 架构总共由三层系统组成，即批处理层(Batch Layer)，速度处理层(Speed Layer)，以及用于响应查询的服务层(Serving Layer)。
- Kappa 架构在 Lambda 的基础上进行了优化，将实时和流部分进行了合并，将数据通道用消息队列替代。Kappa 架构解决了 Lambda 架构需要维护两套分别跑在批处理和实时计算系统上面的代码的问题，全程用流系统处理全量数据。

（4）数据应用架构。

1）微服务与数据应用架构。

微服务是一个软件架构模式，通过开发一系列小型服务的方式来实现一个应用。

实施微服务架构可以使组织更快地将其应用程序推向市场。

微服务方法在扩展应用程序时也提供了灵活性。

2）数据 API 与数据服务。API 数据接口服务的基础是 API，也称应用程序编程接口，它是一套接口规范，用于应用程序之间的交流和数据共享。

通过 API，开发人员可以在应用程序中访问和操作数据，而无须了解数据存储的实现细节，从而实现快速开发和部署。

8.4 数据标准化考点梳理

【基础知识点】

数据标准化是对数据进行有效管理的重要途径。通过制定、发布和实施数据相关标准，以获取最佳秩序和效益为目的，将数据组织起来，进行采集、存储、应用及共享的一种手段。

数据标准化的内容包括建立数据标准体系、元数据标准化、数据元标准化和数据分类与编码标准化等。

- 数据标准体系是指一定业务领域范围内的数据标准按其内在联系形成的有机整体，多以标准体系表的形式发布。

- **元数据标准化**主要是指对数据外部特征进行统一规范描述，包括数据标识、内容、质量等信息，便于使用者发现数据资源。
- **数据元标准化**是指对数据内部基本元素的名称、定义、表示等进行规范，便于数据集成、共享。
- **数据分类与编码标准化**是指对数据进行统一的分类和编码，避免对同一信息采用多种不同的分类与编码方法，造成数据共享和交换困难。

1. 建立数据标准体系

从一般意义上，可将数据标准分为三类：指导标准、通用标准和专用标准。

（1）指导标准。指导标准是指与标准的制定、应用和理解等方面相关的标准。

（2）通用标准。通用标准是指数据共享活动中具有共性的相关标准。

1）数据类标准。数据类标准一般包括：元数据、分类与编码、数据内容等方面的标准。

2）服务类标准。服务类标准是提供数据共享服务的相关标准的总称，包括数据发现服务、数据访问服务、数据表示服务和数据操作服务。

3）管理与建设类标准。管理与建设类标准用于指导系统的建设，规范系统的运行。

（3）专用标准。专用标准就是根据通用标准制定出来的满足特定领域数据共享需求的标准，重点是反映具体领域数据特点的数据类标准。

2. 元数据标准化

（1）元数据的定义。元数据按照一定的定义规则从资源中抽取相应的特征，进而完成对资源的规范化描述。元数据能够广泛应用于信息的注册、发现、评估和获取。

（2）元数据的结构。元数据的结构包括内容结构、句法结构和语义结构。

1）内容结构：指对元数据的构成元素及其定义标准进行描述。

2）句法结构：指元数据格式结构及其描述方式，即元数据在计算机应用系统中的表示方法和相应的描述规则。

3）语义结构：定义了元数据元素的具体描述方法，也就是定义描述时所采用的共用标准、最佳实践或自定义的语义描述要求。

（3）元数据的作用。元数据可以为各种形态的数据资源提供规范、普遍适用的描述方法和检索方式，为分布的和由多种资源组成的数据体系提供整合的工具与纽带。元数据的作用主要体现在以下五方面：描述、定位、寻找或发掘、评价、选择。

3. 数据元标准化

数据元是由一组属性规定其定义、标识、表示和允许值的数据单元。数据元可以理解为数据的基本单元，将若干具有相关性的数据元按一定的次序组成一个整体结构，即为数据模型。

数据元一般由对象类、特性和表示三部分组成。

（1）数据元的命名规则。数据元的命名规则主要包括如下内容。

1）语义规则：规定数据元名称的组成成分，使名称的含义能够准确地传达。

2）句法规则：规定数据元名称各组成成分的组合方式。

3）唯一性规则：为防止出现同名异义现象，在同一个相关环境中所有数据元名称应该是唯一的。

（2）数据元定义的编写规范。数据元定义的编写应遵守以下七项规范：①具有唯一性；②准确而不含糊；③阐述概念的基本含义；④用描述性的短语或句子阐述；⑤简练；⑥能单独成立；⑦相关定义使用相同的术语和一致的逻辑结构。

（3）数据元的表示格式和值域。数据元不仅描述了数据的含义及相互关系，还包括数据的存储类型、数据的表达方式、取值的约束规则等内容，这就是数据元的表示。数据元的表示主要包括数据类型、数据表示和值域。

5．数据分类与编码标准化

数据分类就是把具有某种共同属性或特征的数据归并在一起，通过其类别的属性或特征来对数据进行区别。

（1）数据分类的基本原则。数据分类的基本原则如下：稳定性、系统性、可扩充性、综合实用性、兼容性。

（2）数据编码的基本原则。所谓数据编码，是将事物或概念赋予有一定规律性的、易于人或计算机识别和处理的符号、图形、颜色、缩减的文字等，是交换信息的一种技术手段。数据编码的目的在于方便使用，在考虑便于计算机处理信息的同时，还要兼顾手工处理信息的需求。

数据编码应遵循唯一性、匹配性、可扩充性、简洁性等基本原则。

8.5 数据治理考点梳理

【基础知识点】

数据治理的定义是在管理数据资产的过程中行使权力和管控，包括计划、监控和实施。

数据治理的职能是指导所有其他数据管理领域的活动，数据治理的目的是确保根据数据管理制度和最佳实践正确地管理数据，而数据管理的整体驱动力是确保组织可以从其数据中获得价值。

1．数据治理

（1）数据治理和数据管理。数据治理确保数据被恰当地管理而不是直接管理数据，数据治理相当于将监督和执行的职责分离。数据治理和数据管理的关系如图 8-8 所示。

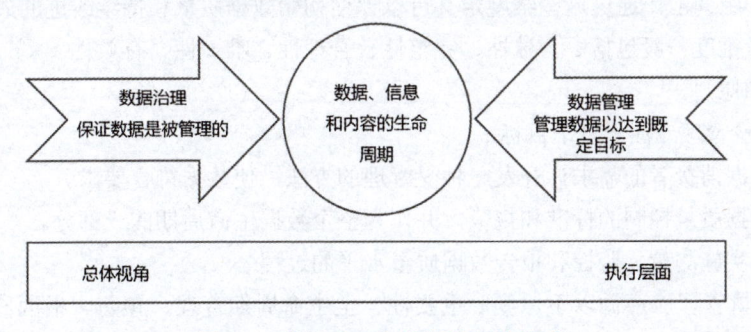

图 8-8　数据治理和数据管理的关系

(2) 目标和原则。

1) 数据治理的目标是使组织能够将数据作为资产进行管理，数据治理提供治理原则、制度、流程、整体框架、管理指标，监督数据资产管理，并指导数据管理过程中各层级的活动。

2) 指导原则是数据治理活动，特别是数据治理策略的基础。

(3) 数据治理活动。

1) 规划组织的数据治理。数据治理工作必须支持业务战略和目标，一个组织的业务战略和目标影响着组织的数据战略，以及数据治理和数据管理在组织的运营方式。

成功的数据治理应当清楚地了解需要治理什么、怎么治理以及谁来执行治理。

2) 制定数据治理战略。数据治理战略定义了治理工作的范围和方法，应根据总体业务战略以及数据管理、IT 战略全面定义和明确表达数据治理战略，应根据每个组织制定具体内容。数据治理战略交付物包括：章程、运营框架和职责、实施路线图、为成功运营制订计划。

3) 实施数据治理。数据治理过程包含很多复杂性协调工作，需要对治理进行规划，不仅要考虑组织的变化，而且改变得要简单。最佳方式是创建一个实施路线图，说明不同活动间的关系和整体时间框架。

4) 嵌入数据治理。数据治理组织的目标是将治理活动嵌入数据，作为资产管理相关的一系列流程，而数据治理的持续运作需要规划。运营计划包含实施和运营数据治理活动所需的事件，其中包括维持成功所需的活动、时间和技术。

2. 数据质量

数据质量管理是数据管理的核心，低质量的数据意味着成本和风险，而不是价值。数据质量管理是一项持续性工作，必须贯穿整个数据生命周期。

(1) 基本概念。

1) 数据质量。数据质量一词既指高质量数据的相关特征，也指用于衡量或改进数据质量的过程。

2) 关键数据。数据质量管理的一个原则是将改进的重点集中在对组织及其客户最重要的数据上。

3) 数据质量维度。数据质量维度是数据的某个可测量的特性。数据质量维度提供了定义数据质量要求的一组词汇，通过这些维度定义可以评估初始数据质量和持续改进的成效。

常见的质量维度一般包括：一致性、完整性、合理性、唯一性、有效性。

(2) 目标和原则。

1) 数据质量管理专注于以下目标：

- 根据数据消费者的需求，开发一种受管理的方法，使数据符合要求。
- 定义数据质量控制的标准和规范，并作为整个数据生命周期的一部分。
- 定义和实施测量、监控和报告数据质量水平的过程。

2) 数据质量管理应遵循以下原则：重要性、全生命周期管理、预防、根因修正、治理、标准驱动、客观测量和透明度、嵌入业务流程、系统强制执行、与服务水平关联。

（3）数据质量活动包括：

1）定义高质量数据。

2）定义数据质量战略。

3）识别关键数据和业务规则。

4）执行初始数据质量评估。

5）识别改进方向并确定优先排序。

6）定义数据质量改进目标。

7）开发和部署数据质量操作。

3．数据安全

数据安全包括安全策略和过程的规划、建立与执行，为数据和信息资产提供正确的身份验证、授权、访问和审计。

有效的数据安全策略和过程确保合法用户能以正确的方式使用和更新数据，并且限制所有不适当的访问和更新。

（1）要求来源。数据安全要求一般来自以下五个方面：①利益相关方；②政府法规；③特定业务关注点；④合法访问需求；⑤合同义务。

（2）目标和原则。

1）数据安全活动的目标包括以下三个方面：

- 支持适当访问并防止对企业数据资产的不当访问。
- 支持对隐私保护和保密制度、法规的遵从。
- 确保满足利益相关方对隐私和保密的要求。

2）组织数据安全遵循以下指导原则：协同合作、企业统筹、主动管理、明确责任、元数据驱动、减少接触以降低风险。

（3）数据安全活动包括：识别数据安全需求、制定数据安全制度、定义数据安全细则、评估当前安全风险、实施控制和规程。

8.6 考点实练

1．以下对数据与信息关系的描述，错误的是（　　）。

　　A．信息是对数据的有效解释，信息的载体就是数据

　　B．信息是杂乱无章的数据随意堆砌而成

　　C．信息是对数据赋予意义、经过加工处理后的产物

　　D．数据好比食材，信息如同烹饪好的菜肴，二者是原料与成品关系

答案：B

2．数据资源规划方法中，（　　）适用于业务场景经常变化，前期数据积累较多的情况。

　　A．基于稳定信息过程的方法　　　　B．基于能力控制的方法

C. 基于稳定信息结构的方法　　　　D. 基于指标能力的方法

答案：C

3. 基于稳定信息结构的数据资源规划方法里，在"获取初始数据集"之后的步骤是（　　）。

    A. 确定目标与系统边界　　　　　B. 建立信息模型
    C. 完善目标数据集　　　　　　　D. 建立核心数据集

答案：D

4. 数据架构的主要目标是数据的存储和处理需求，设计满足企业当前和长期的数据需求的结构和规划，下列选项中对于主要职责的描述错误的是（　　）。

    A. 利用新兴技术所带来的业务优势，从战略上帮助组织快速改变产品、服务和数据
    B. 阻止企业进行改革转型，维持现有业务稳定
    C. 将业务需求转换为数据和应用需求，确保能够为业务流程处理提供有效数据
    D. 管理复杂数据和信息，并传递至整个企业

答案：B

5. 下列选项中，（　　）不属于集中式数据架构的特点。

    A. 数据的连续性　　　　　　　　B. 数据处理集中
    C. 数据集中存储　　　　　　　　D. 数据安全性高

答案：A

6. 关于 CAP 理论中的可用性（A）的描述，下列说法正确的是（　　）。

    A. 可用性指系统永远不会出现节点故障
    B. 可用性只关乎系统的写操作，与读操作无关
    C. 可用性意味着集群中一部分节点故障后，集群整体仍能响应客户端的读写请求
    D. 只要有一个节点正常，就满足可用性要求

答案：C

7. 在整个实时数据体系架构中，（　　）原始数据、清洗关联后的明细数据进行存储。

    A. 可计算层　　　B. 接入层　　　C. 平台层　　　D. 存储层

答案：D

8. 微服务架构对于组织的优势不包括（　　）。

    A. 扩展服务范围　　　　　　　　B. 实现更有效的容量规划
    C. 降低软件许可成本　　　　　　D. 有助于提高硬件设备的运行速度

答案：D

108

第 9 章
信息安全规划知识点梳理及考点实练

9.0 章节考点分析

第 9 章主要学习信息安全概述、信息安全架构、信息安全规划所涉及的组织体系、管理体系、技术体系和运营体系规划等内容。

根据考试大纲，本章知识点会涉及单项选择题、案例分析题、论文，按以往考试的出题规律，单项选择题预计分值约占 3～5 分，专门出一道有关信息安全规划的案例或者论文也是有可能的。本章内容属于基础知识范畴，考查的知识点既来源于教材，随着考试时间的推进也会有扩展内容。本章的架构如图 9-1 所示。

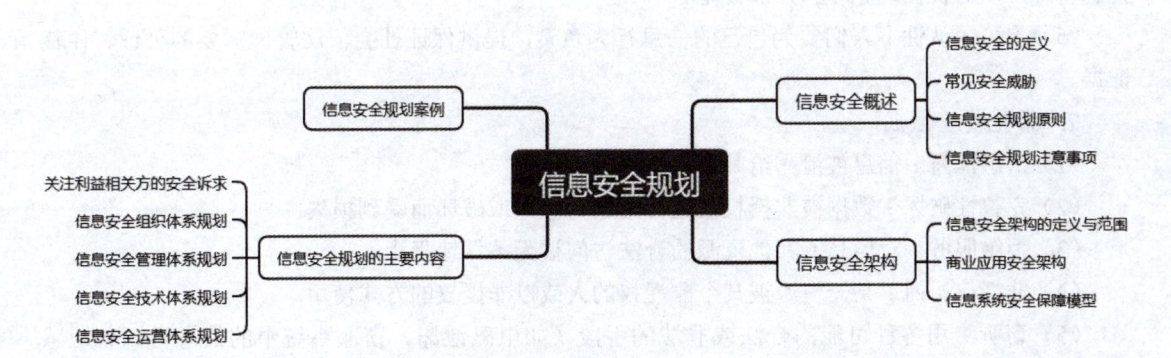

图 9-1 本章的架构

【导读小贴士】

没有信息安全，就没有国家安全。政务信息化管理办法的基本要求之一就是信息安全要与信息化工程建设"三同步"，信息系统的规划、设计、实施、运行维护的全生命周期都离不开信息安全，信息安全规划是信息系统工程建设中的一项很重要的规划活动。

9.1 信息安全概述考点梳理

【基础知识点】

1. 信息安全的定义

信息安全是指信息系统（包括硬件、软件、数据、人、物理环境及其基础设施）受到保护，不受偶然的或者恶意的原因而遭到破坏、更改、泄露，系统连续、可靠、正常地运行，信息服务不中断，最终实现业务连续性。同时，信息安全也包括防范商业企业机密泄露、防范青少年对不良信息的浏览、防范个人信息的泄露等。

信息安全有五个基本属性：保密性、完整性、可用性、可控性、不可否认性。

（1）保密性：保证信息仅为授权者所用而不泄露给未经授权者。

（2）完整性：保证信息从真实的发信者传送到真实的收信者手中，传送过程中没有被非法添加、删除、替换等改变。

（3）可用性：保证信息和信息系统随时为授权者提供服务，保证合法用户对信息和资源的使用不会被不合理地拒绝。

（4）可控性：出于国家和机构的利益和社会管理的需要，保证管理者能够对信息实施必要的控制管理，以对抗社会犯罪和外敌侵犯。

（5）不可否认性：人们要为自己的信息行为负责，提供保证社会依法管理需要的公证、仲裁证据。

2. 常见安全威胁

（1）信息泄露：信息被泄露给某个非授权的实体。

（2）完整性破坏：数据被非授权地进行增删、修改或破坏而受到损失。

（3）拒绝服务：对信息或其他资源的合法访问被无条件地阻止。

（4）非授权访问：某一资源被某个非授权的人或以非授权的方式使用。

（5）窃听：用各种可能的合法或非法的手段（如电磁泄漏）窃取系统中的信息资源和敏感信息。

（6）业务流分析：通过对系统进行长期监听，利用统计分析方法对诸如通信频率、通信的信息流流向、通信总量的变化等态势进行研究，从而发现有价值的信息和规律。

（7）假冒：通过欺骗手段达到非法用户冒充成为合法用户。
（8）旁路控制：攻击者利用系统的安全缺陷或安全性上的脆弱之处获得非授权的权利或特权。
（9）授权侵犯：也称内部攻击，得到授权使用资源的人员，在权限范围外使用资源。
（10）特洛伊木马：即 Trojan Horse，隐藏且不易觉察的软件应用程序被执行时，会破坏用户的安全。
（11）陷阱门：在程序里设置了特制的"机关"，使得当提供特定的输入数据时，允许违反安全策略。
（12）抵赖：用户攻击，信息发送方源头抵赖说自己未发送，或者信息接收方抵赖说自己未收到。
（13）重放：所截获的某次合法的通信数据备份，出于非法的目的而被重新发送。
（14）计算机病毒：一种在计算机系统运行过程中能够实现传染和侵害的功能程序。
（15）人员渎职：一个被授权的人为了钱或其他利益，或由于粗心，将信息泄露给一个非授权的人。
（16）媒体废弃：信息被从废弃的磁盘或打印过的存储介质中获得物理侵入。
（17）窃取：重要的安全物品被盗，如令牌或身份卡。
（18）业务欺骗：某一伪系统或系统部件欺骗合法的用户或系统自愿地放弃敏感信息的人。

3. 信息安全规划原则

系统性：体现在规划的整体、全面、体系化，不应局限于解决一事一项。

适用性：规划时应考虑与整体的企业文化、信息化、安全形势、监察审计要求、风险管控要求、合规等多种环境融合和衔接。

时效性：按照时间跨度不同，分为短期规划、中长期规划、远景规划。

确定性：工作应当是明确的、没有歧义的，避免工作内容缺失或者存在过度建设，且各事项应当有明确主体和执行对象，不能造成推诿、无责任主体的情况。

可行性：规划的内容应具有可指导性，应有具体的、可落地的方法和措施来指导具体工作的开展，方案或设计的可行性，符合当前实际，不影响业务或现有工作流程。

易用性：规划时充分考虑系统的易用性，确保系统好用、可用与易用。

合规性：遵守和满足合规要求，在国家法律法规、国家标准要求、行业监管、国际合作、上市协作、内部管控等方面都必须满足的合规性要求。

4. 信息安全规划注意事项

信息安全规划前，要充分了解公司的主营业务和公司战略。

（1）追求有效益的信息安全。一是不同国家会有一些信息安全的强制标准；二是信息安全会带来直接或间接的经济效益；三是管理者的认知会影响在信息安全方面的投资，要强调信息安全意识、教育和培训的重要性；四是在信息安全风险评估中，资产价值越大，面临的威胁越多。要多从资产保护角度看待风险。

（2）信息安全战略的校准。一是信息安全的出现早于信息系统安全；二是信息安全的范畴还是要大于信息系统安全；三是开展企业信息安全架构设计时，要结合现有的信息系统架构；四是制定信息安全战略时，要考虑现有的 IT 战略，虽然不需要校准，但要防止二者冲突。

（3）基于业务的风险理解。对业务运营过程中可能面临的各种风险进行深入分析和评估，并制定相应的风险管理策略。从业务角度去理解风险主要从关键风险区域和风险偏好两个方面。一个完整的风险管理过程应该包括风险识别、风险分析、风险应对、风险监控、沟通与培训应急准备、审计和改进。

（4）识别出合规性要求。合规总体目标是"避免违反任何法律、法令、法规或合同义务以及任何安全要求"，具体内容则包括符合法律、合同、知识产权保护、隐私保护、审计合规、密码标准、信息安全评审、技术测试的要求。外部合规是指企业与外部监管制度的符合程度，主要包括法律、法规和监管政策。内部合规是指信息安全规划应该与企业内部制度保持一致。解决信息安全问题有两种基本途径：一是通过 IT 系统，二是通过制度。一个组织可以通过制度而不一定选择 IT 系统解决所有的信息安全问题。

9.2 信息安全架构考点梳理

【基础知识点】

1. 信息安全架构的定义与范围

信息安全架构是企业架构的子集，安全架构是架构面向安全性方向上的一种细分，通常的系统安全架构、安全技术体系架构和审计架构可组成三道安全防线。

系统安全架构指构建信息系统安全质量属性的主要组成部分以及它们之间的关系。

安全技术体系架构指构建安全技术体系的主要组成部分以及它们之间的关系。

审计架构指独立的审计部门或其所能提供的风险发现能力，审计的范围主要包括安全风险在内的所有风险。

2. 商业应用安全架构

SABSA（Sherwood Applied Business Security Architecture）通过六层模型提供了六种视图，业务、架构、设计、构建、实施、服务管理。六种视图分别对应六种安全架构：情境安全架构、概念安全架构、逻辑安全架构、物理安全架构、组件安全架构和安全服务管理架构，其对应关系如下：

业务视图－情境安全架构；架构视图—概念安全架构；设计视图－逻辑安全架构；

构建视图－物理安全架构；实施视图—组件安全架构；服务管理视图－安全服务管理架构。

在每一层次都要回答 5W1H。确定安全架构要保护的资产——What；确定应用安全性的动机——Why；确定安全架构的人员和组织——Who；确定应用安全性的位置——Where；确定与时间相关的安全事项——When；确定实现安全性所需的流程和功能——How。

SABSA 通过解决 6×6 矩阵中每个单元的问题，可以确保提出完整的信息安全架构。

SABSA 生命周期包括战略与规划活动、设计活动、实施活动和管理与衡量活动。其中，设计活动包含逻辑、物理、组件和服务管理架构的设计。

3. 信息系统安全保障模型

国家标准 GB/T 20274.1—2023《信息安全技术信息系统安全保障评估框架 第 1 部分：简介和一般模型》中的模型包含<u>保障要素</u>、<u>生命周期和能力成熟度</u>三个维度，如图 9-2 所示。安全保障要素包括<u>工程</u>、<u>技术</u>、<u>管理</u>、<u>人员</u>等要素。整个安全保障生命周期包括<u>规划组织</u>、<u>开发采购</u>、<u>实施交付</u>、<u>运行维护</u>、<u>废弃</u>五个阶段。安全能力成熟度等级划分为五个等级：<u>基本执行级</u>、<u>计划跟踪级</u>、<u>充分定义级</u>、<u>量化控制级</u>、<u>持续优化级</u>。

- 基本执行级的特征：能随机、被动地实现基本实践，依赖个人经验，无法复制。
- 计划跟踪级的特征：能主动地实现基本实践的计划与执行，但没有形成体系化。
- 充分定义级的特征：基本实践的规范定义与执行。
- 量化控制级的特征：建立了量化目标，基本实践的实现能进行度量与预测。
- 持续优化级的特征：能根据组织的整体目标，不断改进和优化实现基本实践。

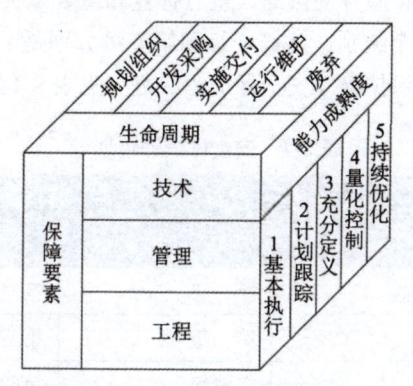

图 9-2 信息系统安全保障模型

9.3 信息安全规划的主要内容考点梳理

【基础知识点】

1. 关注利益相关方的安全诉求

利益相关方来自<u>组织内部或者外部</u>。组织内部的不同的部门、不同的层级、不同的业务对象，或者组织外部的监管单位、客户方、用户、公众等。

信息安全规划的主要内容包括组织体系规划、管理体系规划、技术体系规划及运营体系规划。

2. 信息安全组织体系规划

信息安全组织架构需明确各类安全组织、安全角色的定位、相互间关系和职能。通用的信息安全组织框架至少应包括：

（1）最高管理层：治理者和执行管理者。
（2）协调机构：最高管理层和各个部门的负责人。

（3）内部组织：主管部门与配合部门。

（4）外部联系：组织应该与诸多外部组织保持固定的联系，如消防部门、信息安全专业组织、政府与地方监管部门。

3. 信息安全管理体系规划

常见的体系有基于 ISO 27001 的信息安全管理体系和基于等级保护的信息安全管理体系。

ISO/IEC 27001，即《信息安全管理体系标准》，它是信息安全管理体系的规范性标准，该信息安全管理体系着眼于组织的整体业务风险，通过对业务进行风险评估来建立、实施、运行、监视、评审、保持和改进其信息安全管理体系，确保信息资产的保密性、可用性和完整性。

信息安全等级保护（以下简称"等保"）是指对国家秘密信息、法人和其他组织及公民的专有信息以及公开信息和储存、传输、处理这些信息的信息资源分等级实行安全保护，对信息资源中使用的信息安全产品实行按等级管理，对信息资源中发生的信息安全事件分等级响应、处置。等级保护对象主要包括运营商和服务提供商、重点行业和重要机关等。

信息安全等级保护分为五个级别，从第一级到第五级分别是：自主保护级、指导保护级、监督保护级、强制保护级和专控保护级。安全保护等级划分见表 9-1。

表 9-1 安全保护等级划分

受到侵害的客体	客体受到侵害的程度		
	一般损害	严重损害	特别严重损害
公民、法人和其他组织的合法权益	第一级	第二级	—
社会秩序和公共利益	第二级	第三级	第四级
国家安全	第三级	第四级	第五级

等保充分体现了"一个中心三重防御"的思想，一个中心指"安全管理中心"，三重防御指"安全计算环境、安全区域边界、安全网络通信"，等保 2.0 强化可信计算安全技术要求。

等保基本框架包括技术要求和管理要求。技术要求包括安全物理环境、安全计算环境、安全区域边界、安全网络通信和安全管理中心；管理要求包括安全管理制度、安全管理机制、安全管理人员、安全建设管理、安全运维管理。（速记词为"区域通信计算物理中心，值机人件运"。记忆时联想，你要去建设一个区域通信与计算中心的物理环境，得把所有设备一件件在值机前托运好）

等保实施的步骤：安全定级、基本安全要求分析、系统特定安全要求分析、风险评估、改进和选择安全措施、实施安全保护。

4. 信息安全技术体系规划

信息安全技术体系规划包括身份认证、访问控制、入侵检测、防火墙、网闸、防病毒、数据加密技术等。

（1）身份认证。常见身份认证的措施有：虚拟身份电子标识、静态密码、智能卡、短信密码、动态口令、USBKey、生物识别、双因素认证、Infogo 认证、虹膜认证等。单一认证方法一般分为 what you know（你知道什么）、what you have（你有什么）、who you are（你是谁）三类。

其中：虚拟身份电子标识，俗称网络身份证（VIEID），是网民在网络上的唯一身份标识。VIEID 是一段含有标识持有者身份信息并经过信息安全系统内的身份认证中心审核签发的电子数据。智能卡是一种内置集成电路的芯片，芯片中存有与用户身份相关的数据。USBKey 是软硬件相结合、一次一密的强双因子认证模式。生物识别是运用 who you are（你是谁）方法，短信密码是利用 what you have（你拥有什么）方法，双因素有动态口令牌+静态密码、USBKey+静态密码、二层静态密码。

（2）访问控制。常见的访问控制机制有自主访问控制、基于角色的访问控制、基于规则的访问控制和强制访问控制等四种。其中自主访问控制（Discretionary Access Control，DAC）是由客体的所有者来定义访问控制规则；基于角色的访问控制（Role-Based Access Control，Role-BAC）先将主体划分为不同的角色，再对每个角色的权限进行定义；基于规则的访问控制（Rule-Based Access Control，Rule-BAC）通过制定某种规则，将主体、请求和客体的信息结合起来进行判定；强制访问控制（Mandatory Access Control，MAC）是基于主体和客体的安全级别标签的访问控制策略。

（3）入侵检测。入侵检测系统是依照一定的安全策略，通过软硬件对网络、系统的运行状况进行监视，尽可能发现各种攻击企图、攻击行为或攻击结果，以保证网络系统资源的机密性、完整性和可用性。入侵检测可以分为实时入侵检测和事后入侵检测两种。

（4）防火墙。防火墙是在内部网和外部网之间、专用网与公共网之间的保护屏障，能及时发现并处理计算机网络运行时潜在的安全风险、数据传输风险等问题，同时可以对计算机网络安全中的各项操作进行记录与检测，以确保计算机网络正常运行。防火墙在网络之间建立起一个安全网关，从而保护内部网络免受非法用户的侵入。防火墙主要由服务访问规则、验证工具、包过滤和应用网关四个部分组成。

（5）网闸。网闸是网络隔离设备，使系统间不存在通信的物理连接、逻辑连接及信息传输协议，不存在依据协议进行的信息交换，只有以数据文件形式进行的无协议摆渡，保障了内部主机的安全。在保证两套系统之间没有直接的物理通路的同时，还进行防病毒、防恶意代码等信息过滤，以保证信息的安全。

（6）防病毒。常见的病毒防护策略准则包括拒绝访问能力、病毒检测能力、控制病毒传播的能力、清除能力、恢复能力、替代操作。

（7）数据加密技术。数据加密技术通过在数据上应用加密算法和密钥来实现数据的加密和解密，以保证了数据的安全性和机密性。数据加密技术可以分为对称加密和非对称加密两种。对称加密在加密和解密时使用相同的密钥，加密和解密速度快，但密钥的分发和管理比较困难。非对称加密则使用一对密钥，其中公钥用于加密数据，私钥用于解密数据，密钥管理相对简单，但加密和解密速度较慢。数据加密技术还可用于链路加密、节点加密和端到端加密等。

5. 信息安全运营体系规划

信息安全运营的主要目的是保护资产，这里的资产包括信息、数据、系统、设备、设施、应用程序等。而信息安全运营规划有助于提前识别威胁和漏洞，并结合规划实施相应的安全管理和技术手段来降低资产的风险。信息安全运营是一个长期持续的过程。

信息安全运营规划常用的安全控制方法有因需可知和最小特权、职责分离和责任、双人控制、岗位轮换、强制休假、特权账户管理、安全培训与意识提升、应急响应、事件处理与恢复和事后总结与改进。

因需可知和最小特权是任何安全的信息系统环境都要遵循的。因需可知是指仅授予用户执行工作所需数据或资源的访问权限。最小特权是指主体仅被授予执行指定工作所需的特权。特权包括访问数据的权限和执行信息系统任务的权力。

职责分离和责任能够确保某个个体无法完全控制关键功能或信息系统。如果两人或更多的人进行密谋或串通，以便执行未经授权的行为，行为暴露风险便会增加，就能起到有效的威慑作用。

用双人控制在信息系统中可以实现同行评审并减少串通和欺诈的可能性；岗位轮换也可以实现同行评审、减少欺诈、交叉培训，并减少环境对任何个体的依赖，可以充当威慑和检测机制，轮岗接管工作的人可能会发现前任工作中的欺诈活动。强制休假也是一种同行评审形式，使得其他员工突然接管某个人的职责，有助于发现欺诈和串通行为。特权账户管理是指限制特权账户的访问权限，或者检测账户是否使用了提升的特权，需要在运营规划中设计长期持续的检测手段监控提升特权的使用。

安全培训与意识提升包括基础知识培训、操作规范培训、模拟演练培训、持续宣传教育。

应急响应确保在发生安全事件或紧急情况时，能够迅速、有效地应对和恢复。应急响应计划必须规划成周期性活动需要管理人员定期组织应急响应计划的演练，以检验当前应急响应计划是否符合组织的实际情况，并能够及时发现其中的问题，针对性地进行应急响应计划的修改和完善。一般的应急响应管理流程包括制定应急响应策略、建立紧急联系渠道、制定应急响应流程、进行应急演练、建立应急响应报告和记录。

一是制定一个明确的应急响应策略，明确的责任人和应急响应团队的成员，并在策略中，明确定义各种安全事件的级别和相应的响应措施，以及如何通知相关人员和部门；二是建立紧急联系渠道，建立一个紧急联系渠道，确保在发生安全事件或紧急情况时能够及时通知和协调相关人员和部门；三是制定一个清晰的应急响应流程，包括检测和确认安全事件、应急响应和恢复、如调查和分析等流程中的各个环节的责任人和时间要求；四是定期进行应急演练，以验证应急响应计划的有效性和可行性；五是建立应急响应报告和记录的机制，对每次安全事件的响应过程进行详细记录和分析，以便后续的改进和总结。报告和记录可以包括事件的起因和影响、采取的响应措施和恢复过程、演练的结果和改进的建议等。

为了有效应对安全事件，需要建立一个完整的事件处理流程，以便提高对安全事件的应对能力并尽快恢复，降低安全事件对系统造成的损害。同时，对事件的调查和总结也可以为后续的安全规划和预防提供宝贵的经验和教训。

事后总结与改进阶段的步骤包括：收集数据和信息、分析和评估、制定改进措施、实施改进措施、监控和评估改进效果。其中，收集的数据和信息包括事件的起因、影响范围、损失情况等；分析和评估包括确定安全事件的根本原因、评估现有的安全措施的有效性，以及发现潜在的安全漏洞和风险；制定改进措施包括加强安全培训和教育、更新安全策略和流程、加强安全监控和检测等。

9.4 信息安全规划案例

【基础知识点】

信息安全规划是一个组织为了保护其信息资产而制定的一系列的策略、程序和技术措施的总体规划。

1. 大型金融公司

某金融公司在发生客户数据泄露的事件后，开展了风险评估，明确了安全目标，并制定了一套全面的信息安全策略。在技术控制措施方面，通过部署防火墙和入侵检测系统、加密敏感数据、实施多因素认证等技术手段来加强安全防护。

2. 大型房产公司

由于公司业务遍布多个城市及海外，集团需要数字化转型，一手抓信息化，一手抓信息安全。组建了专门的信息安全团队，按照《中华人民共和国网络安全法》和等级保护标准要求，逐步建立起一个主动、全面的安全防护体系。此外，还开展了长期的信息安全宣传，提升员工的安全意识。

3. 教育机构

某大学面临黑客攻击日益专业化和隐蔽化的挑战，从组织人员、安全管理、技术保障三个方面出发，制定了一系列管理规定，并通过网络安全管理平台和运维平台实现对校园网全面防护的规划设计。

4. 公司应用信息安全模型

公司不断完善IT规划、IT治理及信息安全规划措施，开展基于现状调研与需求分析、总体架构与蓝图设计、项目规划与实施设计三大步骤活动。

步骤一：首先明确信息安全总体战略目标，这是信息安全规划的起点，明确信息安全发展方向和战略目标也就决定了企业信息安全总体架构模式，为信息安全建设项目指明了方向。其次，通过风险评估、合规差距评估、组织自身需求等手段，开展针对性的信息安全现状分析，并结合行业最佳实践、新兴技术挑战及外部环境威胁，了解客户信息安全建设所处阶段，分析明确信息安全建设需求，为总体架构及蓝图设计奠定基础。

步骤二：信息安全总体架构与蓝图设计，这是信息安全规划的核心部分。根据信息安全战略目标和安全需求分析结果，构建符合客户未来发展的信息安全总体架构和基础架构，并提炼出信息建设重点及蓝图。

步骤三：明确信息安全总体架构和建设重点后，需对安全现状及总体架构之间的差距进行分析，提出改进措施，明确所需关键项目，并从阶段目标、项目优先级以及相关性进行分析，制订关键项目实施计划，并监督执行，从而最终实现整体信息安全发展战略目标。

9.5 考点实练

1. 信息安全有五个基本属性，某网信部门出台了网络群组信息服务管理实施办法，要求其辖区内的网络运营单位明确信息安全负责人，对网络社交群组内的用户进行严格管理，对网络发言内容进行审核，这主要体现了信息安全基本属性中（　　）的要求。

  A．完整性　　　　B．可用性　　　　C．可控性　　　　D．不可否认性

答案：C

2. 某人在乡村电影院买了一张票看了一场电影，发现电影票上只印了带有月份和日期的座位号，他打算保留好这张票，明年这个时候再用这张票尝试免费看一场电影，这种行为在信息安全威胁中，称为（　　）。

  A．假冒　　　　B．业务欺骗　　　　C．重放　　　　D．抵赖

答案：C

3. 在某信息安全规划项目的启动会上，领导强调本次规划要"横向到边，纵向到底"，这体现了信息安全规划原则中的（　　）。

  A．系统性　　　　B．可行性　　　　C．适用性　　　　D．合规性

答案：A

4. 以下关于信息安全规划的说法，错误的是（　　）。

  A．要从业务角度去理解信息安全风险

  B．要追求有效益的安全，减少盲目投资

  C．信息安全规划需要注意满足内部和外部的合规要求

  D．信息安全出现的时间晚于信息系统的出现时间，因此提出了信息系统和信息安全项目的三同步概念

答案：D

5. （　　）不是安全架构上的三道防线之一。

  A．安全技术体系架构　　　　　　B．系统安全架构

  C．审计架构　　　　　　　　　　D．数据库架构

答案：D

6. SABSA 商业应用安全架构框架的六层模型提供了 6 种视图和对应的 6 种安全架构，其中，实施视图对应的安全架构是（　　）。

  A．概念安全架构　　B．逻辑安全架构　　C．物理安全架构　　D．组件安全架构

答案：D

7. （　　）不是信息系统安全保障模型的 3 个维度之一。

  A．保障要素　　　　B．生命周期　　　　C．能力成熟度　　　　D．安全属性

答案：D

8．安全能力成熟度的级别特征为基本实践的规范定义与执行，该级别是（　　）级。

  A．计划跟踪 B．充分定义 C．量化控制 D．基本执行

答案：B

9．在信息安全组织体系框架中，各部门负责人通常属于（　　）。

  A．最高管理层 B．协调机构 C．内部组织 D．外部联系

答案：B

10．等保的五个等级中，如果受保护对象受到破坏后，对社会秩序和公共利益造成严重损害，这个系统的等保等级是（　　）。

  A．第二级 B．第三级 C．第四级 D．第五级

答案：B

11．以下不属于利用 what you have（你拥有什么）方法进行身份认证的是（　　）。

  A．短信密码 B．生物识别 C．智能卡 D．动态口令

答案：B

12．关于数据加密技术，说法错误的是（　　）。

  A．对称加密速度快

  B．链路加密是在数据发送端和接收端之间加密和解密

  C．非对称加密的密钥管理相对简单

  D．非对称加密使用一对密钥

答案：B

第 10 章
云原生系统规划知识点梳理及考点实练

10.0 章节考点分析

第 10 章主要学习云原生发展背景、云原生技术架构、云原生建设规划、云原生实践案例等内容。

根据考试大纲，本章知识点会涉及单项选择题、案例分析题、论文，按以往考试的出题规律单项选择题约占 2~4 分。本章内容属于基础知识范畴，也可以设计为案例分析问题，考查的知识点既来源于教材，也有少量扩展内容。本章的架构如图 10-1 所示。

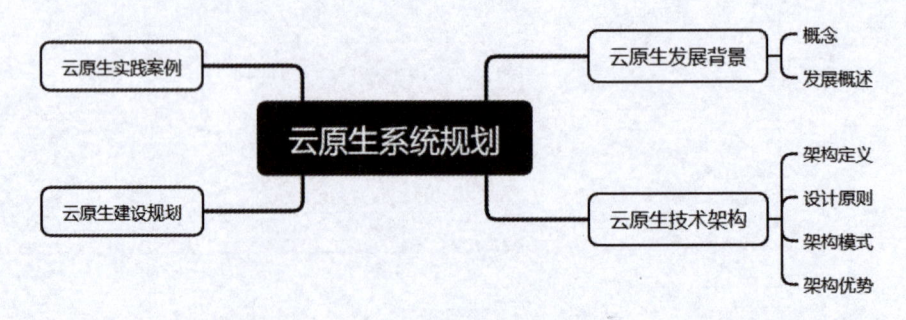

图 10-1 本章的架构

【导读小贴士】

新一代的数据中心大多依赖云原生技术,该技术可通过快速弹性扩展的方式来为信息系统提供基础设施服务,随着越来越多的应用部署在云端,云原生技术应用也越来越广泛。本章所要讲述的云原生系统规划知识,内容篇幅虽少但信息量不小,实战应用很常见,需要考生好好掌握。

10.1 云原生发展背景考点梳理

【基础知识点】

1. 概念

云原生即 Cloud Native,Cloud 是指其应用软件和服务是在云端;Native 代表应用软件从一开始就是基于云环境、专门为云端特性而设计的,可充分利用和发挥云计算的弹性与分布式优势,最大化释放云计算生产力。

云原生 12 要素:①基准代码 [一份基准代码(Codebase)、多份部署(Deploy)];②依赖(显式声明依赖关系);③配置(在环境中存储配置);④后端服务(把后端服务当作附加资源);⑤构建、发布、运行(严格分离构建、发布和运行);⑥进程(以一个或多个无状态进程运行应用);⑦端口绑定(通过端口绑定提供服务);⑧并发(通过进程模型进行扩展);⑨易处理(快速启动和优雅终止,最大化健壮性);⑩开发环境与线上环境等价(尽可能保持开发、预发布、线上环境相同);⑪日志(把日志当作事件流);⑫管理进程(把后台管理当作一次性进程运行)。

CNCF 基金会(Cloud Native Computing Foundation)关于云原生的官方定义:①基于容器、服务网格、微服务、不可变基础设施和声明式 API 构建的可弹性扩展的应用;②基于自动化技术构建具备高容错性、易管理和便于观察的松耦合系统;③构建一个统一的开源云技术生态,能和云厂商提供的服务解耦。

2. 发展概述

(1)IaaS。传统的应用部署需要独立的资源,云服务组织提供了统一的 IaaS 能力和云服务,以便为业务提供 IT 基础设施资源,大幅提升了组织 IaaS 层的复用程度,因而 IaaS 上层的系统容易统一管理,使资源、产品可被不断复用。

(2)开发运维一体化。软件开发的传统瀑布式流程逐渐被敏捷开发所替代,解决了软件开发的效率和版本更新的速度问题,但敏捷开发仍然没有有效打通开发管理和运维管理等流程。开发运维一体化(Development Operations,DevOps)可以看作开发、技术运营和质量保障三者的交集,从而缩短了开发周期并提高了效率。而云原生的容器、微服务等技术是保证软件开发实现 DevOps 开发和持续交付应用的关键,越来越多的开发组织和个人选择云原生技术和工具。

云原生是云技术的应用特性和交付架构上的创新,能够极大地释放云计算的生产能力,并且与开源生态联系在一起。随着各类开源项目的不断更新和逐步成熟，AI、大数据、边缘计算、高性能计算等新兴业务场景不断采用云原生技术来构建创新解决方案，各类云服务组织也相继推出了对应的容器化服务，比如 AI 容器、大数据容器、深度学习容器等。基于云原生技术的边缘计算解决方案解决了异构设备管理、海量边缘应用管理的难题，主流的云计算厂商也相继推出了云原生边缘计算解决方案和面向高性能计算专场的云原生解决方案。

云原生与业务场景的深度融合，不断发展与创新，促使云原生技术更快发展、生态更加成熟，主要表现如下：

（1）从为组织带来的价值来看，云原生架构为应用提供云原生算力、统一计算资源、智能化调度、全方位监控与运维能力、计算存储一体化平台，通过基础软件平台，组织可以实现对计算资源的更充分利用，提高应用性能和可靠性，并降低运维成本。

（2）通过最新的开发安全一体化运营（DevSecOps），实现应用的敏捷开发，提升业务应用的迭代速度，高效响应用户需求，并保证全流程安全。DevSecOps 是融合了开发、安全及运营理念的全新的安全管理模式，在业务应用生命周期的每个环节都需要对安全负责，安全是整个 IT 团队（包括开发、测试、运维及安全团队）所有成员的责任，并且需要贯穿从研发到运营的全过程。

（3）帮助组织管理好数据，快速构建数据运营能力，实现数据的资产化沉淀和价值挖掘，结合数据和 AI 的能力帮助组织实现业务的智能升级。

（4）成熟的云原生 Operator 能够为用户提供便捷的分布式、数据仓库、图计算及丰富的周边工具，为组织提供数据分析、商业智能和信息网络检索处理能力以及数据安全保障能力。

（5）结合云平台全方位组织级安全服务和安全合规能力，保障组织应用在云上安全构建，业务安全运行。

10.2　云原生技术架构考点梳理

【基础知识点】

1. 架构定义

云原生技术部分依赖于传统云计算的三层概念，即基础设施即服务（IaaS）、平台即服务（PaaS）和软件即服务（SaaS）。云原生的代码通常包括三部分：业务代码、三方软件、处理非功能特性的代码。其中，业务代码指实现业务逻辑的代码；三方软件是业务代码中依赖的所有三方库，包括业务库和基础库；处理非功能特性的代码指实现高可用、安全、可观测性等非功能性能力的代码。三部分中只有业务代码是核心。云原生架构从业务代码中剥离大量非功能性特性到 IaaS 和 PaaS 中，从而减少业务代码开发人员的技术关注范围，通过云服务商的专业性提升应用的非功能性能力。

（1）代码结构发生巨大变化。

云原生架构产生的最大影响就是让开发人员的编程模型发生了巨大变化。目前，大部分编程语言中都有文件、网络、线程等元素，需要通过大量框架、产品涌现来解决分布式环境中的网络调用问题、高可用问题、CPU 争用问题、分布式存储问题等。当前，云存储服务包括对象存储服务、块存储服务和文件存储服务，开发人员通常有获得存储能力的界面，同时还解决了分布式场景中的高可用挑战、自动扩缩容挑战、安全挑战、运维升级挑战等难题，开发人员的开发复杂度和运维人员的运维工作量都得到了极大降低。

云把三方软硬件的能力升级为服务，通过应用框架（或内部中间件）来实现，使业务代码的开发人员不再需要掌握文件及其分布式处理技术，不再需要掌握各种复杂的网络技术，从而让业务开发变得更敏捷、更快速。

（2）非功能性特性大量委托。

功能性特性是真正为业务带来价值的代码，比如建立客户资料、处理订单、支付等。非功能性特性是没有给业务带来直接业务价值的代码，如高可用能力、容灾能力、安全特性、可运维性、易用性、可测试性、灰度发布能力等。

云计算解决了大量非功能性问题，如分布式环境下的复杂非功能性问题。云计算在虚拟机、容器和云服务等多个层面为应用提供了解决方案。

虚拟机：当虚拟机检测到底层硬件发生异常时，自动帮助应用做热迁移，迁移后的应用不需重新启动，仍然具备对外服务的能力，应用本身及其用户对整个迁移过程都不会有任何感知。

容器：容器通过监控检查探测到进程状态异常，从而实施异常节点的下线、新节点上线和生产流量的切换等操作，整个过程自动完成，无须运维人员干预。

云服务：云服务本身具备极强的高可用能力，基于云服务的应用环境下的高可用能力，将使得故障带来的业务中断降至分钟级；对等架构模式结合负载均衡产品也可获得很强的高可用能力。

（3）高度自动化的软件交付。

软件需要在组织内外部各类环境中部署并交付给最终用户使用才得以实现软件价值。传统的软件交付往往需要很多安装手册、运维手册和培训文档等。而基于容器的标准化软件交付、自动化软件交付可根据交付内容以"面向终态"的方式完成软件的安装、配置、运行和变更。

基于云原生的自动化软件交付是一个巨大的进步。例如，应用微服务化以后，这些服务往往被部署到成千上万个节点上，通过高度的自动化能力支持每一次新业务的上线。

2. 设计原则

云原生架构通过若干原则来对应用架构进行控制。常见的原则主要包括服务化原则、弹性原则、可观测原则、韧性原则、所有过程自动化原则、零信任原则、架构持续演进原则等。

（1）服务化原则：指通过服务化架构拆分不同生命周期的业务单元,实现业务单元的独立迭代，从而加快整体的迭代速度，保证迭代的稳定性。服务化架构采用的是面向接口编程方式，增加了软件的复用程度，增强了水平扩展的能力。如微服务架构、小服务（Mini Service）架构等面向接口编程，并在服务内部实现功能高度内聚，模块间通过公共功能模块的提取增加软件的复用程度。

基于服务流量的控制策略包括分布式环境下的限流降级、熔断隔仓、灰度、反压、零信任安全等，云原生从架构层面抽象化业务模块之间的关系，标准化服务流量的传输，从而实现业务模块基于服务流量的策略控制和治理。

（2）弹性原则：指系统部署规模可以随着业务量变化自动调整大小，而无须根据事先的容量规划去准备固定数量的硬件和软件资源。

（3）可观测原则：可观测性与监控业务探活、应用性能检测（Application Performance Management，APM）等系统提供的能力不同，可观测性是在云计算的分布式系统中，主动通过日志、链路跟踪和度量等手段，使得一次点击背后的多次服务调用的耗时、返回值和参数都清晰可见，运维、开发和业务人员通过这样的观测能力可以实时掌握软件的运行情况，并获得前所未有的关联分析能力，以便不断优化业务的健康度和用户体验。

（4）韧性原则：韧性从多个维度诠释了软件持续提供业务服务的能力，核心目标是提升软件的平均无故障时间（Mean Time To Failure，MTBF）。从架构设计上，韧性包括服务异步化能力、重试限流／降级／熔断／反压、主从模式、集群模式、可用区（AZ）内的高可用、单元化、跨区域容灾、异地多活容灾等。

（5）所有过程自动化原则：容器、微服务、DevOps、大量第三方组件的使用等，降低了分布式复杂性和提升迭代速度，但同时整体增大了软件技术栈的复杂度和组件规模，使得软件交付的复杂性提高，基础设施即代码（Infrastructure as Code，IaC）、GitOps、开放应用模型（Open Application Model，OAM）、Kubernetes Operator 和大量自动化交付工具一方面标准化组织内部的软件交付过程，另一方面在标准化的基础上进行自动化，通过配置数据自描述和面向终态的交付过程，让自动化工具理解交付目标和环境差异，实现整个软件交付和运维的自动化。

（6）零信任原则：零信任安全核心思想是，默认情况下不应该信任网络内部和外部的任何人／设备／系统，需要基于认证和授权重构访问控制的信任基础，如 IP 地址、主机、地理位置、所处网络等均不能作为可信的凭证。零信任的第一个核心问题就是身份（Identity），赋予不同的实体不同的身份，解决是谁在什么环境下访问某个具体资源的问题。

（7）架构持续演进原则：云原生架构是一个具备持续演进能力的架构，云原生架构对于新建应用而言的架构控制策略相对容易选择（通常是选择弹性、敏捷、成本的维度），但对于存量应用向云原生架构迁移，则需要从架构上考虑遗留应用的迁出成本／风险和到云上的迁入成本／风险，以及技术上通过微服务应用网关、应用集成、适配器、服务网格、数据迁移、在线灰度等应用和流量进行细颗粒度控制。

3. 架构模式

云原生常用的架构模式主要有服务化架构、Mesh 化架构、Serverless（无服务器）、存储计算分离、分布式事务、可观测架构、事件驱动架构等。

（1）服务化架构模式：服务化架构的典型模式是微服务和小服务模式，其中小服务可以看作一组关系非常密切的服务的组合，这组服务会共享数据。小服务模式通常适用于非常大型的应用系统，避免接口的颗粒度太细而导致过多的调用损耗（特别是服务间调用和数据一致性处理）和治理复杂度。通过服务化架构，把代码模块关系和部署关系进行分离。

（2）Mesh 化架构模式：把中间件框架从业务进程中分离，让中间件软件开发工具包（Software Development Kit，SDK）与业务代码进一步解耦，从而使得中间件升级对业务进程没有影响，甚至迁移到另外一个平台的中间件也对业务透明。分离后在业务进程中保留的 Client 部分只负责与 Mesh 进程通信，原来需要在 SDK 中处理的流量控制、安全等逻辑由 Mesh 进程完成。大量分布式架构模式（如熔断、限流、降级、重试、反压、隔仓等）都由 Mesh 进程完成。

（3）Serverless 模式：通过 Serverless 将"部署"这个动作从运维中"收走"，使开发者不用关心应用运行地点、操作系统、网络配置、CPU 性能等。随着新技术和产业政策的双轮驱动，无服务器数据库市场迎来蓬勃发展。计算与存储分离、一写多读架构、依据数据流量自动部署计算节点、对象存储、丰富的 RESTIAPI 管理接口以及完备的周边管理工具已成为不可或缺的能力。

Serverless 非常适合于事件驱动的数据计算任务、计算时间短的请求/响应应用、没有复杂相互调用的长周期任务。

（4）存储计算分离模式：云环境中，优先把各类暂态数据（如 session）、结构化和非结构化持久数据都采用云服务来保存，从而实现存储计算分离。

分布式环境中的 CAP（一致性、可用性、分区容错性）困难主要是针对有状态应用；而无状态应用不存在 C（Consistency 一致性）这个维度，可以获得很好的 A（Availability 可用性）和 P（Partition tolerance 分区容错性），从而获得更好的弹性。如有一些状态需要保存到远端缓存，会造成交易性能的明显下降，这时可以考虑采用时间日志+快照（或检查点）的方式，实现重启后快速增量恢复服务，减少不可用对业务的影响时长。

（5）分布式事务模式：如大颗粒业务需要访问多个微服务，则必然带来分布式事务问题，否则数据就会出现不一致。不同场景的分布式事务模式选择不同。

1）传统采用 XA（eXtended Architecture）模式，具备很强的一致性，但是性能差。

2）基于消息的最终一致性通常有很高的性能，但是通用性有限。

3）TCC（Try-Confirm-Cancel）模式完全由应用层来控制事务，事务隔离性可控，也可以做到比较高效；但是对业务的侵入性非常强，设计、开发、维护等成本很高。

4）SAGA 模式是允许建立一致的分布式应用程序的故障管理模式，特点与 TCC 模式类似，但没有 Try 这个阶段，每个正向事务都对应一个补偿事务，也使开发维护成本高。

5）开源项目 Seata 的 AT 模式性能非常高，无代码开发工作量，且可以自动执行回滚操作，同时也存在一些使用场景限制。

6）可观测架构模式：包括 Logging、Tracing、Metrics 三个方面。Logging 提供多个级别（verbosedebug/warning/error/fatal）的详细信息跟踪，由应用开发者主动提供；Tracing 提供一个请求从前端到后端的完整调用链路跟踪，对于分布式场景尤其有用；Metrics 则提供对系统量化的多维度度量。

架构师需要选择 OpenTracing、OpenTelemetry 等开源框架，并规范上下文的可观测数据规范（例如方法名、用户信息、地理位置、请求参数等），规划可观测数据的传播途径，利用日志和 Tracing 信息中的 spanid/traceid，确保进行分布式链路分析时有足够的信息进行快速关联分析。

架构设计上需要为各个组件定义清晰的服务等级目标 SLO，包括并发度、耗时、可用时长、容量等，从而优化 SLA。

（7）事件驱动架构模式：事件驱动架构（Event Driven Architecture，EDA）本质上是一种应用/组件间的集成架构模式。事件具有 Schema，可校验 Event 的有效性，同时 EDA 具备 QoS 保障机制，也能够对事件处理失败进行响应。事件驱动架构可以用于以下场景：(微)服务解耦、增强服务韧性、命令查询的责任分离（Command Query Responsibility Segregation，CQRS）、数据变化通知、构建开放式接口、事件流处理、基于事件触发的响应。

4. 架构优势

相比传统架构，云原生架构具有更高的可扩展性、可用性、灵活性、安全性、成本效益和高度自动化等优势。

（1）高可扩展性。云原生架构的微服务可以独立部署和扩展，这种可扩展的架构模式可以根据业务需求快速增加或减少服务实例。

（2）高可用性。云原生架构的微服务可以分布在多个节点上，可以实现负载均衡和容错处理，减少单点故障的风险。

（3）灵活性。云原生架构的微服务可以独立部署和管理，可以使用不同的编程语言和技术栈，提高应用程序的适应性和可维护性。

（4）安全性。云原生架构使用容器化技术来隔离不同的微服务，可以减少安全漏洞的风险。同时使用自动化工具来管理和部署微服务，可以提高安全性和可靠性，减少人为错误的风险。

（5）成本效益。云原生架构可以提高应用程序的可靠性、可扩展性和安全性，同时可以减少运维成本和时间。

（6）高自动化。云原生架构可以与基础设施深度整合优化，将计算、存储、网络资源管理以及自动化部署和运维能力交给云上 PaaS 来落地。

10.3　云原生建设规划考点梳理

【基础知识点】

云原生架构体系内容涉及微服务、容器、DevOps、服务网格（Service Mesh）、自服务敏捷基础设施、混沌工程、安全等工作内容。需要组织实际做出实施顶层规划，然后以分步实施的方法边建设边交付价值，使整个体系建设具备可持续性。基于"顶层规划 + 分步实施"的原则将云原生架构规划实施路线图定义为五个步骤：①服务采用及运行环境容器云平台构建；②服务管理和治理；③持续交付及安全；④自服务敏捷响应基础设施；⑤增强生产环境韧性和安全性。每个实施步骤又可以根据实际建设需要分为若干个子项目，并可能需要多次迭代。

（1）服务采用及运行环境容器云平台构建。

业务是交付业务价值的载体，通常使用微服务架构业务应用。经微服务架构分解的应用服务运行在容器中。

基于容器技术和容器调度管理技术（如 Kubernetes）构建组织内私有容器云平台，支撑微服务应用系统的部署、运行和管理，实现微服务运行时的环境支持，基于容器云平台可以实现相关的自服务敏捷能力，比如弹性扩展、服务路由、分发限流、健康检查、错误隔离、故障恢复、资源调度等。

设计微服务的方法有基于领域驱动设计（Domain-Driven Design，DDD）方法、主数据驱动设计方法。DDD 通过领域划分可以在一定程度上简化业务关系，从而简化微服务设计，但难以清晰定义领域边界，为每个服务选择合适的责任级别及其范围非常困难，需要极深的经验和对业务的理解。基于组织主数据驱动设计的微服务天然具备系统间的可重用性。且基于行业通用数据模型（CDM）则很容易定义并完善主数据微服务，减少重复的迭代设计和实现。

（2）服务管理和治理。

随着微服务量的成倍增加，需要完善服务的管理和治理能力。微服务治理有多种实现的方法。基于容器云平台可以直接利用 Kubernetes 的能力实现服务的注册发现、配置、路由分发、负载均衡、弹性扩容等，并需要在 Kubernetes 之上扩展实现服务的管理和治理能力。

CNCF 推荐用 Service Mesh，代理东西向流量，并支持跨语言平台部署。

Cloud 框架提供了相对完整的服务治理实现，比如服务的注册发现、配置、熔断、客户端负载均衡等。

在实现服务治理时需要考虑跨平台能力以及对内和对外 API 服务能力。微服务的 API 和对外的 OpenAPI 可以看作组织外部和内部的两个层次的 API 服务能力。API 既可以面向组织内部，也可以面向外部生态伙伴。

（3）持续交付及安全。

持续交付与安全阶段以 DevOps 理论为指导，构建持续集成、持续部署、持续交付、持续监控、持续反馈的闭环流程。先建设容器云平台和服务管理治理能力，构建微服务运行支撑环境是支持持续交付的前置要求。

DevOps 的核心是协作反馈，只有及时反馈才能反思和改进。通常组织架构的优化是利用 DevOps 思想构建持续交付能力的过程中的一个难点。首先要求组织领导要能够理解 DevOps 思想和理念，知道组织的弱点并愿意尝试改进；其次，DevOps 体系涉及众多的组件和持续集成与交付涉及的开发、源码管理、源码检查、单元测试、用例管理、构建、安全测试、交付管理等众多的工具。认证和权限是 DevOps 体系中的基础安全措施，需要通过逐步完善代码安全检查、镜像安全检查、系统安全、应用安全、接口安全、容器安全等措施，以提升云原生的整体安全性。

（4）自服务敏捷响应基础设施。

基础设施在搭建容器云平台和微服务时就会涉及。基础设施大致可以划分为三个部分：基础设施资源、支撑平台和纯技术工具。基础设施资源可能有很多种异构资源和云平台，需要提供统一的基础设施资源服务，隔离底层异构资源细节，简化应用资源调度；支撑平台主要是微服务开发、运行、运维的平台；纯技术工具指的是和业务无关、围绕支撑平台周边的工具，比如消息平台（RabbitMQ、Kafka）、监控平台、权限管理平台、认证平台、人脸识别平台等。

在实施持续交付的同时，需要重点构建和完善自动化、自服务的基础设施能力，包括统一身份认证和权限服务、日志服务、配置服务、监控服务、告警服务、安全服务、AI 服务（人脸识别、文字识别、图像识别、语音识别、自然语言处理、知识图谱、算法等)、消息服务、调度服务等基础服务和 CICD 研发流程服务等。实现这些服务的自服务能力是构建应用敏捷响应的关键。

基础设施资源的自服务敏捷响应是所有这些服务实现敏捷响应的前提。需要考虑构建统一的基础设施资源管理平台或多云管理平台来提供统一的基础设施资源服务,封装底层资源细节,提升资源交付效率。通常需要同步调整组织架构,让基础设施资源团队来运维运营基础设施资源,为平台和工具提供资源服务:平台团队来运维运营平台;工具团队来持续研发工具和技术中台服务:支撑以应用管理为中心的架构;应用研发团队专注于业务应用微服务的研发,使用自服务的资源、平台、工具实现服务的研发、测试、部署、运行、运维等全生命周期管理。

(5)增强生产环境韧性和安全性。

脆弱性的反面是健壮性、韧性。抗脆弱性的目的就是持续定时或不定时通过在运行环境中注入故障的方式来主动找到弱点,并强制修复这些弱点,从而提升环境的健壮性和韧性。

用人类免疫系统的思想来构建云原生架构的韧性,以抵御不同场景下的故障。通过明确查找应用程序体系结构中的弱点、注入故障并强制进行补救,体系结构自然会随着时间的推移收敛到更高的安全程度,通过抗脆弱性试验持续增强环境的韧性。

安全能力建设也是系统抗脆弱性的一部分。系统是在持续变化之中的,随时可能出现不可预知的漏洞,需要不断地改进安全举措,持续增强抗击漏洞攻击等行为。

10.4 云原生实践案例考点梳理

【基础知识点】

1. 案例背景

某快递公司的日订单处理量已达千万量级,物流轨迹处理量达亿级别,每天产生数据达 TB 级别,使用超过千余个计算节点来实时处理业务。核心业务应用托管在 IDC 机房,但伴随公司快速发展,业务体量指数级增长,业务形式愈发多元化。原有系统架构暴露出不少问题,传统 IOE 架构、各系统架构的不规范、稳定性、研发效率都限制了业务高速发展的可能。软件交付周期过长、大促保障对资源的特殊要求难以实现、系统稳定性难以保障等业务问题逐渐暴露。

2. 问题诊断与解决方案

核心业务系统原架构是基于 VMware+Oracle 数据库搭建,在与某云服务商进行多次需求沟通与技术验证后,该公司最终确定采用云原生技术和架构实现核心业务搬迁上云,将架构全面转型为基于 Kubernetes 的云原生架构体系。架构重构的关键是引入云原生数据库并完成应用基于容器的微服务改造。

(1)引入云原生数据库。通过引入 OLTP 与 OLAP 型数据库,将在线数据与离线分析逻辑拆分到两种数据库中,改变此前完全依赖 Oracle 数据库的情况。满足在处理历史数据查询场景下 Oracle 数据库所无法支持的实际业务需求。

(2)应用容器化。引进容器化技术,通过应用容器化有效解决环境不一致的问题,确保应用在开发、测试、生产环境的一致性。与虚拟机相比,容器化提供了效率与速度的双重提升,让应用更适合微服务场景,有效提升产研效率。

(3) 微服务改造。通过引入 Kubernetes 的服务发现,组建微服务解决方案,将业务按业务域进行拆分,让整个系统更易于维护,远离了 Oracle 存储过程和触发器技术带来的系统维护难题。

3. 架构确立

综合考虑该快递公司实际业务需求与技术特征,该组织确定的上云架构,如图 10-2 所示。

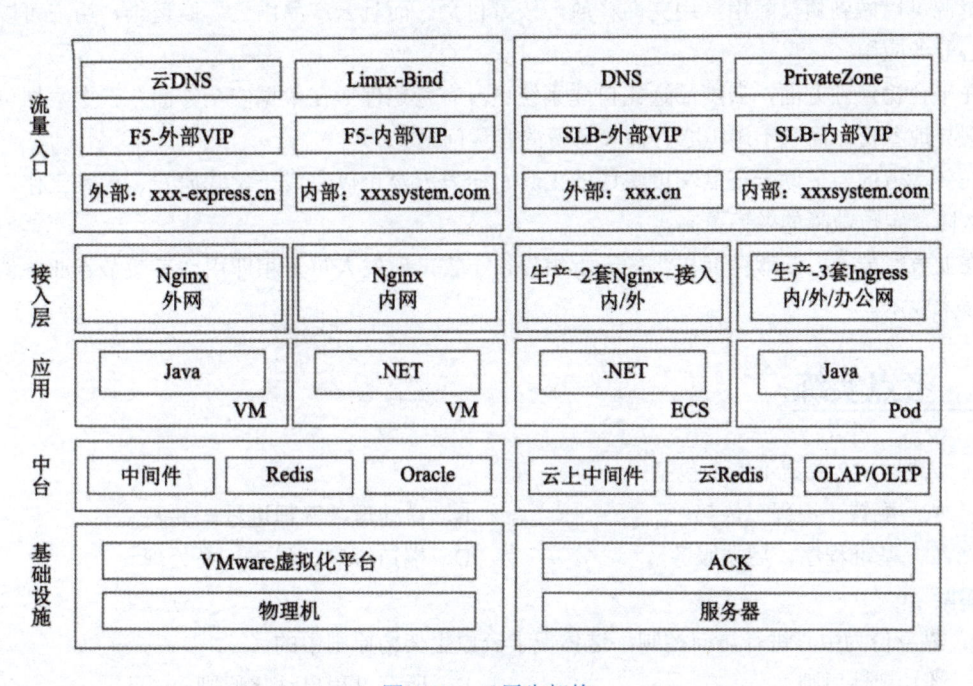

流量入口	云DNS	Linux-Bind	DNS	PrivateZone
	F5-外部VIP	F5-内部VIP	SLB-外部VIP	SLB-内部VIP
	外部: xxx-express.cn	内部: xxxsystem.com	外部: xxx.cn	内部: xxxsystem.com
接入层	Nginx 外网	Nginx 内网	生产-2套Nginx-接入 内/外	生产-3套Ingress 内/外/办公网
应用	Java VM	.NET VM	.NET ECS	Java Pod
中台	中间件	Redis	Oracle	云上中间件 云Redis OLAP/OLTP
基础设施	VMware虚拟化平台		ACK	
	物理机		服务器	

图 10-2 云原生架构

基础设施:全部计算资源取自某云服务商上的裸金属服务器。Kubernetes 搭配服务器能够获得更优的性能及更合理的资源利用率。云上资源按需取量并在使用完毕后即可释放,解决了促销活动带来的快递短期大流量业务场景的需求。

平台层:基于 Kubernetes 打造的云原生 PaaS 平台具有明显优势,主要包括:打通 DevOps 闭环,统一测试、集成、预发、生产环境;资源隔离,机器资源利用率高;集成了日志、链路诊断、Metrics 平台;统一 APIServer 接口和扩展,支持多云及混合云部署;流量接入可实现精细化管理。

应用服务层:每个应用都在 Kubernetes 上面创建单独的一个 Namespace,应用和应用之间实现资源隔离。可以直接编辑其中的镜像版本即可快速完成版本升级,可以直接在本地启动历史版本的镜像快速回滚。

流量接入:云服务商提供两套流量接入服务,一套面向公网请求,另一套是服务内部调用。域名解析采用云 DNS 及 PrivateZone。借助 Kubernete 的 Ingress 能力实现统一的域名转发,以节省公网 SLB 的数量，提高运维管理效率。

运维管理：线上 Kubernetes 集群采用云服务商托管版容器服务，通过云服务商的服务管理平台及线上线下的相关管理流程就可以增加节点，开展扩容操作。

4. 应用效益

通过使用云原生架构，其应用效益主要体现在成本、稳定性、效率、赋能业务等方面。

在成本上，相对于以前一次性投入大量资金成本用于采购服务器及扩充机柜。目前在公共云上的资源可以做到随需随用，用完即释放，按量付费。而且云产品由云厂商运维，用户可以专注于核心业务应用。

在平台稳定性方面，云产品远比自建系统更具有稳定性；在数据安全方面，云上数据可以轻松实现异地备份，而且不用担心存储和备份的容量问题。

在效率方面，借助云产品深度集成的工具，研发人员可以完成一站式研发、运维工作，而且排查故障、定位故障的效率更高。

在业务赋能上，云服务商提供的云上组件很丰富，研发人员开箱即用，有效节省业务创新带来的技术成本。

10.5　考点实练

1. 云原生 12 要素不完全包括（　　）。
   A．配置、进程、依赖　　　　　　　　B．易处理、管理进程、并发
   C．基准程序、后端服务　　　　　　　D．端口绑定、日志、易处理

答案：C

2. 以身份为中心进行访问控制，这体现了云原生架构原则中的（　　）。
   A．韧性原则　　　　　　　　　　　　B．所有过程自动化原则
   C．零信任原则　　　　　　　　　　　D．可观测原则

答案：C

3. 不同的组织环境、业务场景和价值定位等，通常采用不同的云原生架构模式。有一家大型线上商城，如果用户完成一个订单的交易，该用户的用户积分和信用等级就要更新，从而影响积分服务和信用服务，如果采用云原生架构模式来实现这个场景，相对适合的模式是（　　）。
   A．事件驱动架构模式　　　　　　　　B．可观测架构模式
   C．分布式事务模式　　　　　　　　　D．Serverless 模式

答案：A

4. 云原生架构相比传统架构的优势不包括（　　）。
   A．成本效益和安全性　　　　　　　　B．高可用性和高度自动化
   C．灵活性和可扩展性　　　　　　　　D．可用性和鲁棒性

答案：D

5．基于"顶层规划＋分步实施"的原则，云原生架构规划实施路线图有 5 个步骤，其中第二步是（　　）。

    A．自服务敏捷响应基础设施　　　　B．增强生产环境韧性和安全

    C．持续交付及安全　　　　　　　　D．服务管理和治理

答案：D

6．云原生架构中，自服务敏捷响应基础设施包括三部分，其中消息平台属于（　　）。

    A．基础设施资源　　B．支撑平台　　C．云管理平台　　D．纯技术工具

答案：D

7．云原生架构中，关于分布式事务模式的说法，错误的是（　　）。

    A．传统采用 XA（eXtended Architecture）模式，具备很强的一致性，但是性能差

    B．基于消息的最终一致性通常有很高的性能，但是通用性有限

    C．开源项目 SEATA 的 AT 模式性能非常高，无代码开发工作量，且可以自动执行回滚操作，基本上无使用场景的限制

    D．TCC（Try-Confirm-Cancel）模式完全由应用层来控制事务，事务隔离性可控，设计、开发、维护等成本很高

答案：C

8．云原生架构的可观测架构模式中，提供对系统量化的多维度度量是（　　）。

    A．Metrics　　　B．Tracing　　　C．Logging　　　D．SLO

答案：A

第 11 章
信息系统治理知识点梳理及考点实练

11.0 章节考点分析

第 11 章主要学习 IT 治理的基础和框架方法标准，以及 IT 审计的基础、方法与技术、流程等内容。

根据考试大纲，本章知识点会涉及单项选择题、案例分析题、论文，按以往考试的出题规律单项选择题约占 4 分。本章内容属于基础知识范畴，考查的知识点主要来源于教材。本章的架构如图 11-1 所示。

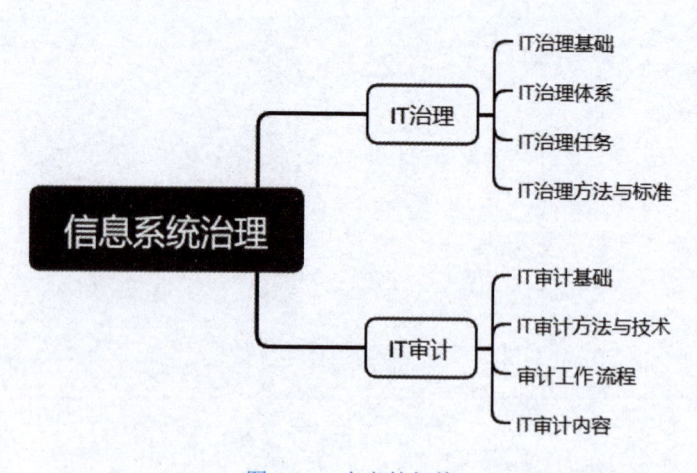

图 11-1 本章的架构

【导读小贴士】

IT 治理是组织治理的重要组成部分，是组织开展信息技术及其应用活动的重要管控手段。不同于 IT 管理，IT 治理起到重要的统筹、评估、指导和监督作用。而 IT 审计是 IT 治理不可或缺的评估和监督工具，重点承担着组织信息系统发展的合规性检测以及信息技术风险的管控等职能。

11.1　IT 治理考点梳理

【基础知识点】

1. IT 治理基础

和 IT 管理不同，IT 治理所关注的问题角度更高，关注焦点在于 IT 投资的价值实现、技术战略与组织战略的一致性、对持续提高组织数字化能力做出制度安排，在利用 IT 推进组织变革中如何降低 IT 风险，如何借鉴国内外的最佳实践和重要成果推进组织的信息化工作等问题。

IT 治理是描述组织采用有效的机制对信息技术和数据资源开发利用，平衡信息化发展和数字化转型过程中的风险，确保实现组织战略目标的过程。

IT 资产作为组织资产的重要组成部分，IT 治理自然就是组织治理结构中不可分割的一部分。IT 治理的目标是通过 IT 治理的决策权和责任影响组织所期望的组织行为。信息系统方面的投入越大，业务的运营的拓展越是依赖于信息系统的支持，组织的领导就越关注组织的 IT 战略与组织战略的一致性，这是组织获得持续的核心竞争力的保证。

（1）IT 治理的驱动因素。

驱动组织开展高质量 IT 治理的因素包括：①良好的 IT 治理能够确保组织 IT 投资的有效性；②IT 价值发挥的弹性较大；③IT 是组织管理、运行、生产和交付等各领域高质量发展的重要基础；④信息技术的应用可为组织提供大量新的发展空间和业务机会等；⑤IT 治理能够推动并促进 IT 价值挖掘和融合利用；⑥IT 价值需要良好的价值管理，以及场景化的业务融合应用；⑦高级管理层需要采用明确责权和清晰管理的方式确保 IT 价值；⑧成熟度较高的组织以不同的方式治理 IT，获得了领域或行业领先的业务发展效果。

IT 治理的内涵包括：①IT 治理由组织治理层或高级管理层负责，从组织全局的高度对组织信息化数字化工作做出制度安排，体现了最高层对信息化活动的关注；②IT 治理强调数字目标与组织战略目标保持一致，通过对 IT 的综合开发利用，为组织战略规划提供技术或控制方面的支持，以保证相关建设能够真正落实并贯彻组织业务战略和目标；③IT 治理保护利益相关者的权益，管理相关风险，关注投资绩效，确保信息系统满足业务需求，并获得预期收益，增强组织的核心竞争力；④IT 治理是一种制度和机制，主要涉及管理和制衡信息系统与业务战略匹配、信息系统建设投资、信息系统安全和信息系统绩效评价等方面的内容；⑤IT 治理的组成部分包括管理层、组织结构、制度、流程、人员、技术等多个方面，共同构建完善的 IT 治理架构，达到数字战略和支持组织的目标。

(2) IT 治理的目标价值。

组织治理驱动和调整 IT 治理。同时，IT 治理是组织治理的一个重要功能。IT 治理将帮助组织建立以组织战略为导向、以实现 IT 与业务匹配为重心、以价值交付为成果、以绩效管理为控制手段的 IT 管理体制，正确定位 IT 团队在整个组织中的作用，最终能够针对不同业务发展要求，统一规划 IT 资源、整合信息资源、有效规避风险、制定并执行组织发展战略。

组织实施 IT 治理的使命：保持 IT 与业务目标一致，推动业务发展，促使收益最大化，合理利用 IT 资源，恰当厘清与 IT 相关的风险等。（围绕三目标）

IT 治理的主要目标包括：与业务目标一致、有效利用信息与数据资源、风险管理。（三目标）

与业务目标一致：从组织目标和数字战略中抽取信息与数据需求和功能需求，形成总体的 IT 治理框架和系统整体模型，为后续系统设计和实施奠定基础，保证信息技术开发利用跟上持续变化的业务目标。

有效利用信息与数据资源：IT 治理强调对信息与数据资源的管理职责进行有效管理，保证投资的回收，并支持决策。

风险管理：IT 治理重视风险管理，通过制定信息与数据资源的保护机制，强调对关键的信息与数据资源实施有效监控和事件处理。

(3) 管理层次和治理层次。

组织的管理层次一般分为三层：最高管理层、执行管理层、业务与服务执行层。组织的 IT 治理层主要集中在最高管理层和执行管理层，但治理层必须依赖组织的基层来提供决策和评估所需要的信息，IT 治理实践应在组织全范围内推行。

最高管理层的主要职责：证实 IT 战略与业务战略一致；证实通过明确的期望和衡量手段交付 IT 价值；指导 IT 战略、平衡支持组织当前和未来发展的投资；指导信息和数据资源的分配。

执行管理层的主要职责：制定 IT 的目标；分析新技术的机遇和风险；建设关键过程与核心竞争力；分配责任、定义规程、衡量业绩；管理风险和获得可靠保证等。

业务及服务执行层的主要职责：信息和数据服务的提供和支持；IT 基础设施的建设和维护；IT 需求的提出和响应。

2. IT 治理体系

IT 治理的核心是关注 IT 定位和信息化建设与数字化转型的责权划分。

IT 治理体系有五个构成部分，具体包括：①IT 定位，IT 应用的期望行为与业务目标一致；②IT 治理架构，业务和 IT 在治理委员会中的构成、组织 IT 与各分支机构的 IT 权责边界等；③IT 治理内容，决策、投资、风险、绩效和管理等；④IT 治理流程，统筹、评估、指导、监督；⑤IT 治理效果（内外评价）等。该体系主要回答 IT 治理目标是什么、由谁来做、做什么、怎么做和做的效果如何五个问题。

(1) IT 治理关键决策。需要关注的关键决策包括 IT 原则、IT 架构、IT 基础设施、IT 投资和优先顺序等。

（2）IT 治理框架，如图 11-2 所示。具体包括 IT 战略目标、IT 治理组织、IT 治理机制、IT 治理域、IT 治理标准和 IT 绩效目标等部分。其中：IT 治理组织核心是治理机构的设置和权限的划分。IT 治理机制是 IT 治理的决策、执行、风险控制、协调和评价等机制的综合体，各机制之间是相辅相成、相互促进的关系。IT 治理域包括信息系统的计划、构建、运维与监控等。

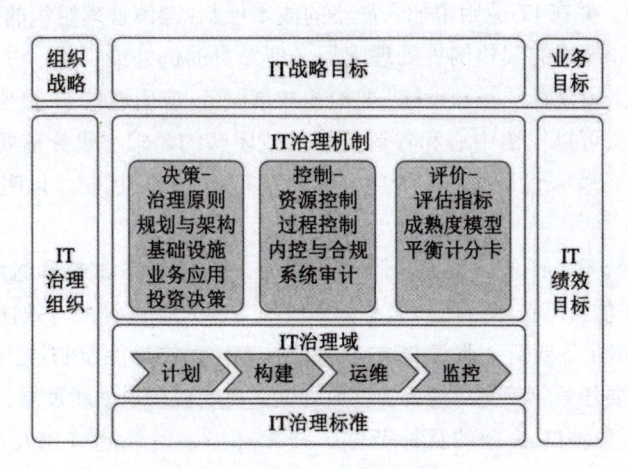

图 11-2　IT 治理体系框架

（3）IT 治理核心内容。

本质问题：IT 治理关心两个本质问题，一是实现 IT 的业务价值；二是 IT 风险的规避。前者是通过 IT 与业务战略匹配来实现的，后者通过在组织内部建立相关职责来实现。

核心内容：IT 治理核心内容有组织职责、战略匹配、资源管理、价值交付、风险管理和绩效管理等六项内容。

组织职责：明确组织参与 IT 决策与管理的所有人员，明确组织信息部门和业务部门之间的关系和责任，正确划分信息系统的所有者、建设者、管理者和监控者。

战略匹配：使组织的建设与组织战略相匹配，这是 IT 为组织贡献业务价值的重要驱动力。

资源管理：涉及 IT 投资优化、IT 资源（人、应用系统、信息、基础设施）的分配，做好人力资源的培训和发展计划。

价值交付：价值交付就是创造业务价值。重点是对整个交付周期成本的控制和 IT 业务价值的实现，使 IT 项目能够在预算、时间、成本范围内，按质保量完成。

风险管理：风险管理就是保护业务价值，确保 IT 资产的安全和灾难的恢复、组织信息资源的安全以及人员的隐私安全。

绩效管理：主要是追踪和监视 IT 战略、IT 项目的实施、信息资源的使用、IT 服务的提供以及业务流程的绩效。一般采用平衡计分卡等工具将组织的战略目标转化成各个职能部门或团队具体的业务活动的目标以实现组织战略目标。

（4）治理机制经验。

建立IT治理机制的三个原则是简单、透明、适合。①简单：机制应该明确地定义特定个人和团体所承担的责任和目标；②透明：有效的机制依赖于正式的程序，对于相关干系人而言，机制是非常清晰的；③适合：机制鼓励那些处于最佳位置的个人去制定特定的决策。

从最佳实践中总结的IT治理经验有：IT指导委员会要吸纳有才干的业务经理，使之负责组织范围内的IT治理决策，并在IT原则中加入严格的成本控制；谨慎管理组织的IT架构和业务架构，以降低业务成本；设计严格的架构例外处理流程，使昂贵的例外最小化，并可以从中不断学习；建立集中化的IT团队，用以管理基础设施、架构和共享服务；应用连接IT投资和业务需求的流程，既可以增加透明度，又可以权衡中心和各运营部门或团队的需求；设计需要对IT投资进行集中协作和核准的IT投资流程；设计简单的费用分摊和服务水平协议机制，以明确分配IT开支。

3. IT治理任务

IT治理活动包括统筹、评估、指导和监督共四项。即统筹IT战略和组织规划、管理和绩效的实施计划、策略；评估信息技术应用与服务创新解决方案及措施等的有效性；指导IT管理实施、绩效考评、风险控制和业务创新；监督IT与业务的一致性、符合性及IT应用的合规性。

IT治理活动的主要任务包括全局统筹、价值导向、机制保障、创新发展、文化助推五个方面。

全局统筹：统筹规划IT治理的目标范围、技术环境、发展趋势和人员责权。重点包括：①制定满足可持续发展的IT蓝图；②实施科学决策、集约管理的策略，实现横向的业务集成和纵向的业务管控，通过内外部的监督，确保IT与业务的一致性和适用性；③建立适应内外部信息环境变化的持续改进和创新机制。

价值导向：基于实现有效收益、确保预期收益清晰理解，明确实现收益的问责机制。具体包括：①认可IT技术、系统和数据的价值；②识别投资目录，并进行评估和管理；③设定关键指标并监督其变化和偏差；④权衡实施成本与预期效益，并随组织内外部环境的变化及时调整。

机制保障：组织需要建立适合组织特点的机制保障方法，满足疏漏互补、协同发展、监督改进和安全风险可控的原则，避免扭曲决策目标方向。重点聚焦：①指导建立规范过程管理和痕迹管理，并向利益相关者公开质量设定举措；②评审IT管理体系的适宜性、充分性和有效性；③审计的完整性、有效性和合规性；④监督由审计和管理评审提出的改进内容的实施。

创新发展：利用IT创新开拓业务领域、提升管理水平、改进质量、绩效和降低成本，确保实现战略目标的灵活性和对环境变化的适应性。包括：①创造技术创新环境；②确保技术发展、管理创新、模式革新的协调联动；③对组织创新能力进行评估、分析和评价；④通过促进和创新抵御风险，并确保创新是组织文化的组成部分。

文化助推：组织与利益相关者沟通IT治理的目标、策略和职责，营造积极向上、沟通包容的组织文化。具体包括：①建立与IT发展相适应的组织文化发展策略；②营造包括知识、技术、管理、情操在内的积极向上的文化氛围；③根据组织内部环境的变化，评估并改进组织文化的管理。

4. IT治理方法与标准

比较典型的是我国信息技术服务标准（ITSS）库中的IT治理系列标准、信息和技术治理框架（COBIT）以及 IT 治理国际标准（ISO/IEC 38500）等。

（1）信息技术服务标准。

我国 IT 治理标准通过指导、实施、管理和评价等过程，确保 IT 支持并拓展组织的战略和目标。在 IT 治理目标和边界确定的情况下，IT 治理围绕决策体系、责任归属、管理流程、内外评价四个方面，通过相关框架体系的研究，规范和引导组织的 IT 治理完成"做什么""如何做""怎么样""如何评价"等问题。

GB/T 34960.1—2017《信息技术服务治理　第 1 部分：通用要求》规定了 IT 治理的模型和框架实施 IT 治理的原则，以及开展 IT 顶层设计、管理体系和资源的治理要求。该标准定义的 IT 治理模型包含治理的内外部要求、治理主体、治理方法，以及信息技术及其应用的管理体系。该标准定义的 IT 治理框架包含信息技术顶层设计、管理体系和资源三大治理域，每个治理域由若干治理要素组成。顶层设计治理域包含信息技术的战略，以及支撑战略的组织和架构；管理体系治理域包含信息技术相关的质量管理、项目管理、投资管理、服务管理、业务连续性管理、信息安全管理、风险管理、供方管理、资产管理和其他管理，资源治理域包含信息技术相关的基础设施、应用系统和数据。

GB/T 34960.2—2017《信息技术服务治理　第 2 部分：实施指南》提出了 IT 治理通用要求的实施指南，分析了实施 IT 治理的环境因素，规定了 IT 治理的实施框架、实施环境和实施过程并明确顶层设计治理、管理体系治理和资源治理的实施要求。IT 治理实施框架包括治理的实施环境、实施过程和治理域。实施环境包括组织的内外部环境和促成因素。实施过程包括统筹和规划、构建和运行、监督和评估、改进和优化。治理域包括顶层设计、管理体系和资源。顶层设计包括战略、组织和架构；管理体系包括质量管理、项目管理、投资管理、服务管理、业务连续性管理、信息安全管理、风险管理、供方管理、资产管理和其他管理；资源包括基础设施、应用系统和数据。

（2）信息和技术治理框架。

COBIT 是国际信息系统审计协会（ISACA）编制的面向整个组织的信息和技术治理及管理框架。COBIT 对治理和管理进行了明确区分：治理确保对利益干系人的需求、条件和选择方案进行评估，以确定全面均衡、达成共识的组织目标；通过确定优先等级和制定决策来设定方向；根据议定的方向和目标监控绩效与合规性。而管理是指按治理设定的方向计划、构建、运行和监控活动，以实现组织目标。

治理和管理目标：COBIT 核心模型有 40 项核心治理和管理目标，以及其中包含的流程和其他相关组件。在 COBIT 模型中，治理目标被列入评估、指导和监控（EDM）领域。管理目标分为四个领域：①调整、规划和组织（APO）领域；②内部构建、外部采购和实施（BAI）领域；③交付、服务和支持（DSS）领域；④监控、评价和评估（MEA）领域。而管理目标与管理流程有关。治理流程通常由董事会和执行管理层负责，而管理流程则在高级和中级管理层的职责范围内。

治理系统组件包括七个组件：①流程；②组织结构；③原则、政策和程序；④信息；⑤文化、道德和行为；⑥人员、技能和胜任能力；⑦服务、基础设施和应用程序。

设计因素：COBIT 定义的 IT 治理系统设计因素包括组织战略、组织目标、风险概况、IT 相关问题、威胁环境、合规性要求、IT 角色、IT 采购模式、IT 实施方法、技术采用战略、组织规模和未来因素。

设计流程：COBIT 给出了建议的设计流程包括①了解组织环境和战略，需要了解组织战略、目标、风险概况和当前所面临的问题；②确定治理系统的初步范围；③优化治理系统的范围；④最终确定治理系统的设计。

（3）IT 治理国际标准。

ISO/IECFDIS 38500：2014 提供了 IT 良好治理的原则、定义和模式，以帮助最高级别组织的人员理解和履行其在组织内使用 IT 方面的法律、法规和道德义务。该标准为治理机构提供的指导原则包括：①责任；②战略；③收购；④性能；⑤一致性；⑥人的行为。该标准规定治理机构治理 IT 应通过评估、指导和监督三个主要任务。

评估：治理机构应审查和判断当前和未来的 IT 使用，包括计划、建议和供应安排。在评估 IT 的使用时，应考虑作用于组织的外部或内部压力，并应根据情况的变化持续评价。

指导：治理机构应负责战略和政策的编制和执行。治理机构应通过要求管理者及时提供信息、遵守方向和遵守良好治理的六项原则来鼓励其组织中的良好治理文化。

监督：治理机构应通过适当的测量系统来监测 IT 的表现。

11.2　IT 审计考点梳理

【基础知识点】

1. IT 审计基础

传统审计的重要性是指被审计单位会计报表中错报或漏报的严重程度，在特定环境下可能影响会计报表使用者的判断或决策。IT 审计重要性是指 IT 审计风险（固有风险、控制风险、检查风险）对组织影响的严重程度。

国际信息系统审计协会对 IT 审计的定义：IT 审计是个获取并评价证据，以判断计算机系统是否能够保证资产的安全、数据的完整以及有效利用组织的资源并有效实现组织目标的过程。

我国国标 GB/T 34690.4—2017《信息技术服务治理　第 4 部分：审计导则》的定义是：IT 审计是根据 IT 审计标准的要求，对信息系统及相关的 IT 内部控制和流程进行检查、评价，并发表审计意见。

（1）IT 审计目的：IT 审计的目的是指通过开展 IT 审计工作，了解组织 IT 系统与 IT 活动的总体状况，对组织是否实现 IT 目标进行审查和评价，充分识别与评估相关的 IT 风险，提出评价意见及改进建议，促进组织实现 IT 目标。组织的 IT 目标主要包括：①组织的 IT 战略应与业务战略保持一致；②保护信息资产的安全及数据的完整、可靠、有效；③提高信息系统的安全性、可靠性及有效性；④合理保证信息系统及其运用符合有关法律、法规及标准等的要求。

（2）IT 审计范围：IT 审计范围需要根据审计目的和投入的审计成本来确定。审计范围由总体范围、组织范围、物理范围、信息系统相关逻辑范围和其他范围所确定。实践工作中，要结合 IT 总体风险情况，根据确定的风险来判断哪些控制、流程对组织的影响比较大，并结合审计项目预计的时间、配备的审计力量等来确定重点审计范围。

（3）IT 审计人员：根据 GB/T 34690.4—2017《信息技术服务治理 第 4 部分：审计导则》，对审计人员的要求包括职业道德、知识、技能、资格与经验、专业胜任能力及利用外部专家服务等方面。

（4）IT 审计风险：IT 审计风险主要包括固有风险、控制风险、检查风险和总体审计风险。

固有风险是指 IT 活动不存在相关控制的情况下，易于导致重大错误的风险。

控制风险是指与 IT 活动相关的内部控制体系不能及时预防或检查出存在的重大错误的风险。

检查风险指通过预定的审计程序未能发现重大、单个或与其他错误相结合的风险。

总体审计风险是指针对单个控制目标所产生的各类审计风险总和。

固有风险和控制风险可从组织层面 IT 控制、一般控制及应用控制三个方面进行分析；审计人员只能评估风险而不直接影响；而检查风险是和 IT 审计正确性相关的，需要规避。

2. IT 审计方法与技术

（1）IT 审计依据与准则。IT 审计依据与准则分为国际和国内两方面。国际方面的包括信息系统审计准则（ISACA）、《内部控制——整体框架》报告 COSO（美国反虚假财务报告委员会下属的发起人委员会）、《萨班斯法案》(Sarbanes-Oxley Act，SOX)、信息及相关技术控制目标（Control Objectives for Information and Related Technology，COBIT）。其中 COBIT 是目前国际上通用的信息及相关技术控制规范。国内方面包括法律法规、审计准则、标准、组织内部控制、行业规范。如《中华人民共和国审计法》《中华人民共和国网络安全法》《中华人民共和国数据安全法》《中华人民共和国个人信息保护法》等法律，《信息系统审计指南 计算机审计实务公告第 34 号 - 审计署》GB/T 34960.4《信息技术服务治理 第 4 部分：审计导则》《证券期货经营机构信息技术治理工作指引》等。

（2）IT 审计常用方法。IT 审计方法包括访谈法、调查法、检查法、观察法、测试法和程序代码检查法等。其中，访谈法分为结构型访谈和非结构型访谈；检查法分为审阅法、核对法、复算法和分析法；程序代码检查法指审计人员可使用代码静态扫描工具进行程序代码的检查。测试法分为黑盒法和白盒法。黑盒法完全不考虑其内部结构和处理过程，只检查程序的功能是否符合它的需求规格说明。白盒法是按照程序内部的结构来测试程序，检验程序中的每条通路是否都能按预定要求正确执行。调查法是指为了达到预期目的，在制订调研计划的基础上，通过书面或口头回答问题的方式收集研究对象的相关资料，并做出分析、综合，得到某一结论的研究方法。观察法是审计人员到被审计单位的经营场所及其他有关场所进行实地察看，来证实审计事项的一种方法。

（3）IT 审计技术。IT 审计技术包括风险评估技术、审计抽样技术、计算机辅助审计技术及大数据审计技术。

IT 风险评估技术一般包括风险识别、风险分析、风险评价、风险应对四类技术。其中风险识别技术包括德尔菲法、头脑风暴法、检查表法、SWOT 技术及图解技术等，用以识别不确定性的风险；风险分析技术包括定性分析和定量分析，是对风险影响和后果进行评价和估量；风险评价技术包括单因素风险评价和总体风险评价，是对风险程度进行划分，以揭示影响成败的关键风险因素；风险应对技术是 IT 技术体系中为特定风险制定的应对技术方案，如冗余链路、冗余资源、系统弹性伸缩、两地三中心灾备等。

审计抽样技术是指审计人员在实施审计程序时，从审计对象总体中选取一定数量的样本进行测试，并根据测试结果，推断审计对象总体特征的一种方法。"总体"是指需要检查的全部事项，样本是用于测试总体的子集。抽样的原因主要出于时间、成本等审计代价因素，需要考虑抽样的代表性。审计抽样分为统计抽样和非统计抽样。其中统计抽样分为属性抽样变量抽样。属性抽样回答"有多少"的问题。变量抽样是一种由样本估计总体的货币金额或其他度量单位（如重量）的抽样技术。

计算机辅助审计（Computer Aided Audit Techniques，CAAT）指审计人员在审计过程和审计管理活动中，以计算机为工具来执行和完成某些审计程序和任务的新兴审计技术，也可用于手工系统的审计。CAAT 包括通用审计软件（GAS）、测试数据、实用工具软件、专家系统等工具和技术。

大数据审计是运用大数据技术方法和工具，利用数量巨大、来源分散格式多样的数据，开展跨层级、跨系统、跨部门和跨业务等的深入挖掘与分析，提升审计发现问题、评价判断、宏观分析的能力，可分大数据智能分析技术、大数据可视化分析技术及大数据多数据源综合分析技术等。

（4）IT 审计证据。审计证据是指由审计机构和审计人员获取，用于确定所审计实体或数据是否遵循既定标准或目标，形成审计结论的证明材料。审计人员必须基于足够、相关和适当的审计证据，为其审计观点提供合理的结论。审计证据还是控制审计工作质量的关键。

审计证据的特性是指审计证据的内在性质和特征。审计证据的特性包括充分性、客观性、相关性、可靠性、合法性。其中可靠性指审计证据能够反映和证实客观经济活动特征的程度。可靠性受到审计证据的类型、取证的渠道和方式等因素的影响。

电子证据是指以电子的、数据的、磁性的或类似性能的相关技术形式存在并能够证明事件事实真实情况的一切材料。某些单位如 GA 就有专门的电子证据取证和保管的科室和人员，有兴趣的可以参考《公安机关办理刑事案件电子数据取证规则》，应注意电子取证的完整性保护原则。

审计证据评价应考虑的因素包括证据提供者的独立性、提供信息/证据的个人资质、证据的客观性、证据的时效性、与审计目标的相关性、审计证据的说服力及审计证据的充分性。此外，在审计过程中还必须考虑取得审计证据的经济性，必须考虑成本效益原则，合理把握审计证据的充分性。

（5）IT 审计底稿。审计工作底稿是指审计人员对制订的审计计划、实施的审计程序、获取的相关审计证据，以及得出的审计结论做出的记录，可分为综合类、业务类和备查类等三类工作底稿。审计工作底稿是审计证据的载体，是审计人员在审计过程中形成的审计工作记录和获取的资料。其作用包括：①形成审计结论、发表审计意见的直接依据；②评价考核审计人员的主要依据；③审计质量控制与监督的基础；④对未来审计业务具有参考备查作用。

审计工作底稿通常实行三级复核制度，以审计机构负责人、部门负责人和项目负责人作为复核人；同时审计机构需要建立健全审计工作底稿保密制度。仅需要法院、检察院及国家其他部门依法查阅并按规定办理了必要手续后依法查阅审计工作底稿的或者是审计协会开展执业情况检查，不属于泄密情形；审计工作底稿需要归入审计档案后保管。

3. 审计工作流程

审计流程是指审计人员在具体审计过程中采取的行动和步骤。

广义的审计流程一般分为审计准备、审计实施、审计终结及后续审计四个阶段。

审计准备阶段是指 IT 审计项目从计划开始，到发出审计通知书为止的期间。主要工作包括：①明确审计目的及任务；②组建审计项目组；③搜集相关信息；④编制审计计划等。

审计实施阶段是审计人员将项目审计计划付诸实施的期间。主要工作包括：①深入调查并调整审计计划；②了解并初步评估 IT 内部控制；③进行符合性测试；④进行实质性测试等。

审计终结阶段是整理审计工作底稿、总结审计工作、编写审计报告、做出审计结论的期间。主要工作包括：①整理与复核审计工作底稿；②整理审计证据；③评价相关 IT 控制目标的实现；④判断并报告审计发现；⑤沟通审计结果；⑥出具审计报告；⑦归档管理等。

后续审计阶段是在审计报告发出后的一定时间内，审计人员为检查被审计单位对审计问题和建议是否已经采取了适当的纠正措施，并取得预期效果的跟踪审计。实施后续审计，可不必遵守审计流程的每一过程和要求，但必须依法依规进行检查、调查，收集审计证据，写出后续审计报告。

4. IT 审计内容

IT 审计业务和服务通常分为 IT 内部控制审计和 IT 专项审计。IT 内部控制审计主要包括组织层面 IT 控制审计、一般控制审计及应用控制审计；IT 专项审计主要是指根据当前面临的特殊风险或者需求开展的只针对 IT 综合审计的某一个或几个部分所开展的 IT 审计，具体可分为信息系统生命周期审计、信息系统开发过程审计、信息系统运行维护审计、网络与信息安全审计、信息系统项目审计、数据审计等。

组织层面 IT 控制审计主要指对 IT 战略、组织、架构、业务连续性、风险管理、外包管理、网络与信息安全及监督管理等进行审计。IT 一般控制审计主要是指针对与应用系统、数据库、操作系统、网络相关的策略和措施等进行审计。应用控制审计是指针对业务流程层面运行的人工或自动化程序进行审计，主要包括输入控制、处理控制和输出控制的审计。

IT 专项审计实践中，以信息系统项目审计较为多见。一般以信息系统立项和项目组织、启动和计划阶段、项目实施与控制、收尾和验收、运维服务等各阶段活动及成果为重点审计内容，同时还包括项目管理工作方法的审计。例如，针对项目收尾和验收工作审计，审计人员需要访谈相关人员了解项目验收从准备到出验收报告的全部过程，查阅项目验收报告、验收会议记录和验收送审材料，检查项目验收准备时是否有验收计划和通过标准、验收申请资料及阶段是否完整、验证评审流程是否规范，验收专家聘请是否合理公正、是否有第三方机构的质量检测报告，验收结论是否通过，专家提出的建议措施是否有跟进和落实等。需要在审计前通报审计工作计划和配合事项，事前编制好检查表，事中填写工作底稿和工作记录，事后撰写审计报告和工作总结报告。

11.3 考点实练

1. 以下关于 IT 治理目标的描述，不正确的是（   ）。
   A．IT 治理的最终目标还是实现组织的战略目标，提高企业核心竞争力
   B．IT 治理所关注的问题角度更高，除关注 IT 投资的价值实现外，同时还关注风险
   C．经过 IT 治理，就会使得组织的 IT 管理和决策与组织期望的行为和业务目标相一致
   D．IT 治理强调对信息与数据资源的管理职责进行有效管理，有效利用信息与数据资源

   答案：C

2. 关于 IT 治理的描述，下列说法错误的是（   ）。
   A．IT 治理架构的组成涉及管理层、组织结构、制度、流程、人员、技术等多个方面
   B．IT 治理作为组织上层管理的有机组成部分，仅是治理层或者高级管理层等人员的事务
   C．良好的 IT 治理能够确保组织 IT 投资的有效性，IT 治理不好则影响 IT 投资绩效
   D．IT 治理旨在保护利益相关者的权益，对风险进行有效管理，合理利用 IT 资源，平衡成本和收益

   答案：B

3. IT 治理的管理层次不包括（   ）。
   A．操作层　　　　B．最高管理层　　　C．执行管理层　　　D．业务与服务执行层

   答案：A

4. IT 治理的核心是关注 IT 定位和信息化建设与数字化转型的责权划分。在 IT 治理体系的构成中，回答"IT 治理怎么做的"这个问题的是（   ）。
   A．IT 定位　　　　B．IT 治理架构　　　C．IT 治理内容　　　D．IT 治理流程

   答案：D

5. 有效的 IT 治理必须关注 5 项关键决策，（   ）是集中协调、共享 IT 服务，可以给组织的 IT 能力基础带来提升。
   A．IT 原则决策　　　　　　　　　　B．IT 架构决策
   C．业务应用需求决策　　　　　　　D．IT 基础设施决策

   答案：D

6. IT 治理域的内容包括（   ）。
   A．信息技术顶层设计、管理体系和资源
   B．基础设施、应用系统和数据
   C．信息系统项目的启动、计划、实施、监控、收尾

D．信息系统的计划、构建、运维与监控

答案：D

7．组织开展 IT 治理活动的主要任务聚焦在（　　）。

　　A．统筹、评估、指导和监督
　　B．全局统筹、价值导向、机制保障、创新发展、文化助推
　　C．评估、指导和监督
　　D．组织职责、战略匹配、资源管理、价值交付、风险管理和绩效管理

答案：B

8．IT 审计的主要目的是促进组织实现 IT 目标，组织的 IT 目标不包括（　　）。

　　A．组织的 IT 战略应与业务战略保持一致
　　B．保证信息系统的采购成本低于市场价格
　　C．合理保证信息系统及其运用的合规性
　　D．提高信息系统的安全性、可靠性及有效性

答案：B

9．对 IT 审计风险分析时，难以通过组织层面 IT 控制、一般控制及应用控制来分析并控制的 IT 审计风险是（　　）。

　　A．固有风险　　　B．控制风险　　　C．检查风险　　　D．总体审计风险

答案：C

10．在审计流程中，开展符合性测试活动主要发生在（　　）。

　　A．准备阶段　　　B．终结阶段　　　C．实施阶段　　　D．后续审计阶段

答案：C

11．审计证据的特性是指审计证据的内在性质和特征，（　　）不属于审计证据的特性。

　　A．充分性和合法性　　　　　　B．客观性和相关性
　　C．可靠性和安全性　　　　　　D．客观性和合法性

答案：C

12．制定 IT 目标属于（　　）的主要职责之一。

　　A．基层　　　B．最高管理层　　　C．执行管理层　　　D．业务与服务执行层

答案：C

13．审计机构对工作底稿通常实行三级复核制度，复核人一般不包括（　　）。

　　A．项目经理　　　B．部门负责人　　　C．技术负责人　　　D．审计机构负责人

答案：C

第 12 章

信息系统服务管理知识点梳理及考点实练

12.0 章节考点分析

第 12 章主要学习服务战略规划、服务设计实现、服务运营提升、服务退役终止、持续改进与监督等内容。

根据考试大纲，本章知识点会涉及单项选择题、案例分析题、论文，按以往考试的出题规律单项选择题约占 4 分。本章内容属于基础知识范畴，考查的知识点既来源于教材，也有少量扩展内容。本章的架构如图 12-1 所示。

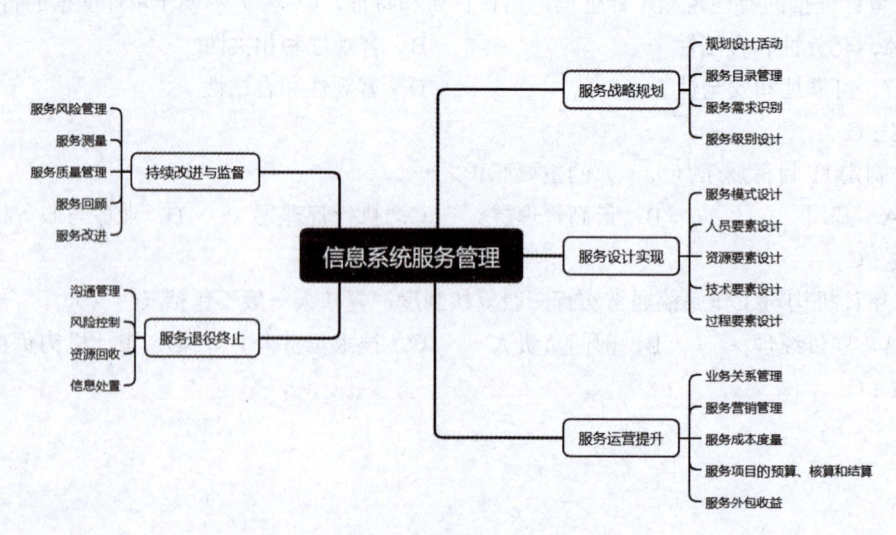

图 12-1 本章的架构

【导读小贴士】

服务管理同样遵循 PDCA（Plan-Do-Check-Act）的管理原则，涉及人员、资源、技术、过程等四大要素。服务战略规划可将客户普遍的服务需求，转换为服务提供方的服务目录和服务级别协议（Service Level Agreement，SLA）。然后针对具体客户的服务需求，开展有效的 PPTR 要素设计。服务产品设计方案评审通过后，就要开展服务运营工作，涉及服务营销和服务交付等活动，这个过程需要控制服务成本，开展服务外包和供应商管理；并通常在服务合同结束后终止服务时，需要开展沟通总结，回收资源并处置信息资料。同时需要持续开展监督和改进工作，以便提升服务产品质量，控制交付成本，提高客户满意度和服务产品竞争能力。服务的全生命周期管理特点鲜明，管理理论较多，属于基础知识的范畴，但信息量较大，需要好好掌握。

12.1 服务战略规划考点梳理

【基础知识点】

1. 规划设计活动

信息系统服务涉及服务提供方和服务需求方，规划设计活动包括服务需求阶段和服务设计阶段。对于服务提供方来说，都会有一个相对稳定的服务目录，客户服务的需要可能大部分在服务目录中，但同时会有一些个性化的需求。供方结合客户的服务报价意向和服务提供方的服务产品定位对服务目录进行管理。在确认需方提出的服务级别需求的基础上，开展服务级别设计，最终形成服务级别协议、运营级别协议和支持合同。

2. 服务目录管理

服务目录定义了服务供方所提供服务的全部种类和目标，以确保客户可以准确地看到服务供方可提供的服务范围、内容及相关细节。供方用来充当整理、分析服务产品和管理客户期望的重要工具，可以类比为饭店的"菜单"。

服务目录要素内容包括服务代码、服务名称、服务描述、服务方式、服务时间、服务级别等。

服务目录管理活动步骤包括：成立服务目录管理小组、列举服务清单、确定服务类别与代码、编制服务详述、评审并发布服务目录、完善服务目录。其中，服务详述需要详细描述服务清单所列举的各项服务，内容包括服务内容、服务目标、服务级别、技术实现方法等。

3. 服务需求识别

服务需求可划分为可用性需求、连续性需求、服务能力需求、信息安全需求、价格需求及服务报告需求。

可用性需求识别：将客户的业务需求转化为信息系统的可用性需求，一是服务不可用对业务的影响，客户可以承受多长的停机时间；二是从业务角度分析，服务不可用或服务质量下降时造成的成本损失。最后得出可用性指标，一般包括平均无故障时间（MTBF）、平均故障修复时间（Mean Time To Repair，MTTR）和平均故障间隔（Mean Time Between System Incident，MTBSI）。

连续性需求识别：通过风险评估来确定可能造成信息系统中断的潜在威胁，并预测这些威胁可能造成的损失程度，并且评估所采取的控制措施是否能够有效防止威胁的发生。

服务能力需求识别：要识别出当前及未来的服务级别需求的能力。服务能力需求分析要对客户的现状、业务需求以及信息系统进行深入了解，保证以合理的成本满足所有对能力的需求。

信息安全需求识别：包括机密性、完整性、可用性等需求及其优先级和重要性。

价格需求识别：先确认服务内容，后估算服务成本。服务成本主要包括设备成本、软件成本、人力成本、第三方支持成本、管理成本和其他成本等。

服务报告需求识别：服务报告需求识别要素包括需要对客户的具体业务需求和局部情况进行分析和考虑；在进行服务报告设计时，要明确服务报告产生的前提条件和服务报告内容的要素。典型服务报告内容包括：已衡量的服务绩效、主要工作的绩效报告、工作的特点和工作量信息、某段时间的趋势信息、未来计划工作的信息。

4. 服务级别设计

服务级别是指服务供方与客户就服务的质量、性能等方面所达成的双方共同认可的级别要求。服务级别设计的结果在确认后通常会形成服务级别协议服务需求，形成文档记录，以便在服务运营期进行监测，把服务交付实际情况和商定的服务级别进行比较，衡量服务质量与价格。

服务级别协议（SLA）是在一定成本控制下，为保障服务的性能和可靠性，服务供方与客户间定义的一种双方认可的协定。SLA 文档内容包括涉及的当事人、协定条款（包含应用程序和支持的服务）、违约的处罚、费用和仲裁机构、政策、修改条款、报告形式和双方的义务等。

运营级别协议（Operation Level Agreement，OLA）是与某个内部信息服务部门就某项信息系统服务所签订的后台协议，OLA 在内部定义了所有参与方的责任，并将这些参与方联合在一起提供某项特别服务。各方就所提供服务的质量和数量等级达成一致。OLA 可以视为为了达成与客户 SLA 总目标而对内部支持团队在整个支持链的每个环节中所要求的具体目标。

支持合同是指服务供需双方签订的有关服务实施的正式合同，是具备法律效力的协议。支持合同主要由 SLA 内容及法律条文中的责任、权利和义务构成。

12.2　服务设计实现考点梳理

【基础知识点】

服务需求确认后，就应设计相应的信息系统服务解决方案，设计需要考虑服务模式的选择和人员（People）、资源（Resources）、技术（Technology）、过程（Process）的 PPTR 四大要素的管理策略。服务方案设计是整个设计实现阶段的核心工作，信息系统服务方案要在供需求双方及第三方的能力范围内才具有可实施性，否则服务无法实现。

1. 服务模式选择

常见的信息系统服务模式一般分为远程服务和现场服务两类。远程服务的方式包括远程集中监控和远程技术支持；现场服务的方式包括上门技术支持和驻场技术支持。服务提供商根据客户需求和服务内容来提供不同模式的服务。

2. 人员要素设计

服务供方要根据客户的需求或潜在需求适当地配置服务人员，人员要素设计包括对人员岗位和职责、人员绩效、人员培训三方面的设计。

人员岗位和职责设计：服务团队应包括管理岗、技术支持岗、操作岗等主要岗位。管理岗包括服务总监、服务项目经理、质量经理等，在职责上一是对需方信息系统服务需求的管理；二是对信息系统服务过程和结果的管理；技术支持岗包括主机工程师、网络工程师、数据库工程师等，技术支持人员的能力要求重点在于专业技术能力和对服务需求的响应支持能力；操作岗则按照信息系统服务规范和操作手册，执行服务交付的各个过程。

人员绩效设计：人员绩效方案设计主要包括确定不同服务岗位绩效指标、明确考核信息来源、制定绩效指标计算方法、定义绩效考核周期、设计绩效考核策略等活动。

人员培训设计：人员培训方案设计主要包括培训需求分析、培训内容设计、培训实施过程设计、培训效果评价方法设计等活动。

培训需求分析：调查了解不同层面的员工培训课程、培训时间、培训的优先级、培训方式。

培训内容设计：具体包括管理培训、技术培训、工具培训、过程培训、交付和应急培训等。

培训实施过程设计：具体包括制订培训计划、确定培训形式、规范培训纪律。

培训效果评价方法设计：培训的评价形式一般包括调查问卷、考试、课堂表现和实际操作；评价的内容主要包括课程内容、课程安排、讲师、个人收益等。

3. 资源要素设计

资源要素设计主要包括对服务工具、服务台、备件库、知识库的设计。（速记词：工台备知）

服务工具设计：常见的信息系统服务工具包括监控类工具、过程管理类工具和其他工具。其中过程管理类工具的功能包括服务级别管理、服务报告管理、事件（故障）管理、问题管理、配置管理、变更管理和发布管理等。其他工具包括应用程序进程管理工具、补丁管理工具、软件分发工具、远程桌面管理工具、网络访问管理工具、接入安全管理工具、桌面设置管理工具、外设管理工具、预警管理工具、知识管理工具和安全管理工具等。

服务台设计：服务台为用户和服务供方提供统一的联系点。设置专门的沟通渠道作为与需方的联络点，沟通渠道可以是热线电话、传真、网站、电子邮箱等；设定专人负责服务请求的处理。并建立管理制度涉及服务请求的接收、记录、跟踪和反馈等机制，以及日常工作的监督和考核。

备件及备件库设计：备件库可自建或由外部备件支持方来保证，设计时，应注意备件响应方式和级别定义、备件供应商管理、备件出入库管理、备件可用性管理。

知识库设计：系统规划与管理师在对知识库进行设计时应注意①确保整个组织内的知识是可用的、可共享的；②选择一种合适的知识管理策略；③知识库具备知识的添加、更新和查询功能；

④知识管理制度，并进行知识生命周期管理。

4. 技术要素设计

技术要素设计时，应从技术研发、发现问题的技术、解决问题的技术三个方面来进行考量。

技术研发：应对成本进行估算，组织编制技术研发预算。

发现问题的技术：一是制定监控指标及阈值表；二是制订仿真测试环境建设计划。

解决问题的技术：一是制定技术活动标准操作流程；二是制定应急预案；三是完成知识转移，涉及历史资料、基础架构资料、应用系统资料、业务资料等转移。

5. 过程要素设计

常见的服务管理过程包括服务级别、服务报告、事件、问题、配置、变更、发布、信息安全等管理过程。

服务级别管理过程设计：主要活动包括建立服务目录，签订服务级别协议；建立SLA考核评估机制；制定改进及跟踪验证机制。关键指标包括服务目录定义的完整性、签订服务级别协议文件的规范性、SLA考核评估机制的有效性和完整性。

服务报告管理过程设计：主要活动包括确定与服务报告过程一致的活动（建立、审批、分发、归档）；制订服务报告计划（提交方式、时间、需方接收对象）；建立服务报告模板等。关键指标包括服务报告过程的完整性，服务报告的及时性、准确性等。

事件管理过程设计：主要活动包括确定与事件管理过程一致的活动（事件受理、分类分级、初步支持、调查诊断与解决、进度监控与跟踪、关闭）；建立事件分类分级机制；建立事件升级机制；建立事件满意度调查机制；建立事件解决评估机制（事件及时解决率、事件平均解决时间）等。关键指标包括事件管理过程的完整性、有效性，事件解决评估机制的有效性等。

问题管理过程设计：主要活动包括确定与问题管理过程一致的活动（问题建立、分类、调查和诊断、解决、错误评估、关闭）；建立问题分类管理机制（问题的影响范围、重要程度、紧急程度并确定优先级）；建立问题导入知识库机制；建立问题解决评估机制。关键指标包括问题管理过程的完整性、问题解决评估机制的有效性等。

配置管理过程设计：主要活动包括确定与配置管理过程一致的活动（识别、记录、更新和审计）；建立配置数据库管理机制；建立配置项审计机制。关键指标包括配置管理过程的完整性，配置数据的准确、完整、有效、可用、可追溯，配置项审计机制的有效性等。

变更管理过程设计：主要活动包括确定与变更管理过程一致的活动（请求、评估、审核、实施、确认和回顾）；建立变更类型和范围的管理机制；建立变更过程和结果的评估机制。关键指标包括变更管理过程的完整性、变更记录的完整性等。

发布管理过程设计：主要活动包括确定与发布管理过程一致的活动（规划、设计、建设、配置、测试)；建立发布类型和范围的管理机制;制定完整的方案（发布计划、回退方案、发布记录）；建立发布过程和结果的评估机制。关键指标包括发布管理过程的完整性以及过程记录的完整性、准确性等。

信息安全管理过程设计：主要活动包括确定与信息安全管理过程一致的活动（识别、评估、处置和改进）；建立与信息系统服务要求一致的信息安全策略、方针和措施、关键指标信息的保密性、可用性和完整性等。

12.3 服务运营提升考点梳理

【基础知识点】

服务运营提升涉及业务关系管理，服务营销管理，服务成本度量，服务项目预算、核算和结算管理，服务外包收益等方面。

1. 业务关系管理

业务关系管理包括客户关系管理、供应商关系管理和第三方关系管理。

客户关系管理：客户是组织的核心资产。客户关系管理的目标主要是服务并管理好客户需求，培养客户对服务更积极的评价和应用与客户建立长期和有效的业务关系，实现共赢发展。

客户关系活动包括定期沟通、日常沟通、高层拜访、投诉管理、表扬管理、满意度调查、增值服务。其中，增值服务通常是指超出协议约定内容之外的服务，其选择需要把握以下四个原则：①不能影响现有协议约定的服务内容；②增值服务贴合客户需要；③增值服务投入在可接受的范围内；④本身有能力对增值服务内容进行引申。客户关系管理的风险在于不了解客户真正的服务需求和不同的客户干系人的需求多样性。

供应商关系管理：供应商关系管理的目标主要包括与供应商建立互信、有效的协作关系；整合资源，共同开拓保持客户；与供应商建立长期、紧密的业务关系；实现与供应商的合作共赢。供应商关系管理的活动包括供应商的选择/推荐、供应商审核及管理、供应商间的协调、争议处理、支持合同管理。其中，供应商的选择的考察因素包括并不限于供应商注册资本，人员规模、学历及专业构成，供应商已有客户规模，供应商信息系统服务、信息安全相关资质，供应商的服务流程规范性、支持服务体系，供应商工程师技术能力水平、相关业界认证资质，供应商服务范围的可扩展性，供应商的人员能力体系及发展通道、供应商服务的可扩展性等。供应商的审核因素考虑：①响应能力；②问题解决能力；③问题解决效率；④人员稳定性；⑤客户反馈；⑥合作氛围六个方面等。供应商关系管理的风险包括利益冲突和责任分配问题、配合问题、组织和业务变更、多级分包、供应商不配合等。

第三方关系管理：第三方指政府、资质认证单位、服务监理公司等单位。第三方关系管理活动主要包括定期沟通、日常沟通、信息收集分享、第三方关系协调、配合支持第三方工作。第三方关系管理的风险包括沟通不畅、利益冲突和责任分配问题、第三方工作未得到客户的支持等。

2. 服务营销管理

服务营销过程分为启动准备、调研交流、能力展示、服务达成四个阶段共八项活动。其中，启动准备阶段包括营销准备、营销计划两项活动；调研交流阶段包括做好需求调研、写好解决方案两项活动；能力展示阶段包括做好产品展示、保持持续沟通两项活动；服务达成阶段包括达成服务协议和做好持续服务两项活动。

营销准备活动包括做好成为专业销售人员的基础准备、客户行业和区域的知识准备、目标客户的营销准备、现有客户信息系统服务的总结及熟悉自身的信息系统服务产品。营销计划活动包括营销计划的制订、执行、跟踪、修正。

做好需求调研活动包括高层领导访谈、信息化建设现状梳理、信息化建设需求收集、挖掘客户潜在需求。写好解决方案是服务营销的核心工作，主要活动包括熟悉解决方案的格式和规范、细化解决方案的内容、评审解决方案、沟通论证、确定解决方案。

做好产品展示的活动包括服务产品展示的准备、服务产品的说明、服务产品展示、服务产品展示的互动、提供现场考察和技术交流。保持持续沟通活动包括制订持续沟通计划、保持持续沟通、沟通信息整理、沟通信息汇报。

达成服务协议的活动包括准备服务级别协议、服务级别协议的协商、服务级别协议的达成、签订服务级别协议。做好持续服务活动包括提高客户满意度、维持好业务关系、做好需求的挖掘、促使客户新需求落地实施、提供部分增值服务、适当的营销管理方法。

3. 服务成本度量

信息系统服务成本包括直接人力成本、直接非人力成本、间接人力成本和间接非人力成本。

直接人力成本：直接人力成本主要包括信息系统服务项目中的人员劳动报酬、人员社保规费、人员福利等。

直接非人力成本：一般包括办公费、差旅费、培训费、业务费、采购费、租赁费等。这些费用必须是为特定信息系统项目所支出的非人力费用。

间接人力成本：指非项目组人员的人力资源费用分摊。非项目组人员包括服务实施部门管理人员、项目管理办公室（Project Management Office，PMO）人员、组织级配置管理或质量保证人员。

间接非人力成本：包括办公费、差旅费、培训费、业务费、采购费、租赁费等指与达成项目目标相关，但不直接服务于特定项目的非人力费用。

举例来说，同样是会议室租用的办公费用，如果是项目组在项目现场租用的，则纳入直接非人力成本；如果是项目组成员在公司日常办公场地的公用会议室，其租费则属于间接非人力成本。二者的区别在于，间接费用的产生不会因某个特定的服务项目结束或终止而不再发生。办公现场的通用设备或软件（如办公软件）的采购或租赁费用则也属于间接非人力成本中的采购费或租赁费；但直接为某个项目而采购的专用设备或软件，其费用则计入直接非人力成本的采购费。项目组成员在项目上出差所产生的交通费、住宿费、差旅补贴等计入直接非人力成本的差旅费。

服务成本度量方法通常采用经验法来确定，先将服务工作进行任务分解后，对每一项任务进行工作量估算，将所有任务的工作量加和后，即得到该项目的总体工作量；再根据相应的人力成本费率，确定该项目的总体成本。度量时应结合服务对象规模、单位工作量、调整因子等因素。对于应用软件的规模度量通常采用功能点方法；常见调整因子类型包括服务要求、服务能力、服务对象和业务特征。

4. 服务项目的预算、核算和结算

项目预算的制定分为识别项目预算收入项与开支项、划分信息系统服务项目执行阶段、形

成预算表三个步骤。建立预算可以对项目的收支情况、盈利情况有具体的预测，对开支建立进度计划。

项目的核算是以预算为依据，持续地记录真实的收入和开支情况，并加以分析和计算，最终得出核算结果。核算过程包括编制核算记录表、组织资源使用情况核算、核算分析与总结。

项目的结算是在项目结束后的总体核算，结算方法与核算非常类似，但目的有所不同。

衡量项目收益的指标包括项目投入产出比、项目投资回报率、项目净产出、人均产出等。

5. 服务外包收益

服务外包收益包括成本效益、效率提升、降低风险、专注于主营业务、管理简单、提升满意度六个部分。

12.4 服务退役终止考点梳理

【基础知识点】

服务项目退役终止阶段，需要开展沟通并召开评审会议、制订服务退役计划、评估服务终止风险、释放并回收资源、整理项目数据和资料等工作。

1. 沟通管理

退役终止阶段，服务供需双方的沟通主要以会议形式为主，包括服务终止计划编制会议、服务终止计划评审会议、移交会议、经验交流会等。

服务终止计划的内容包括：终止条件；终止的目标与成功要素；流程的控制；相关方的角色与职责；约束、风险与问题；里程碑和交付物；活动分解和每个活动的描述；终止的完成标准；服务终止的时间；服务接口安排；安排信息安全审查；对未决的事件的共识与协议。

服务终止计划评审过程应由参会人员共同评审服务终止计划，明确服务终止过程中的各方责任；确定所涉及的所有任务的分配；明确需要通知或联系的第三方；确定后续移交会议可能涉及的部门、人员及议程；服务终止计划需获得供需双方高层的批准，并取得各利益相关方的接受。

移交会议应协商所有数据、文件和系统组件的所有权，按照协商结果或合同约定向客户方移交相关成果。参会人员必须包括需方的高层领导，以及即将承担服务工作的继任项目团队成员及其负责人。移交的内容主要包括文件信息移交、知识移交、技能移交、基线移交和模拟环境移交。其中，移交的文件信息包括服务使用手册、服务指南、服务维护技术相关文档等；知识包括服务相关维护知识、服务的问题解决方案等；技能包括服务提供技能、服务维护技能、服务改善技能、服务问题发现技能等；基线包括服务运营环境的服务组件的状态及相关属性和设置；模拟环境包括服务模拟环境的服务组件及相关环境组成要素。移交由需方高层确认并签审才完成外部工作，服务项目团队内部移交并未结束。

经验交流会是大型会议，一般包括所有的项目利益相关方或其代表，表明项目的正式结束，服务项目经验总结报告是对服务项目成功或失败的总结性文件，其内容是一项重要知识。

2. 风险控制

在服务退役终止过程中，所面临的风险一般有数据风险、业务连续性风险、法律法规风险和信息安全风险。

数据风险：先对数据进行分类（终端数据、网络数据、应用数据、存储数据等），然后再对每类数据在服务退役终止阶段可能面临的风险等级进行判别，对等级较高的数据风险可采取相应的风险控制措施。数据风险主要有五类，即数据泄露、数据篡改、数据滥用、违规传输、非法访问。

业务连续性风险：包括服务人员变动风险、服务信息同步风险。尤其涉及关键岗位人员离职。

法律法规风险：供方在服务过程中所涉及的合同、协议、知识产权、商业秘密等多方面存在着法律风险。

信息安全风险：客户信息系统中存储了大量的隐私数据、商业数据等，服务供方人员也会接触到一些客户内部的文件材料，可能导致银行数据和信息的对外泄密。在服务退役终止阶段应协助客户加强信息安全监管，签署保密协议。

3. 资源回收

资源回收包括文件归档，财务、人力、基础设施等资源的回收与确认工作。

文件归档的范围一般应包括服务日志、项目计划（项目章程、项目范围说明书及风险管理计划等）、项目来往函件、项目会议记录、项目进展报告、合同文档、技术文件以及其他信息。为此，服务供方应该建立保存和维护这些项目数据的计算机信息系统，如"案例库"。

财务资源回收：项目账目收尾是项目团队成员的内部流程，必须在某时间点上结束项目账目，应及时撤销对应的账目编码，需要向财务部门申请停用。

人力资源回收：根据服务终止计划及时把服务团队成员送回到服务项目管理部门。

基础设施资源回收：告知负责控制设备或工具的人员做好回收准备，以确保这些设备或工具处于可以被其他服务项目获得的状态。

4. 信息处置

信息处置需要根据所有权的不同，对信息资产转移或清除，在必要情况下，还需清除或销毁存储介质，以确保供需双方信息资产的安全。

信息转移和清除：确定要转移或清除的信息资产，列出要转移或清除的信息资产清单；制定信息资产的处理方式和处理流程，尤其是敏感或涉密信息；按照信息资产处理方式和流程对信息资产进行转移和清除，监控实施过程中出现的意外情况，并记录信息转移和清除的过程。

存储介质清除或销毁：通过采用合理的方式对存储介质（包括磁带、磁盘、打印结果和文档等）进行信息清除或销毁，防止介质内不具备所有权的敏感信息泄露。过程如下：确定要清除或销毁的介质，列出要清除或销毁的存储介质清单；根据存储介质承载信息的敏感程度制定对存储介质的处理方案，包括数据清除和存储介质销毁等；严格按照存储介质处理方案对存储介质进行清除或销毁，监督介质处理过程中的风险，记录清除或销毁的过程，检查是否有残余信息等。

12.5　持续改进与监督考点梳理

【基础知识点】

持续改进与监督阶段的主要活动包括服务风险管理、服务测量、服务质量管理、服务回顾、服务改进五项活动。

1. 服务风险管理

风险是在实现服务目标过程中所带来的不确定性和可能发生的危险。这些风险通常包括五个方面，即人员、技术、资源、过程和其他。风险管理包括策划、组织、领导、协调和控制等活动，通过风险识别、风险分析和风险评估，提供一个有效的应对计划，并合理地使用回避、减少、分散或转移等方法，对风险实行有效的控制，妥善地处理风险造成的不利后果，并且付出的成本代价合理。

2. 服务测量

服务测量用于获得与服务交付过程相关的各种数据，进而获得服务改进活动所需的各种原始资料。服务测量的目标是监视、测量并评审服务及服务管理目标的完成情况，分析与服务计划的差距，并为服务改进提供依据。

服务测量的活动：先明确测量的目标和方向是否与服务供方的运营目标及业务需求相匹配。再从人员、资源、技术及过程几个要素分别描述具体测量活动。

服务人员测量：测量活动包括识别备份工程师对项目的满足度和可用性、测量人员招聘需求匹配率、收集培训的应用情况、人员能力测量、服务工作量测量、岗位职责更新情况、人员绩效考核分配机制测量、实时监控团队工作状态。

服务资源测量：跟踪服务资源现状和变化趋势，针对信息系统服务运维工具、服务台、知识库和备件库进行相关测量。以项目为单位，根据不同服务项目的进程需求，由系统规划与管理师周期性统计该项目的资源健康状态和使用情况。①服务运维工具：针对服务过程中使用的监控工具、过程管理工具和专用工具进行测量，测量活动包括：测量工具的功能与服务管理过程是否有效匹配；相关工具的使用手册是否有效；监视工具的健康状态。②服务台：测量接听率、派单准确率、录单率、平均通话时间等指标。③备件库：测量活动包括盘点备件资产、统计备件损坏率、统计备件命中率、统计备件复用率。④知识库：测量活动包括收集知识的积累数量、统计知识的利用率、统计知识的更新率、统计知识的完整性、计算各类知识的比重、统计知识新增数量与事件、问题发生数量的对比关系。

服务技术测量包括识别研发规划、识别研发成果、技术手册及 SOP 统计、应急预案实施统计、监控点和阈值统计。

服务过程测量活动覆盖服务管控和服务执行两个层次。前者主要从业务和用户的视角来测量服务过程，关注服务交付结果；后者主要从技术视角来测量服务过程，关注具体的服务过程和细节。服务管控的测量指服务级别分析，服务执行的测量是事件统计分析、问题统计分析、变更与发布统计分析和配置统计分析。①服务级别分析内容包括：服务 SLA 达成率分析、重大事件分析、人员绩效分析等。②事件统计分析内容包括：重大事件回顾、事件统计和分析、汇总和发布等。③问题统计分析内容包括：周期内问题数量、已解决问题数量、遗留问题数量、知识库更新信息等。④变更与发布统计分析：变更经理负责监控每个变更、发布的执行过程的合规性及变更执行的有效性，并跟踪管理直至相关活动结束。周期性地对服务的变更发布活动做数据汇总和统计分析，作为总结报告的组成部分；出具变更、发布分析报告。⑤配置统计分析：记录配置管理活动的细节，使得相关人员可以了解各配置项的内容和状态，确保配置项和基线的所有版本可以恢复；按照配置管理计划，定期或按事件驱动进行检查。

3. 服务质量管理

服务质量是指服务能够满足规定和潜在需求的特征和特性的总和，是信息技术服务能够满足服务需方需求的程度。服务质量管理活动包括服务质量的策划、检查、改进等。常见的服务质量活动的形式包括项目质量保证、用户满意度管理、客户投诉管理、日常检查、质量文化和质量教育、体系内审及管审等六项。

GB/T 33850—2017《信息技术服务　质量评价指标体系》的信息技术服务质量模型有五类特性，即安全性、可靠性、响应性、有形性、友好性。信息技术服务质量评价分为确定需求、指标选型、实施评价以及评价结果分级四个步骤。

服务质量策划由服务质量负责人主导，策划的内容包括确定服务质量的目标、确定服务质量管理相关的职责和权限、确定时间安排、确定质量策划文件。

服务质量检查活动包括满意度调查、项目质量保证工作、内审、管理评审、日常检查、质量文化培训等。检查活动形式包括定期召开质量会议、定期质量报告、不定期的邮件质量问题沟通。

服务质量改进：对质量问题应确定质量改进方向和改进目标，安排具体质量人员落实改进任务，最终的结果需要服务质量负责人和业务负责人决定并掌控。

4. 服务回顾

服务回顾的主要活动分为与客户回顾内容和团队内部回顾内容。服务回顾机制一般设为四级，按照年、季、月、不定期的频率对年度合作情况、季度运营情况、月度例行、重大事件和特殊事件进行回顾。

与客户回顾内容侧重于服务合同执行、服务目标达成、服务绩效与成果、满意度调查、服务范围与工作量、客户业务需求及变化、服务中存在的问题及行动计划、上一次会议中制订的行动计划的进展汇报。

团队内部回顾内容主要包括：上周期工作计划、本期遇到的特殊或疑难工单、本期内未解决的工单、各小组工作简报、本期的问题回顾、本周期内的工程师 KPI 总结、下周期工作计划安排。

5. 服务改进

服务改进主要活动包括服务改进设计、服务改进实施、服务改进验证，同样涉及 PPTR 服务管理人员、技术、资源、过程等方面。

服务改进设计活动包括定义服务改进目标、识别服务改进输入、制订服务改进计划、确认服务改进职责。服务改进计划内容主要包括文档介绍、基本信息、服务改进描述、服务改进方案、角色和职责、服务改进回顾。

服务改进实施涉及服务的四要素，人员的改进包括改善人员管理体制、提高 IT 人员素质、调整人员储备比例、调整人员和岗位结构；资源的改进包括保障各类资源对业务的支撑作用、持续完善 IT 工具、持续优化服务台管理制度、知识库管理制度和备件库管理制度改进优化；技术的改进包括技术研发计划重新规划及改进、技术成果优化改进、完善技术文档、改进应急预案、更新监控指标及阈值；过程的改进包括完善现有过程、建立新的服务管理过程、调整过程考核指标、提升对外服务形象、提供新的服务、为业务部门提供管理报表。

服务改进验证包括服务改进项目的检查、提交服务改进报告。具体验证过程包括按服务改进计划中所列项目对项目指标完成情况进行检查，检查结果记录在服务改进控制表中；对于未达标的项目，组织相关部门进行原因分析，制定改进措施，最后形成书面统计分析及改进报告，报主管领导及监督部门，由服务质量监督部门实施过程考核。

12.6　考点实练

1. 服务设计的成果不包括（　　）。
   A．服务级别协议　　B．运营级别协议　　C．服务目录　　　　D．支撑合同

   答案：C

2. 关于客户对服务需求的识别内容，下列说法正确的是（　　）。
   A．服务需求包括可用性、连续性、服务能力、信息安全、价格及服务报告等需求
   B．服务需求包括功能需求和非功能需求
   C．服务需求包括业务需求、应用需求、数据需求
   D．服务需求包括可靠性、连续性、性能、信息安全、价格及服务报告等需求

   答案：A

3. 一个完整的服务团队岗位应包括（　　）。
   A．管理岗、技术支持岗、操作岗　　　B．决策岗、管理岗、操作岗
   C．决策岗、管理岗、技术岗　　　　　D．决策岗、管理岗、执行岗

   答案：A

4. 服务设计时，要考虑的资源要素包括（　　）。
   A．服务工具、备件库　　　　　　　　B．服务工具、服务台、备件库
   C．服务工具、服务台、产品库　　　　D．服务工具、服务台、备件库、知识库

   答案：D

5. 服务运营中，业务关系管理中的业务关系指（　　）。
   A．客户关系　　　　　　　　　　　　B．供应商关系
   C．客户关系和供应端关系　　　　　　D．客户关系、供应商关系和第三方关系

答案：D

6. 服务营销活动中的核心过程指（　　）。
   A. 营销计划的制订　　　　　　　B. 服务产品展示的互动
   C. 编制好的解决方案　　　　　　D. 服务级别协议的达成
   答案：C

7. 某人参加服务成本度量的理论学习后，得出以下看法，其中正确的是（　　）。
   A. 服务团队成员报销的差旅费，是直接非人力成本
   B. 服务团队成员的春节福利费，是直接人力成本
   C. 服务团队成员报销的设备采购费，是间接非人力成本
   D. 服务团队成员报销的场地租赁费，可能是直接成本，也可能是间接成本
   答案：D

8. 服务质量子特性中的合规性，属于（　　）。
   A. 安全性　　　B. 有形性　　　C. 可靠性　　　D. 友好性
   答案：B

9. 服务回顾机制一般分为4级，针对重大的客户投诉开展的回顾属于（　　）回顾。
   A. 一级　　　B. 三级　　　C. 二级　　　D. 四级
   答案：A

10. 在服务过程测量中，（　　）不属于服务执行测量内容。
    A. 事件统计分析　　B. 服务级别分析　　C. 变更统计分析　　D. 配置统计分析
    答案：B

11. 在服务设计时要考虑服务工具的设计，补丁管理工具属于服务工具中的（　　）。
    A. 监控类工具　　　　　　　　B. 过程管理类工具
    C. 其他工具　　　　　　　　　D. 支撑平台工具
    答案：C

12. 在某信息系统平台运维服务期结束前，服务团队把大数据平台的服务组件的状态及相关属性和设置等文档移交给了平台的管理单位某市大数据局，这项移交内容属于（　　）。
    A. 技能移交　　B. 文件信息移交　　C. 知识移交　　D. 基线移交
    答案：D

13. 在供应商关系管理时，需要定期对供应商进行审核，审核内容通常不包括（　　）。
    A. 类似业绩　　　　　　　　　B. 客户反馈
    C. 人员稳定性　　　　　　　　D. 解决问题的能力和效率
    答案：A

156

第 13 章 人员管理知识点梳理及考点实练

13.0 章节考点分析

第 13 章主要讲述人力资源管理基础内容、战略与计划、人员招聘与录用、人员培训、组织绩效与薪酬管理以及人员职业规划与管理等方面的内容,强调人力资源在组织发展中的关键作用和管理策略。

根据考试大纲,本章知识点会涉及单项选择题、案例分析题、论文,按以往考试的出题规律单项选择题约占 4~6 分。本章内容属于核心知识范畴,考查的知识点既来源于教材,也有少量实践内容。本章的架构如图 13-1 所示。

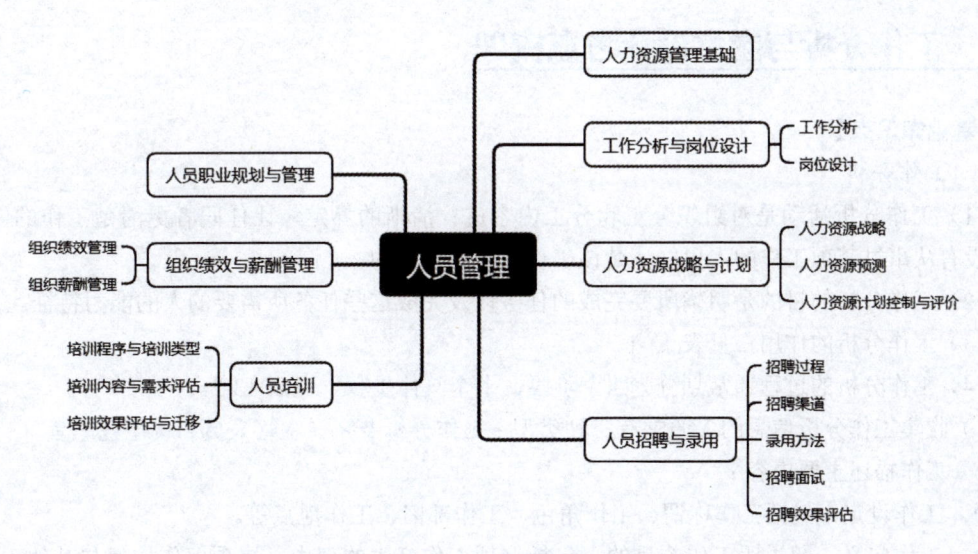

图 13-1 本章的架构

【导读小贴士】

本章将深入探讨人员管理的多维度内容，包括基础理论、战略规划、招聘与培训、绩效评估以及薪酬体系等关键领域。本章内容虽然属于核心知识范畴，但其覆盖的信息丰富，对理解组织如何有效利用人力资源以推动发展具有重要意义。掌握这些基础概念对于案例分析、论文写作来说都是至关重要的。

13.1 人力资源管理基础考点梳理

【基础知识点】

人力资源管理目标如下：

（1）建立员工招聘和选择体系，以获得最符合组织需要的员工。

（2）充分挖掘每个员工的潜能，使其既服务于组织的发展目标，也满足员工的事业发展需求。

（3）留住那些通过自己的工作绩效助力组织实现目标的员工，同时淘汰那些无法满足组织发展需要的员工。

（4）确保组织遵守政府关于人力资源方面的法律法规、政策和标准等。

人力资源管理的广义目标：充分利用组织中的人员使组织的各项工作效率水平达到最高。

人力资源管理的狭义目标：帮助各团队负责人更加有效地管理团队成员。

人力资源管理包括：规划、招聘、维护、提升、评价。

13.2 工作分析与岗位设计考点梳理

【基础知识点】

1. 工作分析

（1）工作分析活动是对组织分工和分工内容进行清晰的界定，让任职者更清楚工作的内容，甚至没有从事过某项工作的人也能清楚该工作是怎样完成的。

（2）工作分析的目的是明确所要完成的任务以及完成这些任务所需要的人的能力特征。

（3）工作分析的作用，见表13-1。

（4）工作分析的过程通常划分为四个阶段、十个具体步骤，见表13-2。

1) 收集工作分析信息的人通常有三种类型：工作分析专家、主管人员和典型任职者。

2) 工作描述主要内容：

- 工作设定，包括工作称谓、工作角色、工作部门、工作地点等。
- 工作定义，即说明工作的目的，包括这项工作产生的理由，这项工作如何与其他工作以及整个组织的目标相互联系，这项工作的绩效标准等。
- 工作说明，指明工作的主要职责、工作任务、受监督程度、工作者行为的界限和工作条件等。

表 13-1 工作分析的作用

招聘和选择员工	发展和评价员工	薪酬政策	组织与岗位设计
人力资源计划 识别人才招聘 选择安置 公平就业 工作概览	工作培训和技能发展角色定位 员工发展计划	确定工作的薪酬 标准确保同工同酬 确保工作薪酬差距公正合理	高效率和优化激励 明确权责关系 明确工作群之间的内在联系

表 13-2 工作分析的过程

阶段	步骤	内容
第一阶段 明确工作分析范围	一	确立工作分析的目的
	二	确定工作分析的对象
第二阶段 确定工作分析方法	三	确定所需信息的类型
	四	识别工作信息的来源
	五	明确工作分析的具体步骤
第三阶段 工作信息收集和分析	六	收集工作信息
	七	分析所收集的信息
	八	向组织报告结果
	九	定期检查工作分析情况
第四阶段 评价工作分析方法	十	以收益、成本、合规性和合法性等为标准评价工作分析的结果

3) 在建立工作规范时，需要综合考虑以下三个方面：
- 某些工作可能面临法律法规或标准上的资格要求。
- 职业传统。
- 胜任某一工作应该达到的标准和具备的特征。

（5）将工作分析的方法划分为定性和定量两类。

1) 定性的工作分析方法主要有工作实践法、直接观察法、面谈法、问卷法和典型事例法，见表 13-3。

2) 定量的工作分析方法主要有职位分析问卷法、管理岗位描述问卷法和功能性工作分析法等。
- 职位分析问卷法，是由麦考密克于 1972 年提出的一种适用性很强的工作分析方法。职位分析问卷法所需要的时间成本很高，非常烦琐。

- 管理岗位描述问卷法，是由托诺和平托在 1976 年提出的。
- 功能性工作分析法，所依据的假设是每一项工作的功能都反映在它与数据、人和事三项要素的关系上，故可由此对各项工作进行评估。

表 13-3　定性的工作分析方法优缺点对照表

	优点	缺点
工作实践法	准确了解任务和对技能、环境、社会等方面的要求，适用于短期内可以掌握的工作	不适用于需要进行大量训练和危险的工作
直接观察法	全面和比较深入地了解工作的要求，适用于工作内容主要是由身体活动来完成的工作	不适用于对脑力劳动要求比较高的工作和处理紧急情况的间歇性工作
面谈法	能够简单而迅速地收集工作分析信息，适用面广	工作分析经常是调整薪酬的前序，因此员工容易把工作分析看作变相的绩效考核，从而夸大其承担的责任和工作的难度，这就容易引起工作分析信息的失真和扭曲
问卷法	①能够迅速得到工作分析所需的信息，节省时间和人力，比其他方法费用低，速度快；②不会影响工作时间；③可以使样本量很大，适用于对很多工作者进行调查的情况；④资料可以数量化，由计算机进行数据处理	①设计调查表要花费时间、人力和物力，费用比较高，在使用之前还应该进行测试，为了避免误解，经常解释和说明；②单独进行调查表填写，缺少交流，被调研者可能不积极配合和认真填写，从而影响调查的质量
典型事例法	直接描述工作者在工作中的具体活动，可以揭示工作的动态性质	收集归纳典型事例并进行分类需要耗费大量时间

2. 岗位设计

目的：是明确某类或某组工作的内容和方法，明确能够满足技术上和组织上所要求的工作与员工的社会和个人方面所要求的工作之间的关系。

内容：工作内容设计、工作职责设计和工作关系设计三个方面。

工作内容设计的重点：工作的广度、工作的深度、工作的完整性、工作的自主性以及工作的反馈性五个方面。

岗位设计方法：科学管理方法、人际关系方法、工作特征模型、高绩效工作体系等。

（1）科学管理方法，泰勒的科学管理原理是岗位设计的最早方法之一，其理论基础是亚当·斯密提出的职能专业化。

（2）人际关系方法，是在按照传统科学管理方法设计出的枯燥的工作内容中增加管理的成分，提高工作对员工的吸引力。

（3）工作特征模型，认为我们可以把一个工作按照它与这些核心维度的相似性或者差异性加以描述。

（4）高绩效工作体系，这种工作设计方法特别适合于扁平化和网络化的组织结构。

13.3　人力资源战略与计划考点梳理

【基础知识点】

1. 人力资源战略

（1）战略性人力资源管理。战略性人力资源管理被分成两个部分：一是人力资源战略；二是人力资源管理系统。

人力资源战略是指人力资源在组织目标实现的过程中产生何种作用，即根据组织自身情况选择人力资源实践模式。

人力资源管理系统是指人力资源管理的实践。

（2）人力资源战略模式。

1）戴尔和霍德的人力资源战略模式分类。根据戴尔和霍德的分类方法，可将组织的人力资源战略分为三种类型：诱因战略、投资战略和参与战略。

- 诱因战略。

特点：①强调对劳工成本的控制；②明确员工的工作职责；③富有竞争力的薪酬水平；④薪酬与绩效密切联系；⑤员工关系比较简单。

- 投资战略。

特点：①强调人力资源的投资，重视人员的培训和开发；②在招聘中强调人才的储备；③员工被赋予广泛的工作职责；④注重良好的劳资关系和宽松的工作环境。

- 参与战略。

特点：①鼓励员工参与到组织的管理和决策中；②管理人员是指导教练；③注重员工的自我管理和团队建设。

2）巴伦和克雷普斯的人力资源战略模式分类。巴伦和克雷普斯将组织的人力资源战略分为三种类型：内部劳动力市场战略、高承诺战略和混合战略。

- 内部劳动力市场战略。

特点：①组织内部层级分明，采用行政等级式的制度，为员工提供较多的晋升机会；②强调内部招聘渠道；③提供工作保障和发展机会，鼓励员工忠诚于组织，以维护组织独特的知识资本。

- 高承诺战略。

特点：①更加认同扁平化的组织结构和团队合作，通过保证一定的员工流动率，获取组织所需要的知识和能力；②体现工作成果差别的薪酬制度。

- 混合战略。

混合战略是介于内部劳动力市场战略和高承诺战略之间的一种战略模式。

2. 人力资源预测

内部供给预测与组织中各类人员的劳动力年龄分布、离职、退休和新员工情况等组织内部条件有关。

外部供给预测主要考量人力市场上相关人力的供给量与供给特点。

（1）人力资源需求预测。

1）人力资源需求预测的解释变量：①组织的业务量；②预期的流动率；③提高业务质量，或者进入新行业的决策对人力需求的影响；④技术水平或管理方式的变化对人力需求的影响；⑤组织所拥有的财务资源对人力需求的约束。

2）人力资源需求预测一般有集体预测、回归分析和转换比率等方法。

- 集体预测方法：通过综合专家们各自的意见来预测某一领域的发展状况，适合对人力需求的长期趋势进行预测。
- 回归分析方法：最简单的回归分析方法是趋势分析，只根据整个组织中各个部门在过去员工数量的变动趋势对未来的人力需求做出预测。
- 转换比率分析法：首先估计组织需要的具有关键技能的员工的数量，然后再根据这一数量估计辅助人员的数量。

（2）人力资源供给预测。

人力资源需求预测与人力资源供给预测的重要差别在于：需求预测是研究组织内部对人力资源的需求，而供给预测则是研究组织内部的供给和组织外部的供给两个方面。

常用的人力资源供给预测的方法有人才盘点与技能清单、管理人员置换图、人力接续计划、转移矩阵法、人力资源信息系统和外部人力资源供给等。

1）人才盘点与技能清单。人才盘点也称为全面人才评价。人才盘点的主要流程：①组织与岗位盘点；②开展人才盘点；③拟定人才盘点之后的行动计划。

2）管理人员置换图。据此决定哪些人员可以补充组织的重要职位空缺。

3）人力接续计划。确定显然可以达到这一工作要求的候选员工，或者确定哪位员工有能力经过培训，可以胜任这个岗位。

4）转移矩阵法。转移矩阵法也称为马尔可夫方法，假设给定时期内从低一级向上一级或从某一职位转移到另一职位的人数是起始时刻总人数的一个固定比例，即转移率，在给定各类人员起始人数、转移率和未来补充人数的条件下，就可以确定出各类人员的未来分布状况，作出人员供给的预测。

5）人力资源信息系统。人力资源信息系统的一个重要用途是为人力资源计划建立人事档案。

6）外部人力资源供给。当组织内部的人力供给无法满足需要时，组织需要了解外部的人力供给情况。

3. 人力资源计划控制与评价

人力资源计划的三个部分：一是供给报表；二是需求报表；三是人力报表。

评价人力资源计划，目的是发现计划与现实之间的差距，指导后续的人力资源计划活动。

评价人力资源计划主要进行以下比较：①实际的人员招聘数量与预测的人员需求量；②工作效率的实际水平与预测水平；③实际的和预测的人员流动率；④实际执行的行动方案与计划的行

动方案；⑤实施计划的行动方案的实际结果与预期结果；⑥人力费用的实际成本与人力费用预算；⑦行动方案的实际成本与行动方案的预算；⑧行动方案的成本与收益。

13.4 人员招聘与录用考点梳理

【基础知识点】

1. 招聘过程

人员的招聘活动：招聘计划制订、招聘信息发布、应聘者申请、人员甄选与录用以及招聘评估与反馈等。

招聘计划由人力资源部门制订，或者由用人部门制订，然后由人力资源部门进行复核，签署意见后交上级主管领导审批。

招聘计划的内容：①招聘的岗位、人员需求量、每个岗位的具体要求等；②招聘信息发布的时间、方式、渠道与范围等；③招聘对象的来源与范围等；④招聘方法；⑤招聘测试的实施部门；⑥招聘预算；⑦招聘结束时间与新员工到位时间等。

2. 招聘渠道

（1）招聘策略。

招聘策略包括负责招聘的人员、招聘的来源和招聘方法三个主要方面。

设计招聘策略的步骤：①对组织总体的环境进行研究；②在此基础上推断组织所需要的人力资源类型；③设计信息沟通的方式，使组织和申请人双方能够彼此了解各自相互适应的程度。

常见的招聘渠道：内部来源、招聘广告、职业介绍机构、猎头组织、校园招聘、员工推荐与申请人自荐、网络招聘和临时性雇员等。

（2）招聘广告。

优点：①工作空缺的信息发布迅速，能够在短时间内就传达给外界；②与许多其他宣传方式相比，广告渠道的成本比较低；③在广告中可以同时发布多种类别工作岗位的招聘信息；④广告发布方式可以给组织保留许多操作上的灵活性。

（3）职业介绍机构。

适合采用职业介绍机构方式的场景：①组织根据过去的经验发现难以吸引到足够数量的合格工作申请人；②组织只需要招聘很少数量的员工，无法或不值得设计和实施一个详尽的招聘方案；③组织急于填充某一关键岗位的空缺；④组织试图招聘到那些现在正在就业的员工；⑤组织在目标人力资源市场上缺乏招聘经验。

（4）校园招聘。进行校园招聘时需要注意的问题：①要选派能力比较强的工作人员；②对工作申请人的答复要及时；③组织的各项政策能够体现出公平、诚实和顾及他人的特征。

（5）临时性雇员。

临时性雇员的四种形式：①内部临时工储备；②通过中介机构临时雇用；③利用自由职业者；④短期雇用。

临时性雇员的缺点：①增加招聘的成本；②增加培训成本；③业务质量的稳定性存在下降风险；④需要管理人员对临时性员工加强管理和激励。

3. 录用方法

录用测试的类型可以归纳为：能力测试、操作与身体技能测试、人格与兴趣测试、成就测试、工作样本法测试、测谎器法测试、笔记判定法和体检等类型。

工作样本法测试，是测试员工的实际业务能力而不是理论上的学习能力。

工作样本法测试可以是操作性的，也可以是口头表达的，或者对管理人员的情景测试。

工作样本法测试实施步骤（程序）：①选择基本的工作任务作为测试样本；②让受试者执行这些任务，并由专人观察和打分；③求出各项工作任务的完成情况的加权分值；④确定工作样本法的评估结果与实际工作表现之间的关系，以此决定是否选择这个测试作为员工选拔的依据。

工作样本法测试优点：①让受试者实际执行工作中的一些基本任务，效果直接而客观，受试者很难伪装；②工作样本法不涉及受试者的人格和心理状态，不侵犯受试者的隐私权；③测试内容与工作任务明显相关，不会引起公平就业方面的忧虑。

4. 招聘面试

（1）面试最受重视的原因（优点）：①面试人员有机会直接判断工作申请人，并随时解决各种疑问；②面试可以判断工作申请人是否对空缺岗位具有热情和才智；③许多主管人员认为在录用员工之前必须与申请人面试一次，否则难以做出最终的录用决策。

（2）面试的缺点：面试人员容易情绪化，使得面试原有的优点无法充分发挥。

（3）面试的程序：面试前的准备（明确面试的目的）、实施面试和评估面试结果。

（4）面试的类型。按照面试问题的结构化程度，可以将招聘面试分为非结构化面试、半结构化面试和结构化面试三种。

1）非结构化面试。非结构化面试的特点是面试人员完全任意地与申请人讨论各种话题。

2）半结构化面试。半结构化面试其实有两种方式：一种是面试人员提前准备重要的问题，而且可以讨论那些似乎需要进一步调查的题目；另一种是面试人员依据事先规划的一系列问题对应试者进行提问。

3）结构化面试。结构化面试即提前准备好问题和各种可能的答案（出卷子），要求工作申请人在问卷上选择答案，面试人员可以根据应试者的回答，迅速对应试者做出不理想、一般、良好或优异等各种简洁的结论。

5. 招聘效果评估

招聘效果评估从五个方面进行：招聘周期、用人部门满意度、招聘成功率、招聘达成率和招聘成本。

（1）招聘周期。招聘周期是指完成一个职位招聘所需要的时间。招聘周期越长，组织花费在上面的人力、物力、财力就会越多。

（2）招聘成功率。招聘成功率是指实际上岗人数和面试人数的比例。

（3）招聘达成率。招聘达成率是指实际上岗人数与计划招聘人数的比例。

（4）招聘成本。招聘成本是指一个职位招聘需要花费的总费用，包括显性成本和隐性成本。

显性成本：招聘广告费用、内部推荐奖励资金等。

隐性成本：内部沟通、内部协商、管理层或技术骨干面试等。

（5）用人部门满意度。用人部门满意度是指用人部门领导对所招新员工的满意程度。

13.5　人员培训考点梳理

【基础知识点】

1. 培训程序与培训类型

（1）员工培训。员工培训的基本步骤：①评估组织开展员工培训的需求，确定组织绩效或发展要求方面的偏差是否可以通过员工培训来弥补；②设定员工培训的目标；③设计培训项目；④培训的实施和评估。

（2）培训的类型包括入职培训及员工在职培训。

1）入职培训。

目的：消除员工新进组织产生的焦虑，是促使其熟悉组织、适应环境和形势的过程。

2）员工在职培训。

目的：提升组织的工作绩效，组织可依据在职员工的工作效果有针对性地设计在职培训项目。

缺点：若管理人员对待在职培训的态度不够重视，没有很好地设计在职培训，不明确在职培训的目标，在实施过程中也没指派训练有素的教员，结果可能会导致员工在经过在职培训后收获甚微。

2. 培训内容与需求评估

（1）培训内容。员工在职培训内容一般可通过培训需求的循环评估模型及前瞻性培训需求分析模型确定。

循环评估模型针对员工培训需求需要依次从组织整体层面、作业层面和员工个人层面进行分析。

1）组织分析，确定组织范围内的培训需求，以保证培训计划符合组织的整体目标与战略要求。

2）绩效分析，考察员工目前的实际绩效与目标绩效之间是否存在偏离，然后决定是否可以通过培训来矫正。

3）任务分析，在于分析员工达到理想的工作绩效所必须掌握的技能和能力，从而确定培训的内容。

（2）需求评估。随着技术的不断发展和员工在组织中个人成长的需要，即使员工目前的工作绩效是令人满意的，也可能需要为工作调动做准备、为职位的晋升做准备或者为适应工作内容的变化等而提出培训的需求。前瞻性培训需求分析模型为这种情况提供了良好的分析框架，如图 13-2 所示。

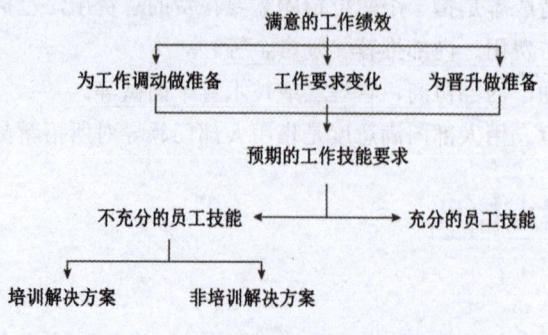

图 13-2 前瞻性培训需求分析模型

3. 培训效果评估与迁移

（1）培训效果评估。对受训者因培训产生能力变化的衡量涉及反应、学习效果、行为变化和培训效果。

1）反应：即受训者对这一培训项目的反应。受训者是否感到该培训项目有好处。

2）学习效果：即受训者对培训内容的掌握程度，受训者能否回忆起和理解所培训的理念、概念和技能等。

3）行为变化：受训者是否在行为上应用了学到的这些概念和技能等。

4）培训效果：即受训者能力的变化是否对组织的结果有积极的影响，有多少积极效果（如工作效率的提高、质量的改进、离职率的下降和风险事件的减少）是由培训引起的，受训者在经过培训之后是否对组织或他们的工作产生了更加积极的态度等。

（2）培训迁移。鲍德温和福特在 1988 年提出了一个培训迁移过程模型，如图 13-3 所示。该模型指出培训输入包括受训者特征、培训设计和工作环境，这些会影响学习、保存和迁移，并且受训者特征和工作环境将直接影响迁移效果。促进培训迁移的各种工作环境特征，见表 13-4。

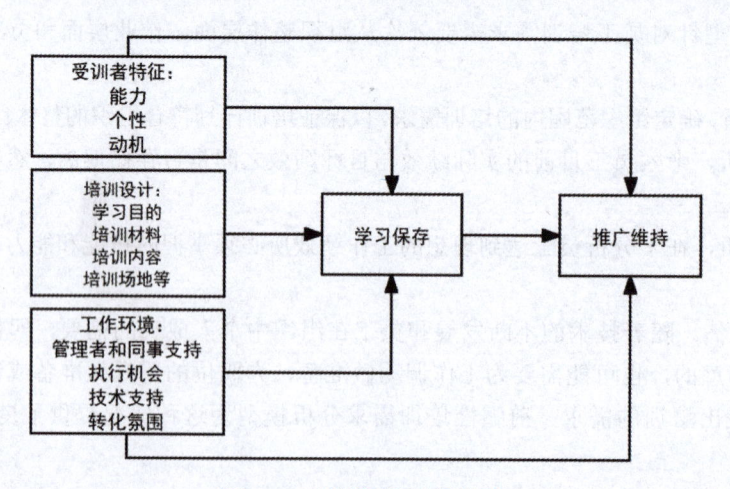

图 13-3 培训迁移过程模型

表 13-4 促进培训迁移的工作环境特征

特征	举例
直接主管：鼓励受训者使用培训中获得的新技能和行为方式并为其设定目标	刚接受过培训的管理者与主管人员和其他管理者共同讨论如何将培训成果应用到工作中
任务线索：受训者的工作特点会督促或提醒其应用培训过程中获得的新技能和行为方式	刚接受过培训的人员的工作就是按照使用新技能的方式来设计的
反馈结果：直接主管支持应用培训中获得的新技能和行为方式	直接主管应关注那些应用培训内容的刚刚受过培训的人员
不轻易惩罚：对使用从培训中获得的新技能和行为方式的受训者不会公开责难	当刚受过培训的人员在应用培训内容出现失误时，不会受到惩罚
外部强化：受训者会因应用从培训中获得的新技能和行为方式而受到外在奖励	刚受过培训的人员若成功应用了培训内容，他们的薪水或考核绩效会增加
内部强化：受训者会因应用从培训中获得的新技能而受到内部激励	直接主管和其他管理者应表扬刚受过培训就将培训所教内容应用于工作中的人员

13.6 组织绩效与薪酬管理考点梳理

【基础知识点】

绩效管理是人力资源管理的核心，目的在于将部门及员工的工作与组织的战略目标紧密联系在一起，为人力资源的开发、录用、培训、晋升、薪酬和整体激励等方面提供支持，促进业务目标的实现。

1. 组织绩效管理

（1）绩效管理基础。绩效管理作为一个管理循环系统分为四个环节，即绩效计划、绩效实施与监控、绩效考核和绩效反馈面谈，如图 13-4 所示。

绩效反馈面谈的目的：①对绩效考核的结果达成共识；②使员工认识到自己在本阶段工作中取得的进步和存在的缺点；③制订绩效改进计划；④修订或协商下一个绩效管理周期的绩效目标和绩效计划。

（2）绩效考核方法。绩效考核方法主要有员工比较类评价法、关键事件法、行为对照表法、等级鉴定法和行为锚定评价法等。

1）员工比较类评价法。员工比较类评价法的特点：①不适合用来对员工提供建议、反馈和辅导；②评价者很难为自己的结论提出有力的证据，因此在为奖金分配提供依据方面的作用有限；③设计和应用员工比较类评价法的成本很低，这是这种评价技术的突出优点；④大多数情况下可以保持评价尺度的一致性，但是很容易发生光环效应和武断评价。

2）关键事件法。关键事件法的特点：①很大程度上取决于评价者在撰写工作报告时所选择的主题，但通常没有一个明确的结果；②无法在员工之间进行横向的比较，不适合为员工的奖金分配提供依据；③设计成本很低，但是应用成本很高；④在衡量指标上缺乏一套统一的规范，很容易发生评价误差。

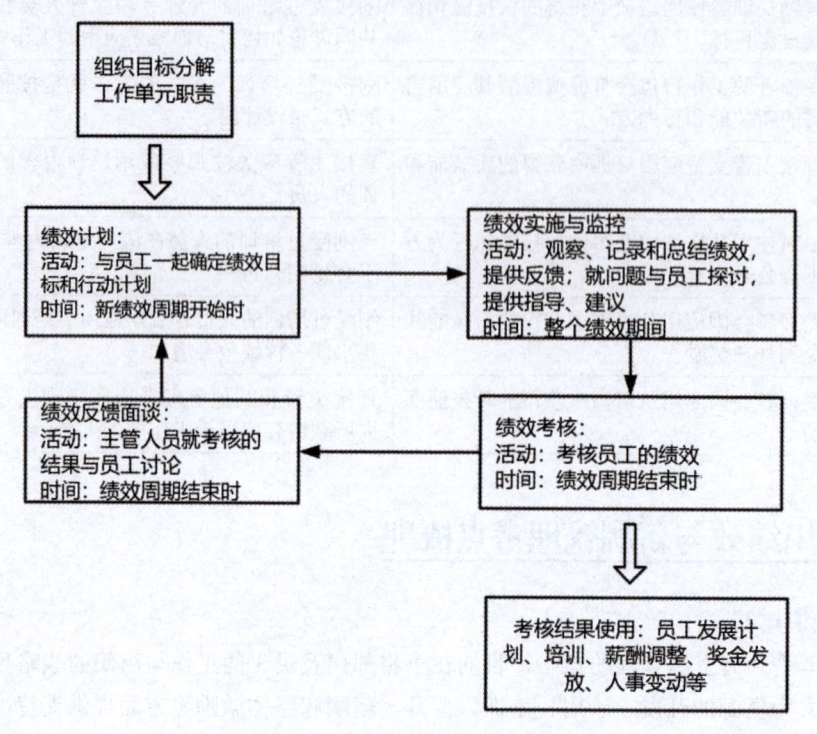

```
┌─────────────┐
│ 组织目标分解 │
│ 工作单元职责 │
└──────┬──────┘
       ↓
┌─────────────────┐      ┌─────────────────────┐
│ 绩效计划：       │      │ 绩效实施与监控       │
│ 活动：与员工一起 │─────→│ 活动：观察、记录和总结绩效， │
│ 确定绩效目标和   │      │ 提供反馈；就问题与员工探讨， │
│ 行动计划         │      │ 提供指导、建议       │
│ 时间：新绩效周期 │      │ 时间：整个绩效期间   │
│ 开始时           │      │                     │
└─────────────────┘      └──────────┬──────────┘
       ↑                            ↓
┌─────────────────┐      ┌─────────────────────┐
│ 绩效反馈面谈：   │      │ 绩效考核：           │
│ 活动：主管人员就 │←─────│ 活动：考核员工的绩效 │
│ 考核的结果与员工 │      │ 时间：绩效周期结束时 │
│ 讨论             │      │                     │
│ 时间：绩效周期   │      └──────────┬──────────┘
│ 结束时           │                 ↓
└─────────────────┘      ┌─────────────────────┐
                         │ 考核结果使用：员工发展│
                         │ 计划、培训、薪酬调整、│
                         │ 奖金发放、人事变动等 │
                         └─────────────────────┘
```

图 13-4　绩效管理的循环系统

3）行为对照表法。行为对照表法的特点：①无法对今后员工工作绩效的改进提供具体而明确的指导，因此不太适合用来向员工提供建议反馈和辅导；②通过对各项评价指标的重要性设置权重，从而得到在员工之间相互比较的分数，因此能够比较好地为奖金和发展机会的分配提供依据；③要花费很大的成本，但是执行成本很小；④评价标准与员工的工作内容的相关性很高，因此评价误差比较小。

4）等级鉴定法。等级鉴定法的特点：①它能够发现问题出现的领域，能够发现需要改进的员工行为或工作结果方面的部分信息；②评价者很难为自己的结论提出有力的证据；③设计和应用等级鉴定法的成本很低，这是这种评价技术的突出优点；④指标定义方面的欠缺和执行中的不同理解都可能造成评价误差。

5）行为锚定评价法。行为锚定评价法的特点：①它能够明确指出导致问题出现的行为，适合用来向员工提供建议、反馈和辅导；②可以得出员工之间进行相互比较的量化分数，为自己的结论提出有力的证据，因此适合用来为奖金的分配提供依据；③设计行为锚定评价法的成本很高，但是应用这种评价技术的成本很低；④依据的是员工的行为，能够有效地避免评价误差。

（3）绩效反馈与绩效改进。

1）绩效反馈：主要通过考核者与被考核者之间的沟通，就被考核者在考核周期内的绩效情况进行面谈，在肯定成绩的同时找出工作中的不足。

绩效反馈的目的：让员工了解自己在本绩效周期内的绩效是否达到组织需求的目标、行为态度是否合格，让管理者和员工方对评估结果达成一致的看法。

2）绩效改进：确认组织或员工工作绩效的不足和差距，查明产生的原因，制订并实施有针对性的改进计划和策略，持续提高组织员工绩效的过程。

2. 组织薪酬管理

（1）薪酬体系。

外部公平性要求：组织的薪酬标准与其他组织相比有竞争力，否则难以吸引或留住人才。

内部公平性要求：使内部员工感到自己与同事之间在付出和所得的关系上合理。

表 13-5 薪酬体系构成

薪酬体系	间接报酬	保护项目：医疗保险、残疾、抚恤金、社会保险等
		非工作报酬：假日、病假、法律义务等
		服务与津贴：休闲设施、交通补助、融资计划、餐饮补助等
	直接报酬	基本薪酬
		绩效加酬
		激励报酬：奖金、佣金利润分享、股票期权等
		延期支付：储蓄计划、年金、股票购买

职位薪酬体系设计流程（步骤）：①收集关于特定工作性质的信息，即进行工作分析；②按照工作的实际执行情况确认、界定及描述职位，即编写职位说明书；③对工作进行价值评价，即工作评价；④根据工作的内容和相对价值进行排序，即建立职位薪酬结构。

（2）工作评价。实施工作评价的方法：工作排序法、因素比较法、工作分类法、点数法和海氏系统法等。

非量化评价方法：工作排序法、工作分类法。

量化比较的评价方法：因素比较法、点数法、海氏系统法。

（3）薪酬等级。薪酬等级结构的构成要素：①薪酬等级数；②目标薪酬；③薪酬级差；④薪酬幅度；⑤薪酬重叠情况（即相邻两级别之间薪酬区间的重叠程度）。

（4）薪酬调整。

1）薪酬水平调整。**按照调整的性质**，薪酬水平的调整可分为：主动型和被动型。

主动增薪的动机：一是为了增强与竞争对手争夺人才和维系员工队伍的能力；二是组织的经营绩效有了大幅提高，以加薪回报和激励员工；三是组织薪酬政策发生变化。

被动型薪酬水平的调整：最低工资标准的法规、工会集体要求增加工资并采取各种行动形成强大压力等。

按照调整的内容，薪酬水平的调整可分为：①奖励性调整；②生活指数性调整（薪酬的普调）；③年资（工龄）性调整；④效益性调整。

2）薪酬结构调整。

纵向薪酬等级结构调整方法：增加薪酬等级和减少薪酬等级。

横向的薪酬构成调整形式：调整固定薪酬和变动薪酬的比例、调整不同薪酬形式的组合模式。

13.7　人员职业规划与管理考点梳理

【基础知识点】

（1）对员工职业道路（规划）的要求：①应该代表员工职业发展的真实可能性，无论是横向发展还是纵向升迁都不应该以通常的速度为依据；②应该具有尝试性，能够根据工作的内容、任职的顺序、组织的形式和管理的需要进行相应的调整，同时也不要过分集中于一个领域；③具有灵活性，要具体考虑每位员工的薪酬水平，以及对工作方式有影响的员工的薪酬水平；④说明每个职位要求员工具备的技能、知识和其他品质，以及具备这些条件的方法。

（2）组织的管理人员在员工的职业规划中应该承担的工作：①充当一种催化剂，鼓励员工为自己建立职业规划；②评估员工表达出来的发展目标的现实性和需要的合理性；③辅导员工做出组织与员工双方都愿意接受的行动方案；④跟踪员工的职业规划并指导其进行适当的调整。

（3）组织在员工职业规划中的责任：①提供员工制定自己的职业规划所需要的职业规划模型、信息、条件和指导；②为员工和管理人员提供建立职业规划所需要的培训；③提供技能培训和在职培训。

（4）员工职业管理过程中管理人员的责任：①发挥员工提供的信息的作用；②向员工提供自己负责的职位空缺的信息；③管理人员要综合有关的信息，为职位空缺确定合格的候选人，同时为员工发现职业发展机会。

（5）组织在员工职业管理中的责任：①为管理人员的决策过程提供信息和程序；②负责组织内部各类信息的及时更新；③设计出收集信息、分析信息、解释信息和利用信息的便捷方法，以确保信息利用的有效性；④监控和评价员工职业管理过程的执行效果。

13.8　考点实练

1. 人力资源管理的狭义目标是（　　）。
   A. 充分利用组织中的人员使组织的各项工作效率水平达到最高
   B. 帮助各团队负责人更加有效地管理团队成员
   C. 建立员工招聘和选择体系，以获得最符合组织需要的员工
   D. 确保组织遵守政府关于人力资源方面的法律法规、政策和标准等

答案：B

2. 岗位设计方法不包括（　　）。
   A．科学管理方法　　B．人际关系方法　　C．工作特征模型　　D．人力资源战略

答案：D

3. 招聘渠道不包括（　　）。
   A．内部来源　　　B．招聘广告　　　C．临时性雇员　　　D．员工晋升

答案：D

4. 绩效管理作为一个管理循环系统不包括的环节是（　　）。
   A．绩效计划　　　　　　　　　　B．绩效实施与监控
   C．绩效评估　　　　　　　　　　D．绩效考核

答案：C

第 14 章

规范与过程管理知识点梳理及考点实练

14.0 章节考点分析

第 14 章主要学习管理标准化、流程规划、流程执行、流程评价以及流程持续改进等内容。

根据考试大纲,本章知识点会涉及单项选择题、案例题以及论文,按以往考试的出题规律约占 4~7 分。本章内容考查的知识点既来源于教材,也有少量扩展内容。本章的架构如图 14-1 所示。

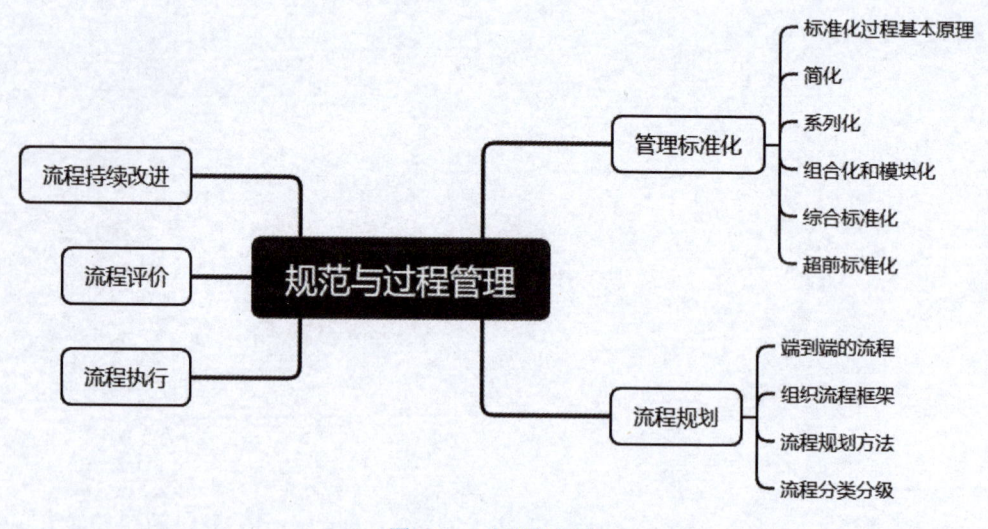

图 14-1 本章的架构

【导读小贴士】

标准化管理是一项复杂的系统工程，周而复始地进行体系所要求的"计划、实施与运行、检查与纠正措施和管理评审"活动，实现持续改进的目标。本章所要讲述的标准化管理、流程管理知识属于本书重点内容，在选择题、案例分析题、论文中都会考到，需要好好掌握。

14.1 管理标准化考点梳理

【基础知识点】

标准化是指在经济、技术、科学和管理等社会实践中，对重复性的事物和概念，通过制订、发布和实施标准达到统一，以获得最佳秩序和社会效益。

（1）标准化对象。

标准化具体对象，即需要制定标准的具体事物。

标准化总体对象，即各种具体对象的总和所构成的整体。

（2）标准化管理。

标准化管理的特性：系统性、国际性、动态性、超前性、经济性。

标准化管理可促进统一、协调、提高效率等。

1. 标准化过程基本原理

标准化的基本原理：超前预防原理、系统优化原理、协商一致原理、统一有度原理、动变有序原理、互换兼容原理、阶梯发展原理、滞阻即废原理。

（1）超前预防原理。不仅要从依存标准化课题的实际重复发生的问题中选取，更应从其潜在的重复发生的（此为超前）问题中选取，以避免该对象非标准化发展后造成损失。

（2）系统优化原理。在能获取标准化效益的问题中，首先应考虑能获取最大效益的问题。

（3）协商一致原理。标准化活动的成果（即标准）应建立在相关各方协商一致的基础上。

（4）统一有度原理。统一有度原理是标准化的本质与核心，它使标准化对象的形式、功能及其他技术特征具有一致性。

- 统一是有一定范围或层次的。
- 统一是在一定水平上的统一。
- 统一又是有一定量度的。
- 统一还可以符合一定的数系，即标准的数系（如优先数系）。

（5）动变有序原理。标准的修订是有规定程序的，要按规定的时间、规定的程序进行修订和审批。

（6）互换兼容原理。互换性是指一种产品、服务或过程能代替另一产品、服务或过程满足同样需求的能力。它一般包括功能互换性和尺寸互换性。

（7）阶梯发展原理。标准化活动的过程是制定标准、组织实施标准、对标准的实施进行监督检查和评价的循环过程。标准的制定意味着标准化活动过程的开始。

（8）滞阻即废原理。任何标准都有二重性：既可促进标准化对象依存主体的顺利发展而获取标准化效益，也可制约或阻碍其依存主体的发展而带来负效应。当标准制约或阻碍其依存主体的正常发展时，应立即废止。标准到了有效期的最后一年，标准的审批部门或归口的技术委员会组织对标准的适用有效性进行审查，审查结果按下列四种方式处理。

1）更改。发布"标准更改通知单"的形式。
2）修订。对不适用内容做较大的修改并换版，一般要重新批准、发布，更新发布年份。
3）废止。
4）确认。确认标准的适用，继续实施，并在封面上盖××××年确认章。

2. 简化

简化的实质是对客观事物的构成加以调整并使之最优化的一种有目的的标准化活动。因此，必须遵循简化原则和要求。

简化的原则和要求：

（1）对客观事物进行简化时，既要对不必要的多样化加以压缩，又要防止过分压缩。
（2）对简化方案的论证应以确定的时间、空间范围为前提。
（3）简化的结果必须保证在既定的时间内，足以满足一般需要，不能因简化而损害用户和消费者的利益。
（4）对产品的简化要形成系列，其参数组合应尽量符合标准数值分级制度。

3. 系列化

系列化是对同一类产品中的各类产品参数按规定数系同时进行标准化的一种方法。

产品系列化的目的是简化产品品种和规格，尽可能满足多方面的需要。

产品系列化便于增加品种，扩大产量，降低成本。

产品的系列化一般可分为制定产品参数系列、编制产品系列型谱和开展产品的系列设计等三方面内容。

产品系列化设计的方法如下：

（1）首先在系列内选择基型。
（2）对基型产品进行技术设计或施工设计。
（3）向横的方向扩展，设计全系列的各种规格。
（4）向纵的方向扩展，设计变型系列或变型产品。

（速记词：选基、设型、横挑规格、纵挑品系）

4. 组合化和模块化

组合化是按照标准化的原则，设计并制造出若干组通用性较强的单元（标准单元），根据需要拼合成不同用途的产品（或物品）的一种标准化形式。

5. 综合标准化

标准综合体按其性质可分为两大类：产品标准综合体（实物产品为对象）和一般技术性标准综合体（技术文件为对象）。

6. 超前标准化

超前标准化工作中，一项很重要的工作就是确定超前指标。在确定超前指标时，预测的主要目标就是产品的某些主要质量指标。

超前指标的预测对象：

（1）标准化对象的科学技术水平（对象在一定的超前期内的最佳参数值范围及其动态，预测的方法主要采用模拟法）。

（2）需求量。

模拟法——计算在中期（5～7年）和长期（10年以上）情况下需求量。

直接计算法——用于确定短期内（1～2年）的需求量。

标准法——主要用于编制中期预测方案。

外推法——用于获取大致的预测数据。

（3）生态指标。

（4）经济指标。

14.2 流程规划考点梳理

【基础知识点】

1. 端到端的流程

端到端的流程本身也是分级的。

流程要从业务对象的需求出发，到需求得到满足为止（端到端的精髓，从目的出发，关注最终结果）。

2. 组织流程框架

流程规划工作不是推倒重来，而是系统化完善。流程规划不是一步到位，而是持续改进的过程。

从端到端的流程到组织整体流程框架，称为流程从"线"到"面"的优化，具体包括两个方面：流程与战略的匹配和流程间运行始终协同。

3. 流程规划方法

流程规划小组，其成员至少应该包括：高级管理层、流程管理部门人员和涉及流程的部分负责人等。

流程规划的方法可参考基于岗位职责的流程规划及基于业务模型的流程规划，见表14-1。

4. 流程分类分级

组织流程通常可分为战略流程、运行流程和支持流程。

（1）战略流程。战略流程包括组织长中短期战略目标的规划、战略目标的分解、制定战略目标实现策略、确定所采用的竞争策略与商业模式、战略过程的控制与调整。

表 14-1 流程规划参考方法

描述	工作路径	优缺点
岗位职责开始（从下到上）	①流程管理部门先确定每个部门的代表性岗位； ②流程管理部门与每个代表性岗位进行工作访谈； ③分解出主要工作并评价其重要度； ④流程管理部门梳理出工作中包含的流程及其关键控制要点； ⑤与各部门负责人访谈，补充和完善访谈结果； ⑥汇总各部门的流程信息，完成流程清单和流程框架等	优点： ①工作分析细致透彻，不容易遗漏； ②因整个过程中流程管理部门起主导作用，对被访谈人的流程管理方面的专业知识、技能和经验要求不高； ③各级流程干系人充分参与，工作成果容易被接受，流程规划成果的应用较容易推进。 缺点： ①工作量比较大； ②工作质量容易受访谈人的工作经验及描述工作能力影响
业务模型开始（从上到下）	①流程管理部门根据组织业务绘制业务模式简易模型； ②流程管理部门进行模型分解； ③流程管理部门与流程干系人就模型与现有的流程进行关联对接； ④无法对接的部门，由流程管理部门与代表岗位人员进行工作访谈； ⑤完成流程清单和流程总图	优点： ①工作量相对比较小； ②流程管理部门对整个工作控制力度大，工作进度和风险易于控制。 缺点： ①因为没有对工作进行详细的分析，工作容易出现遗漏； ②对参与人员的流程规划专业能力要求较高； ③由于各级流程干系人未充分参与，工作成果可能不被认可

（2）运行流程。运行流程包括产品价值链（新产品管理）、市场链（营销和销售）、供应链（产品与服务的提供）和服务链（服务管理）等。

运行流程以战略流程为导向，以战略流程确定的架构为基础展开，逻辑顺序为：战略—业务模式—运行流程。

（3）支持流程。支持流程为运行流程提供支持与服务，包括决策支持、后勤支持与风险控制三类。支持流程一般是纵向职能专业导向的，设计时以战略流程为导向。

1）在流程划分过程中，对同样范围（即相同起点与相同终点）的流程因不同管理需求设计不同的流程管理操作线路，划分分类的类别有：①按业务对象分类；②按业务风险分类；③按不同的输入分类；④按重要度分类；⑤按业务模式分类；⑥按管理对象不同分类。

2）流程的分类分级，可将其分为以下级别：

一级流程（高阶流程）也称为"域"，它往往是端到端的流程。

二级流程（中阶流程）在每个"域"内，也称为"域过程"。

三级流程（低阶流程）对域过程进行细分，由子流程（四级流程）和业务活动构成，即工作活动比较具体的流程。

14.3 流程执行考点梳理

【基础知识点】

如何保障流程管理有效执行的措施：

（1）理解流程是执行流程的前提（理解流程是什么、理解建立的原因、设计的目的、设计的原则）。

（2）做好流程变更后的推广。

（3）新员工入职流程制度培训。

（4）找对流程执行负责人。

（5）流程审计及监控。

（6）把流程固化到信息系统中。

（7）把流程固化到制度中（制度包括：流程必须遵守的规则；对流程执行绩效的激励制度）。

（8）流程文化宣导。

14.4 流程评价考点梳理

【基础知识点】

1. 流程检查方法

常见的流程检查方法主要有流程稽查、流程绩效评估、满意度评估和流程审计等。

（1）流程稽查。流程稽查是对单个流程的稽查，主要稽查流程的安排（组织的流程制度）是否得到执行，执行是否到位，是否符合流程制度的要求等。流程稽查基本实施步骤见表 14-2。

表 14-2 流程稽查基本实施步骤

步骤	概述	描述
1	理解流程的目的、目标及管理原则	流程的本质不是流程图、流程制度，而是流程制度设计的思路，是流程的目的、目标及管理原则，流程制度通常展示的是实现目的的手段与方法。理解了流程的本质，做流程稽查才有明确的方向，才知道重点所在，否则只能做一些简单的制度与执行的核对工作
2	确定流程稽查的关键点	为提升流程稽查的效益，需要确定几个关键的稽查点。关键点的确定首先是从流程本质出发。关键点是对流程目的、目标的达成起关键作用的流程控制点。其次还需要考虑流程实际执行情况，有些关键点容易出现问题，而有的关键点绩效则很稳定，不需要安排稽查
3	确定稽查方法	稽查方法通常包括：检查记录与资料、现场观察执行、人员访谈等

续表

步骤	概述	描述
4	设计稽查线路与实施计划	由于流程稽查可能要查阅多个记录，同样的记录会被多个不同稽查点使用，要保证流程稽查的效率，需要汇总不同稽查点的稽查方法，设计一个最佳的稽查路线
5	开展流程稽查	为了保证流程稽查的效果，不论是流程管理者还是独立的第三方，在开展流程稽查之前都应当与受稽查部门、岗位明确流程稽查的目的与背景，要强调流程稽查是基于改进流程的目的出发。开展流程稽查时的另外一个重要问题是一定要保证稽查记录的可追溯性、可量化及真实性，以便于对稽查问题的描述准确、清晰，从而有利于后续改进的确立
6	提交流程稽查报告	在正式提交流程稽查报告之前要与相关岗位人员充分地沟通，确保大家对于报告内容是经过充分沟通并达成一致的。另外，稽查报告需要暴露的问题应当是具有普遍性的、重大的、有代表性的
7	跟进流程稽查问题整改	流程稽查问题整改中，最关键的要素是问题严重度的评估及问题的根源分析。问题严重度评估的目的是根据组织资源配备状况及工作优先安排，考虑改进的投入及问题本身的重要度等

（2）流程绩效评估。流程绩效评估的三个维度为：效果、效率、弹性。

流程效率的典型指标：处理时间、投入产出比、增值时间比例、质量成本等。

1）建立战略导向的流程绩效评估指标体系的步骤：①将组织战略目标按平衡计分卡从四个维度分解成符合效率管理模型（又称 SMART 原则）的目标；②将流程目标分解到组织一级流程上；③将一级流程目标分解到可管理级流程目标；④确定流程绩效评估指标体系。

2）流程绩效评估结果分析如何开展？①与流程绩效目标对比分析；②在组织内部做横向比较；③与同行业的主要竞争对手进行流程绩效对比分析；④对流程绩效评估结果的稳定性进行分析。

（3）满意度评估。满意度评估信息的来源有：日常沟通记录；投诉、抱怨信息；走访信息；电话回访；满意度问卷调查；满意度评估信息库的建立。

（4）流程审计。流程审计的目的：评估流程体系的充分性、适用性、有效性及效率性。流程审计的步骤，见表 14-3。

表 14-3 流程审计的步骤

步骤	名称	说明
1	制订计划	组建审计组，确认审计组组长。组内成员至少有业务方面的专业技术人员，以确保审计的深度与效果
2	确定审计范围	根据审计的目的确定审计流程体系实际的范围，流程审计范围的确定是以流程为主线，要审哪些流程等
3	流程初步调研	以流程为主线厘清流程文件的作用与关联，建议画出完整的流程图，分析文件之间的一致性，包括版本之间的一致性及文件之间衔接的一致性。收集并分析流程的绩效测评资料与流程问题反馈。本项工作的目的是掌握流程存在的问题，以提高流程审计的针对性，提高审计的效率与效果

续表

步骤	名称	说明
4	编制检查表	根据发现的问题，确定流程审计的重要关注点，根据流程文件与业务经验提炼出流程审计的检查点。将所有的检查点列出，并确定检查点审计的方法，如现场观察、问询、查阅记录等，并确定验证判断的标准及抽样的方法
5	制订审计实施计划	审计计划关键是对现场审计的人员、时间以及审计路线做好安排，内容通常包括审计目的、审计范围、审计依据和审计组成员等
6	召开首次会议	首次会议主要是与受审方确认审核计划，启动内部流程审计工作，以得到他们的支持
7	现场审计	现场审计是按照审计计划的安排，通过现场观察、查阅文件和有关记录，与受审方人员交谈和沟通，必要时要经实际测定等调查方法，抽取一定样本，查证发现问题和获取客观证据
8	补充审计	按审计计划完成审计之后，如果还存在不确定事项，而且又会对审计结果产生影响时，应开展小范围的补充审计
9	编制审计报告	流程审计完成之后，流程审计组长应召开流程审计小组总结会议，以流程为主线将流程审计结果进行汇总串联，充分地说明审计过程与审计发现
10	召开末次会议	末次会议应邀请组织高层、流程管理者、受审方及流程执行关键人员参与。末次会议重点包括：流程审计简要介绍（目的、范围、依据、过程）；审计发现及不合格项；审计结论通报；与责任部门确定不合格整改的安排
11	改进追踪	流程审计小组负责流程审计发现不合格项的改进追踪。追踪是流程审计能否产生价值的关键所在，需要流程审计小组高度重视

2. 流程评价应用

流程评价的价值在于是否能够将评价结果应用到工作中，并通过这些应用使流程检查产生价值。

流程检查结果可用于以下五个方面：①流程优化；②绩效考核；③过程控制；④纠正措施；⑤战略调整。

14.5　流程持续改进考点梳理

【基础知识点】

流程优化需求大致可分为三种：问题导向、绩效导向、变革导向。

项目化流程的优化过程：立项、现状分析及诊断、目标流程及配套方案设计、IT 方案设计与开发、新旧流程切换、项目关闭。

14.6 考点实练

1. 在标准化过程中，（　　）不属于简化的原则和要求。
   A．既要对不必要的多样化加以压缩，又要防止过分压缩
   B．应以确定的时间、空间范围为前提
   C．必须在既定的时间内，足以满足一般需要，不能因简化而损害用户和消费者的利益
   D．简化的结果必须保证在既定的时间内满足所有需要

   答案：D

2. 在流程持续改进中，（　　）不属于流程优化需求的导向。
   A．问题导向　　　B．绩效导向　　　C．变革导向　　　D．成本导向

   答案：D

3. 在流程审计中，（　　）是流程审计的首要步骤。
   A．确定审计范围　　B．制订计划　　C．流程初步调研　　D．编制检查表

   答案：B

4. 在流程执行中，（　　）不是保障流程管理有效执行的措施。
   A．理解流程是执行流程的前提
   B．做好流程变更后的推广
   C．仅依赖流程执行负责人的个人能力
   D．把流程固化到信息系统中

   答案：C

5. 在标准化过程中，（　　）不是标准化的基本原理。
   A．超前预防原理　　　　　　　B．系统优化原理
   C．统一有度原理　　　　　　　D．互换兼容原理

   答案：D

6. 在流程评价中，流程绩效评估的三个维度不包括（　　）。
   A．成本　　　　　B．效率　　　　　C．弹性　　　　　D．效果

   答案：A

第 15 章

技术与研发管理知识点梳理及考点实练

15.0 章节考点分析

第15章主要学习技术研发管理、技术研发应用、知识产权管理等内容。

根据考试大纲，本章知识点会涉及单项选择题、案例题和论文题，按以往考试的出题规律，单项选择题约占3～5分。本章内容属于重点知识范畴，考查的知识点既来源于教材，也有少量扩展内容。本章的架构如图15-1所示。

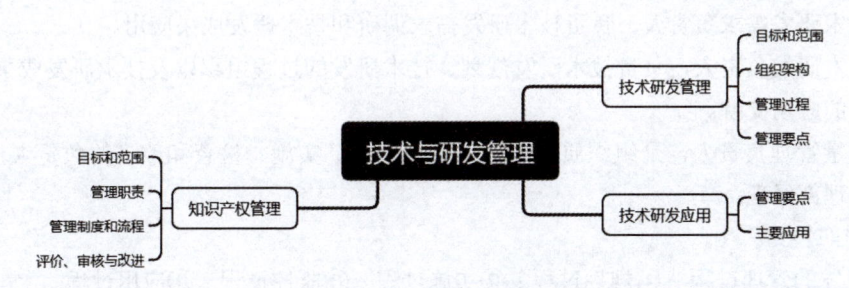

图 15-1 本章的架构

【导读小贴士】

新的信息技术及其应用创新持续涌现并快速迭代，给信息系统的管理带来了巨大的挑战，需要组织持续关注、前沿的信息技术及其发展，持续强化对各类信息技术的应用创新，还需要重点关注信息系统运行维护的相关技术。本章所要讲述的技术研发管理、知识产权管理知识是整本书的重点之一，选择题、案例分析题、论文都可能会涉及，考生需要好好掌握。

15.1 技术研发管理考点梳理

【基础知识点】

1. 目标和范围

任何技术从其诞生起就具有目的性，技术研发的目的性贯穿整个技术活动的过程。

技术研发的目的：①通过使用研发成果提高系统服务效率和服务质量；②将其应用到系统服务产品和服务工具中，以丰富和拓展服务范围，推动组织服务的发展。

技术研发管理的目的：进行技术创新，提升组织系统服务能力。

（1）技术研发的范围。技术研发的范围主要有：①与系统运行相关的技术研发；②技术规范的研发；③发现信息系统中存在问题的技术和解决问题相关技术的研发；④运行维护工具研发；⑤IT服务产品研发。

IT服务具有无形性、不可分离性、异质性与易消失性等服务特性。

（2）管理对象。技术研发管理的主要内容：①研发团队；②研发过程；③研发成本；④研发项目；⑤研发绩效；⑥研发风险。

2. 组织架构

技术研发是IT服务供方发展IT服务能力的重要活动，承担这项工作一般从技术研发管理角度来看，会存在的角色及其职责如下：

- 技术研发决策负责人，承担技术研发的总体决策。
- 技术研发需求负责人，负责技术研发需求调研和技术研发成果应用。
- 技术研发负责人，负责技术研发规划、技术研发的过程组织以及技术研发成果在IT服务中的应用支持。
- 质量管理负责人，是组织质量管理体系的建设、实施、检查和改进的负责人，也称质量管理部经理。

3. 管理过程

技术研发的管理过程：①规划过程；②实施过程；③监控过程；④应用过程。

技术研发规划阶段的工作主要有：研发需求调研、确定研发目标、制定研发方案、投入产出分析、形成立项报告、规划评审发布。

此外，一定要注意区分技术研发管理过程和技术研发规划阶段的主要工作。

4. 管理要点

技术研发管理至少应具备以下三方面条件：①制造一个鼓励创新、适合研发的环境，必须采取弹性且目标化的管理，不以死板的制度限制员工的创意，必须要求实质的成果；②为使有限的资源发挥最大的效益，应将市场的观念融入研发中，最好是让市场人员参与研发的过程，这样成果才具有更高价值；③研发策略的制定与掌握，有了策略方针，才能使研发团队对手中所掌握的有限资源善加规划、运用，以求在最短的时间内达到最高效益。

（1）服务产品研发管理。服务产品研发管理的主要内容如下：

1）服务产品研发的定位。

服务产品研发需求主要有两个来源：需方的需求和 IT 服务供方的业务拓展需求。

2）服务产品研发队伍（一般是一个虚拟的团队）。

3）服务产品的研发成果（服务目录、服务交付方式、服务质量管理）。

（2）IT 服务规范研发管理。IT 服务规范研发管理包括以下内容：① IT 服务规范的研发定位；② IT 服务规范的研发队伍；③ IT 服务规范的研发过程；④ IT 服务规范的研发环境；⑤ IT 服务规范的产出物。

（3）服务工具研发管理。

1）服务工具主要分为两类：一类是面向内部的服务过程管理工具；另一类是面向业务服务的监控工具和专用工具。服务工具研发管理包括以下内容：①服务工具研发的定位；②服务工具的研发队伍；③服务工具的研发过程；④服务工具研发环境；⑤服务工具研发的产出物。

2）产出物需要包括如下内容：①工具发布包、工具使用手册等；②工具介绍文档；③工具的需求文档、设计文档和源代码。

（4）发现问题的技术和解决问题的技术研发管理。

发现问题的相关技术主要分为两类：第一类是信息采集和监控的手段；第二类是诊断和分析问题的方法。

解决问题的相关技术也主要分为两类：一类是解决问题的方法和手段；另一类是问题解决的判断方法。

（5）新技术研究管理。新技术分为两类：支撑需方业务的新技术、支撑 IT 服务的新技术。新技术研究管理包括以下内容：

1）新技术研究的定位。

2）新技术的研究队伍。

3）新技术的研究过程。

4）新技术的研究环境。

5）新技术研究的产出物（一般为应用前景分析报告、技术文档和培训教材）。

15.2 技术研发应用考点梳理

【基础知识点】

1. 管理要点

新技术或研发的新系统、新工具应进行技术评定，形成技术评定报告，经审批后对新技术进行测试，通过测试并证明有效性后可形成验收报告，进行推广阶段。

技术研发应用过程中的管理要点：①技术风险与机遇；②判断与选择；③技术验证；④技术决策；⑤技术应用；⑥技术实现跟踪管理。

2. 主要应用

（1）知识转移。知识转移是技术部署实施的重要环节，完备的知识转移可提高 IT 服务技术支撑能力，降低风险，缩减成本，提升效率。

知识转移的内容包括：

1）历史运维资料：相关工作界面和人员职责说明书；内外部支持信息（开发商、厂商、业务部门、公司内部相关部门）。

2）基础架构资料：系统部署和网络物理拓扑；系统架构说明，软/硬件配置；系统数据备份与恢复操作说明书；系统应急、容灾处理方案（如集群切换和恢复）；系统日常运维操作手册。

3）应用系统资料：应用系统测试报告；应用系统使用手册；应用系统需求和设计文档；应用系统安装配置手册；应用版本说明。

4）业务资料：业务架构图（业务功能模块在系统中的分布）；业务流程（系统交互、工作流说明、业务功能说明、业务对象说明）；业务场景说明（前台业务高峰说明、后台关键作业时间周期）；业务培训资料；业务运维文档（业务问题 FAQ、业务问题诊断）。

（2）应急响应预案的制定与演练。

应急演练原则包括：

1）结合实际、合理定位。

2）着眼实战、讲求实效。

3）精心组织、确保安全。

4）统筹规划、厉行节约。

（3）准操作规范。

1）标准操作范围（Standard Operating Procedure，SOP）就是将某一事件的标准操作步骤和要求以统一的格式描述出来，用来指导和规范日常工作。

2）SOP 的作用：①将组织积累下来的技术和经验记录在标准文件中；②使操作人员经过短期培训，快速掌握较为先进合理的操作技术；③树立良好的服务形象，取得客户信赖与满意；④ SOP 是贯彻标准化作业的具体体现；⑤ SOP 是系统规划与管理师最基本、最有效的技术管理手段。

3）SOP 遵循的原则：①在人力、财力、物力等资源允许的范围内可以做到；② IT 服务人员都能看懂，且每个人的理解都相同；③效率最高和成本最低，并识别出关键风险点；④ SOP 正式发布前要经过测试与评价环节；⑤可以根据业务与技术发展需求实现快速迭代。

（4）技术手册发布。技术手册发布的流程：①审核；②存档；③发放。

（5）搭建测试环境。搭建发现与解决问题所需的测试环境，通过测试验证技术的可行性和可靠性等要求，增强客户和服务提供方的信心，规避 IT 服务的潜在缺陷，有效减少突发事件的发生率。

（6）对技术成果进行培训与知识转移。对技术成果进行培训与知识转移包括：①知识性研发成果培训；②工具类研发成果培训；③应急预案与解决方案手册的知识转移。

（7）对技术成果的内容进行演练或推演。

1）演练：定期对应急预案、灾备方案进行仿真演习，必要时需要所有相关方参加，并投入充足的资源。

2）推演：通过沙盘或模拟的方式，对可能发生的情况进行研讨。

15.3　知识产权管理考点梳理

【基础知识点】

《知识产权文献与信息 基本词汇》（GB/T 21374—2008）中对知识产权的定义，其范围包括专利、商标、著作权及相关权、集成电路布图设计、地理标志、植物新品种、商业秘密、传统知识、遗传资源以及民间文艺等。

1. 目标和范围

知识产权包括专利权、商标权、著作权、商业秘密等多种形式。

- 专利权是指对于发明的一种技术解决方案所享有的专有权利。
- 商标权是指商标所有人对其商标使用和保护的专有权利。
- 著作权是指作品的作者对其作品使用和保护的专有权利。
- 商业秘密是指组织所拥有的商业信息和技术信息。

2. 管理职责

组织知识产权管理的指导原则：战略导向、领导重视、全员参与、全程管理。

3. 管理制度和流程

（1）知识产权的获取。知识产权的获取措施如下：

1）明确获取的方式或途径。

2）建立必要的审核机制或工作流程，防止非正常申请专利行为、不正当获取他人商业秘密、歪曲、篡改、剽窃他人作品等情况的出现。

3）确保专利质量得到管控，在申请专利前进行必要的检索和分析，以评价获得专利权的前景以及可实现的价值，并保障发明创造人员的署名权。

4）适时办理作品登记，明确职务作品、委托作品、合作作品等著作权及与著作权有关的权利的权属，保留作品创作过程的记录，保障作品作者的署名权。

5）通过遴选、密级划分等方式确定商业秘密的范围、保密事项等。

（2）知识产权运用。知识产权运用包括：实施和使用、许可和转让、投融资、企业重组、标准化。

（3）知识产权保护。知识产权保护包括风险管理和争议处理两部分。

1）风险管理。风险管理的具体措施：①采取措施，避免或降低侵犯他人知识产权的风险；②分析可能发生的纠纷及其对组织的损害程度，提出防范与应对预案；③对知识产权风险进行识别、分析和监测，采取相应风险控制措施；④按要求开展商业秘密管理工作；⑤开展必要的知识产权合规、保密审查，并保留成文信息；⑥开展知识产权风险分析，对不同级别的风险采取适当的方式加以预防和应对。

2）争议处理。在处理产权纠纷时，评估通过 协商、诉讼、仲裁、调解 等不同处理方式，选取适宜的争议解决方式。

4. 评价、审核与改进

评价知识产权合规管理体系的绩效，确保知识产权合规义务被履行，应从以下七个方面评价：①知识产权价值实现的符合性；②知识产权合规管理体系的绩效和有效性；③策划是否得到有效实施；④知识产权合规的监测结果；⑤应对风险和机遇所采取措施的有效性；⑥外部供方的绩效；⑦知识产权合规管理体系改进的需求。

15.4　考点实练

1. 在知识产权管理中，（　　）不属于知识产权的范围。
   A．专利权　　　　B．商标权　　　　C．著作权　　　　D．财产权
   答案：D

2. 在技术研发管理中，技术研发管理的管理对象不包括（　　）。
   A．研发团队　　　B．研发过程　　　C．研发设备　　　D．研发成本
   答案：C

3. 在知识产权管理中，（　　）不属于知识产权运用的方式。
   A．实施和使用　　B．许可和转让　　C．投融资　　　　D．市场调研
   答案：D

4. 在应急演练中，（　　）原则强调了演练的实用性和实际效果。
   A．结合实际、合理定位　　　　　B．着眼实战、讲求实效
   C．精心组织、确保安全　　　　　D．统筹规划、厉行节约
   答案：B

第16章

资源与工具管理知识点梳理及考点实练

16.0 章节考点分析

第16章主要讲述研发、测试、运维管理和项目管理的工具等方面的内容,强调了资源和工具在组织发展中的关键作用。

根据考试大纲,本章知识点会涉及单项选择题、案例分析题、论文,按以往考试的出题规律本章单项选择题约占3～5分。本章内容属于核心知识范畴,考查的知识点既来源于教材,又有少量实践内容。本章的架构如图16-1所示。

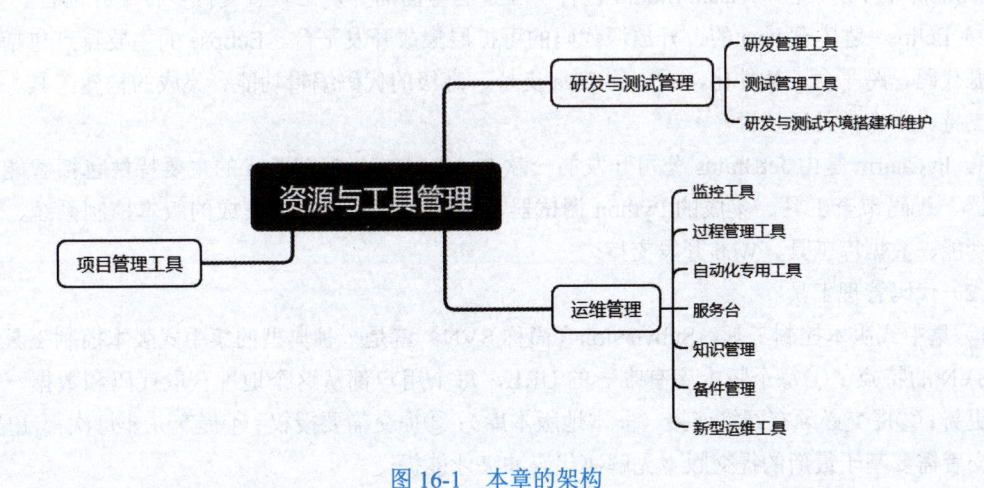

图 16-1 本章的架构

【导读小贴士】

本章节多维度探讨了资源与工具管理的多方面知识，涵盖了研发管理工具、测试管理工具、运维工具以及项目管理工具等关键知识点。本章节所涉及的内容属于核心知识范畴，能够掌握并熟练运用上述知识点，对于理解工具在 IT 服务中的重要支撑作用具有至关重要的意义，对于案例分析、论文撰写等方面亦是不可或缺。

16.1 研发与测试管理考点梳理

【基础知识点】

广义上讲，资源指的是一切可被人类开发和利用的物质、能量和信息的总称。

研发测试环境包括开发机器的获取、网络配置、基本工具以及代码的获取和配置。

1. 研发管理工具

（1）软件开发工具。

软件开发工具一般是指用来辅助软件的开发、运行、维护、管理和支持等活动的应用系统。

软件开发工具的两个层次：一个层次是孤立的单个软件开发工具；另一个层次是集成化的计算机辅助软件工程（Computer Aided Software Engineering，CASE）环境。

常用的软件开发工具：Visual Studio 集成开发环境、Eclipse、PyCharm。

1）Visual Studio 集成开发环境。Visual Studio 是由微软公司开发的一个集成开发环境，可以用于开发计算机程序，以及 Web 站点、Web 应用、Web 服务和移动应用。Visual Studio 使用 Microsoft 软件开发平台。Visual Studio 包含了一整套全面的开发工具且支持多种编程语言。

2）Eclipse 是基于 Java 的、开放源代码的可扩展集成开发平台。Eclipse 的主要特点包括完全开放源代码、跨平台、插件化、强大的 Java 支持、高级的代码编辑功能、集成的构建工具、版本控制支持、丰富的社区资源。

3）PyCharm 是由 JetBrains 公司开发的一款 Python IDE。PyCharm 的主要特性包括智能代码编辑器、代码审查工具、集成的 Python 调试器、集成的单元测试、集成的版本控制系统、远程开发功能、数据库工具、Web 开发支持。

（2）代码管理工具。

1）集中式版本控制工具。Subversion（简称 SVN）就是一种典型的集中式版本控制工具。

SVN 的特点：①每个版本库有唯一的 URL，每个用户都从这个地址获取代码和数据，包括同步更新；②提交必须有网络连接（非本地版本库）；③提交需要授权；④提交并非每次都能成功，后提交者需要基于最新的提交版本先解决代码冲突才能提交。

2）分布式版本控制工具。Git 是一个非常典型和常用的分布式版本控制工具，用于敏捷高效地处理各种大小的项目。

分布式版本控制和集中式版本控制系统截然不同的是，分布式版本控制系统的服务端和客户端都有一套完整的版本库。

（3）软件配置管理工具。

软件配置管理（Software Configuration Management，SCM）为软件开发提供了一套管理办法和活动原则，常见的配置管理工具有 Harvest、ClearCase、StarTeam 和 Firefly 等。

配置管理工具的功能：①项目管理；②版本管理和基线控制；③增强的版本控制；④流程控制和变更管理；⑤资源维护；⑥过程自动化；⑦管理项目的整个生命周期；⑧与主流开发环境的集成。

2．测试管理工具

（1）自动化软件测试工具。软件自动化测试是一个相对独立且完整的测试过程，包括自动化测试计划、自动化测试设计、自动化测试实施和自动化测试执行四个阶段。

软件自动化测试工具的标准流程可以提供一套完整的测试流程框架，测试团队可以此为基础做进一步的定制软件测试流程，如图 16-2 所示。

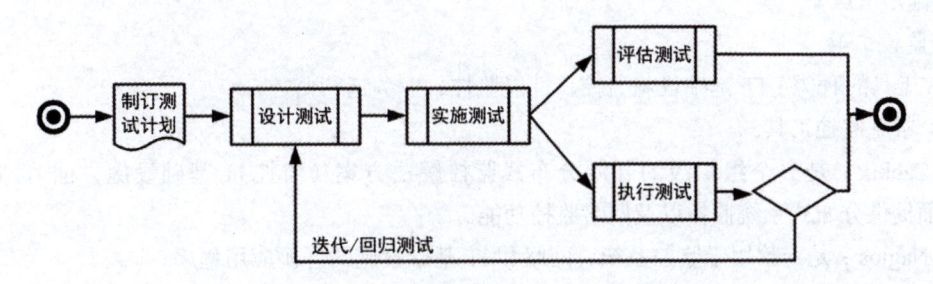

图 16-2　软件自动化测试工具流程图

自动化测试工具又可划分为白盒测试工具、黑盒测试工具和性能测试工具。

1）功能测试工具 UFT。UFT（Unified Functional Testing）原名为 Quick Test Professional（QTP），是一款由 HP 公司开发的自动化测试工具，UFT 支持广泛的平台和开发语言，如 Web、VB、NET、Java 等，适用于各种规模的软件项目。

UFT 的主要功能：图形用户界面测试、API 测试、数据驱动测试、关键字驱动测试、脚本语言、集成开发环境、报告和分析。

2）性能测试工具 LoadRunner。LoadRunner 是一个应用广泛的性能测试工具。

测试基本流程：计划测试—创建脚本—定义场景—运行场景—分析结果。

LoadRunner 的主要特性：负载生成、协议支持、脚本录制和编辑、性能监控和分析、集成监控、报告和分析。

（2）测试管理工具。常见的测试工具：

1）TestRail 是一个测试用例管理工具。

2）Quality Center 是基于 Web 的测试管理工具，包括制定测试需求、计划测试、执行测试和跟踪缺陷。

3）Bugzilla 是一个开源的缺陷跟踪系统，用于跟踪软件开发过程中的缺陷、错误和问题。

3. 研发与测试环境搭建和维护

高效的研发测试环境需遵循的原则：①可重现性；②可协作性；③与生产环境相似性；④自动化环境管理；⑤测试覆盖率；⑥灵活性；⑦环境隔离性；⑧可维护性。

（1）研发测试环境部署。研发测试环境部署遵循的步骤：①硬件设备的选取和配置；②操作系统的安装和配置；③应用程序的安装和配置；④数据库的安装和配置；⑤测试工具和脚本的准备。

（2）研发测试环境维护。研发测试环境维护需要遵循的要求：①定期备份研发测试环境数据；②定期更新研发测试环境软件和补丁；③定期清理研发测试环境数据和日志；④监控研发测试环境状态。

16.2 运维管理考点梳理

【基础知识点】

1. 监控工具

监控工具的种类：IT 基础设施监控、性能监控、业务运营监控。

（1）常见监控工具。

1）Zabbix：是一个组织级的开源分布式监控解决方案（监控 IT 基础设施方面），它基于 Web 界面提供分布式系统监控以及网络监控功能。

2）Nagios：是一款用于监控系统、网络和 IT 基础设施的开源应用程序。

3）Prometheus：是一套开源的系统监控报警框架，采用拉（Pull）模型架构。它既适用于面向服务器等硬件指标的监控，也适用于高动态的面向服务架构的监控。

（2）统一运维监控平台。统一运维监控体系一般包括数据采集、数据检测、告警管理、故障管理、视图管理和监控管理六大模块。

常见的运维监控平台建设方式：基于开源监控软件自主开发、定制商业化运维监控平台。

2. 过程管理工具

过程管理工具的作用主要是根据合同约定的服务级别协议（SLA），对运行维护服务的交付过程或 IT 服务的全过程进行管理，实现 IT 服务的可视、可管、可控、可衡量，从而提升 IT 服务质量、降低服务风险、提高服务满意度。

IT 服务管理（IT Service Management，ITSM）系统是实现过程管理的主要工具。

ITSM 是一套面向过程、以客户为中心的管理方法和规范。

市场上常见 ITSM 工具：① Jira Service Management；② ServiceHot ITSM（已完成国产化适配，可在国产化计算机环境中稳定运行）。

3. 自动化专用工具

（1）作业调度 / 批处理工具。

作业调度/批处理工具用于实现常规化、标准化作业的统一管理，降低作业执行错误风险，降低服务人员的工作强度，提高服务质量和服务效率。

常见作业调度和批处理工具包括：

1）Puppet：主要用于管理和部署各种应用程序和服务。

2）SaltStack：是 C/S 模式，其执行过程需要等待客户端全部返回，如果客户端没有及时返回或者没有响应的话，可能会导致部分机器没有执行结果。

3）Ansible：安装使用都很简单，支持虚拟容器多层级的部署。

（2）操作自动化工具。

Jenkins 是一款持续集成自动化工具，适用于自动构建、测试和部署软件项目，能够实现快速的迭代开发和交付。

Chef 是新一代的自动化 IT 工具，主要用于自动化部署、配置和管理云计算、物联网环境，非常适合基于云业务的开发运维团队进行自动化部署和管理。

4. 服务台

服务门户工具的核心功能就是为用户、服务人员、管理人员提供统一的服务信息和资源的访问入口，以便快速地实现信息共享、服务交付、运营掌控，提高服务效率和体验。

常见的服务台工具：ServiceDesk Plus、ServiceHot、云智慧服务台。

5. 知识管理

常见的知识库工具：ITSM 内置知识库、Confluence、PingCode Wiki。

6. 备件管理

备品备件管理的常见功能：

（1）库存信息管理；

（2）备件维保服务生命周期管理；

（3）出入库审批流程；

（4）备件查询与追踪。

7. 新型运维工具

（1）AIOps。智能运维（Artificial Intelligence for IT Operations，AIOps），旨在利用大数据、人工智能或机器学习技术，把运维人员从一些纷繁复杂的运维事务中解放出来。

典型的 AIOps 如下：

1）嘉为蓝鲸智能运维解决方案。

2）云智慧智能业务运维平台。该平台可适配国产的主流 CPU、操作系统、数据库、中间件等，支持本土组织构建安全、自主、可控的信息技术应用创新体系。

（2）DevOps。常见的 DevOps 工具如下：

1）版本控制工具。例如，Git、Mercurial、SVN（Subversion）等。

2）自动化构建工具。例如，Maven、Gradle 等。

3）自动化测试工具。例如，Selenium、JUnit 等。

4）持续集成/持续交付工具。例如，Jenkins、Travis CI、GitLab CI/CD 等。

5）配置管理工具。例如，Ansible、Chef、Puppet 等。

6）日志管理工具。例如，ELK Stack（Elasticsearch、Logstash、Kibana）、Graylog 等。

7）容器化工具。例如，Docker、Kubernetes 等。

8）云平台。例如，AWS、Microsoft Azure、Google Cloud Platform 等。

(3）云管理。常见的云管理工具如下：

1）虚拟化云 CloudOS 工具。此类工具最大限度地利用现有的硬件资源，提升 IT 投资回报率。

2）CMP 云管理工具。此类工具包含云资源适配器、云资源管理、云服务管理、云运营管理、云门户等功能。

3）CSM 云安全工具。此类工具提供了面向云资源的综合安全监控和处置能力，包含安全监测、安全审计、威胁分析、安全防护、安全处置等能力。

4）CPS 云专业服务工具。此类工具包含云迁移、云测试、云备份等云工具。

16.3　项目管理工具考点梳理

1. 常用项目管理工具

（1）PingCode。PingCode 是一款覆盖软件研发全生命周期的项目管理系统，是国内相对比较成熟的敏捷开发项目管理软件，完整支持标准的 Scrum 敏捷开发流程、敏捷 Kanban 开发流程，以及规模化敏捷的管理。

PingCode 可以满足的业务场景：敏捷开发、Kanban 管理、瀑布模型开发、产品需求管理、文档协作、测试管理、研发效能度量。

（2）禅道。禅道是一款国产开源的专业研发项目管理软件。

禅道的四个核心管理框架包括项目集、产品、项目和执行。

禅道提供三种典型的项目管理模型：Scrum 敏捷开发全流程项目管理、瀑布式项目管理模型、专业研发看板项目管理。

（3）Jira。Jira 是全球最早的软件研发过程管理工具之一。

（4）Microsoft Project。Microsoft Project 软件是微软最畅销的桌面产品之一。

Microsoft Project 的主要功能包括：①项目计划；②任务管理；③资源管理；④时程表和进度管理；⑤多种视图；⑥报告；⑦路线图；⑧项目协作。

2. 项目管理工具的选择

选择项目管理工具需要考虑的因素包括：①团队规模；②团队的工作方式；③业务需求；④自定义和可扩展性；⑤易用性；⑥安全性；⑦成本。

16.4　考点实练

1. 研发管理工具中，Eclipse 的主要特点不包括（　　）。
   A．完全开放源代码　　　　　　B．跨平台
   C．集成的 Python 调试器　　　　D．版本控制支持

   答案：C

2. （　　）不属于研发测试环境部署的步骤。
   A．硬件设备的选取和配置　　　B．操作系统的安装和配置
   C．测试覆盖率　　　　　　　　D．测试工具和脚本的准备

   答案：C

3. （　　）不是自动化测试工具的标准流程阶段。
   A．自动化测试计划　　　　　　B．自动化测试设计
   C．自动化测试执行　　　　　　D．自动化测试维护

   答案：D

4. （　　）不是项目管理工具选择需要考虑的因素。
   A．团队规模　　　　　　　　　B．项目计划
   C．业务需求　　　　　　　　　D．团队的工作方式

   答案：B

5. 过程管理工具的作用主要是根据合同约定的服务级别协议（SLA），对运行维护服务的交付过程或 IT 服务的全过程进行管理，实现的功能有（　　）。
   A．实现非常规化的个性化管理　B．服务满意度的汇总
   C．实现 IT 服务的可视　　　　　D．团队的个性化工作方式

   答案：C

第 17 章

信息系统项目管理知识点梳理及考点实练

17.0 章节考点分析

第 17 章主要学习项目基本要素、项目经理的角色、价值驱动的项目管理知识体系等内容。

根据考试大纲，本章知识点会涉及单项选择题、案例分析题和论文，按以往考试的出题规律在单选题中约占 3～4 分。本章内容属于基础知识范畴，考查的知识点既来源于教材，也有少量扩展内容。本章的架构如图 17-1 所示。

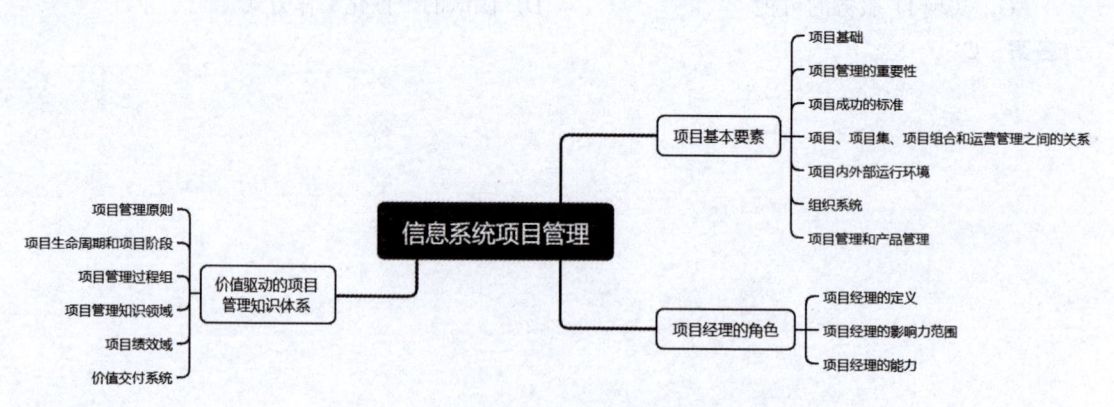

图 17-1 本章的架构

【导读小贴士】

系统规划也需要有项目管理的知识，本章的知识则是项目管理知识的一个引言和概论。项目管理就是将知识、技能、工具与技术应用于项目活动，以满足项目的要求。项目管理通过合理地应用并整合特定的项目管理过程，使组织能够高效地开展项目。

读者将学习到项目管理体系的基本要点及项目、项目集、项目组合和运营的基础知识，这一章不算是系统规划的重点，以理解为主。

17.1 项目基本要素

【基础知识点】

1. 项目基础

（1）项目是为创造独特的产品、服务或成果而进行的临时性工作。

（2）独特的产品、服务或成果。

1）可交付成果是指在某一过程、阶段或项目完成时，形成的独特并可验证的产品、成果或服务。

2）可交付成果可能是有形的，也可能是无形的，如一个软件产品、一份报告。

3）实现项目目标可能会产生一个或多个可交付成果。

（3）临时性工作。

1）项目的"临时性"是指项目有明确的起点和终点。

2）"临时性"并不一定意味着项目的持续时间短。

（4）项目驱动变更，从业务价值角度看，项目旨在推动组织从一个状态转到另一个状态，从而达成特定目标，获得更高的业务价值。

（5）项目创造业务价值，业务价值是从组织运营中获得的可量化的净效益。项目带来的效益可以是有形的、无形的或两者兼而有之。

（6）项目启动背景：符合法律法规或社会需求，满足干系人要求或需求，创造、改进或修复产品、过程或服务，执行、变更业务或技术战略。

2. 项目管理的重要性

（1）有效的项目管理能够帮助个人、群体以及组织：①达成业务目标；②满足干系人的期望；③提高可预测性；④提高成功的概率；⑤在适当的时间交付正确的产品；⑥解决问题和争议；⑦及时应对风险；⑧优化组织资源的使用；⑨识别、挽救或终止失败项目；⑩管理制约因素（例如范围、质量、进度、成本、资源）；⑪平衡制约因素对项目的影响（例如，范围扩大可能会增加成本或延长进度）；⑫以更好的方式管理变更等。

（2）项目管理不善或缺失可能导致：①项目超过时限；②项目成本超支；③项目质量低劣；④返工；⑤项目范围失控；⑥组织声誉受损；⑦干系人不满意；⑧无法达成目标等。

（3）项目是组织创造价值和效益的主要方式。

（4）有效和高效的项目管理是一个组织的战略能力。它使组织能够：①将项目成果与业务目标联系起来；②更有效地展开市场竞争；③实现可持续发展；④通过适当调整项目管理计划，以应对外部环境改变给项目带来的影响等。

3. 项目成功的标准

项目成功可能涉及与组织战略和业务成果交付相关的标准与目标，这些项目目标可能包括：①完成项目效益管理计划；②达到可行性研究与论证中记录的已商定的财务测量指标，这些财务测量指标可能包括净现值（Net Present Value，NPV）、投资回报率（Return on Investment，ROI）、内部报酬率（Internal Rate of Return，IRR）、投资回收期（Payback Period，PBP）和效益成本比率（Benefit Cost Ratio，BCR）；③达到可行性研究与论证的非财务目标；④组织从"当前状态"成功转移到"将来状态"；⑤履行合同条款和条件；⑥达到组织战略、目的和目标；⑦使干系人满意；⑧可接受的客户/最终用户的采纳度；⑨将可交付成果整合到组织的运营环境中；⑩满足商定的交付质量；⑪遵循治理规则；⑫满足商定的其他成功标准或准则（例如，过程产出率）等。

4. 项目、项目集、项目组合和运营管理之间的关系

（1）项目集是一组相互关联且被协调管理的项目、子项目集和项目集活动，目的是获得分别管理无法获得的利益。项目集不是大项目。

（2）项目集管理就是在项目集中应用知识、技能、工具和技术来满足项目集的要求，获得分别管理各项目集组件所无法实现的收益和控制。项目集的具体管理措施包括：①调整对项目集和所辖项目的目标有影响的组织或战略方向；②将项目集范围分配到项目集的组成部分；③管理项目集组成部分之间的依赖关系，从而以最佳方式实施项目集；④管理可能影响项目集内多个项目的项目集风险；⑤解决影响项目集内多个项目的制约因素和冲突；⑥解决作为组成部分的项目与项目集之间的问题；⑦在同一个治理框架内管理变更请求；⑧将预算分配到项目集内的多个项目中；⑨确保项目集及其包含的项目能够实现效益。

（3）项目组合是指为实现战略目标而组合在一起管理的项目、项目集、子项目组合和运营工作的集合。

（4）项目组合管理是指为了实现战略目标而对一个或多个项目组合进行的集中管理。

（5）项目组合中的项目集或项目不一定存在彼此依赖或直接相关的关联关系。

（6）项目组合、项目集、项目和运营在特定情况下是相互关联的，如图17-2所示。

（7）从组织的角度看，项目和项目集管理的重点在于以"正确"的方式开展项目集和项目，即"正确地做事"。项目组合管理则注重于开展"正确"的项目集和项目，即"做正确的事"。

（8）项目组合管理的目的如下：

1）指导组织的投资决策。

2）选择项目集与项目的最佳组合方式，以达成战略目标。

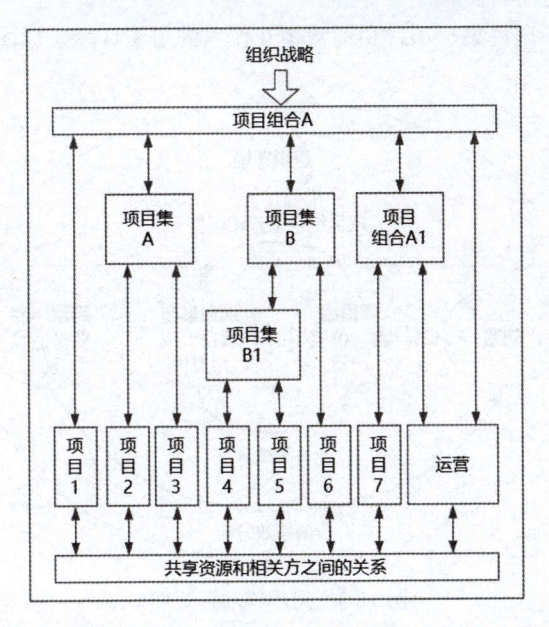

图 17-2 项目组合、项目集、项目和运营的相互关联

3）提供决策透明度。
4）确定团队资源分配的优先级。
5）提高实现预期投资回报的可能性。
6）集中管理所有组成部分的综合风险。
7）确定项目组合是否符合组织战略。
（9）运营管理。
1）运营管理关注产品的持续生产、服务的持续提供。
2）运营管理使用最优资源满足客户要求，以保证组织或业务持续高效地运行。
3）运营管理重点管理把输入（如材料、零件、能源和人力）转变为输出（如产品、服务）的过程。
（10）组织级项目管理。

项目组合、项目集和项目都需要符合组织战略，由组织战略驱动，并以不同的方式服务于战略目标的实现：①项目组合管理通过选择适当的项目集或项目，对工作进行优先级排序，并提供所需资源，与组织战略保持一致；②项目集管理通过对其组成部分进行协调，对它们之间的依赖关系进行控制，从而实现既定收益；③项目管理使组织的目标得以实现。

组织往往用战略规划引导项目投资，明确项目对实现组织战略和目标的作用。通过组织级项目管理，对项目组合、项目集和项目进行系统化管理，可以确保项目符合组织战略业务目标。组织级项目管理是指为实现战略目标，通过组织驱动因素整合项目组合、项目集和项目管理的框架。组织级项目管理旨在确保组织开展正确项目并合理地分配关键资源。组织级项目管理有助于确保组织的各个层级都了解组织的战略愿景、实现愿景的措施、组织目标以及可交付成果。组织级项目管理展示了项目组合、项目集、项目和运营相互作用的组织环境，如图 17-3 所示。

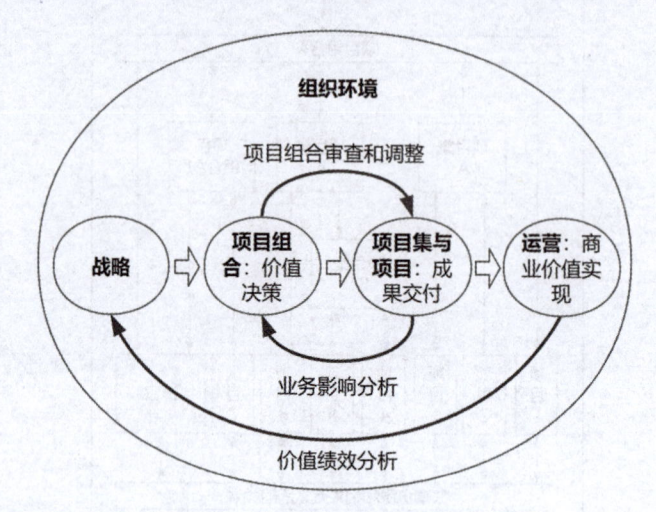

图 17-3　组织级项目管理

5. 项目内外部运行环境

（1）组织过程资产包括指导工作的过程和程序以及组织的全部知识。包括但不限于：

1）过程资产：包括工具、方法论、方法、模板、框架、模式或 PMO 资源。

2）治理文件：包括政策和流程。

3）数据资产：包括以前项目的数据库、文件库、度量指标、数据和工件。

4）知识资产：包括项目团队成员、主题专家和其他员工的隐性知识。

5）安保和安全：包括对设施访问、数据保护、保密级别和专有秘密的程序和实践等。

（2）事业环境因素指涉及并影响项目成功的环境、组织因素和系统。

1）内部因素包括组织文化、结构和治理、设施和资源的物理分布、基础设施、信息技术软件、资源可用性、员工能力。

2）外部因素包括市场条件、社会和文化影响因素、监管环境、商业数据库、学术研究、行业标准、财务考虑因素、物理环境因素。

6. 组织系统

（1）组织内多种因素的交互影响创造出一个独特的组织系统，该组织系统会影响项目的运行，并决定了组织系统内部人员的权力、影响力、利益、能力等，包括治理框架、管理要素和组织结构类型。

（2）治理框架是在组织内行使职权的框架，包括规则、政策、程序、规范、关系、系统和过程。

（3）管理要素是组织内部关键职能部门或一般管理原则的组成部分。组织根据其选择的治理框架和组织结构类型确定一般的管理要素。

（4）不存在适用于所有组织的通用结构类型，特定组织最终选取和采用的组织结构具有各自的独特性。组织结构对项目的影响，见表 17-1。

表 17-1 组织结构对项目的影响

组织结构类型	项目特征					
	工作安排人	项目经理批准	项目经理的角色	资源可用性	项目预算管理人	项目管理人员
系统型或简单型	灵活；人员并肩工作	极少或无	兼职；工作角色（如协调员）指定与否不限	极少或无	负责人或操作员	极少或无
职能（集中式）	正在进行的工作（例如，设计、制造）	极少或无	兼职；工作角色（如协调员）指定与否不限	极少或无	职能经理	兼职
多部门（职能可复制，各部门几乎不会集中）	其中之一：产品、生产过程、项目组合、项目集、地理区域、客户类型	极少或无	兼职；工作角色（如协调员）指定与否不限	极少或无	职能经理	兼职
矩阵—强	按工作职能，项目经理作为一个职能	中到高	全职指定工作角色	中到高	项目经理	全职
矩阵—弱	工作职能	低	兼职：作为另一项工作的组成部分，并非指定工作角色，如协调员	低	职能经理	兼职
矩阵—均衡	工作职能	低到中	兼职：作为一种技能的嵌入职能，不可以是指定工作角色（如协调员）	低到中	混合	兼职
项目导向（复合、混合）	项目	高到几乎全部	全职指定角色	高到几乎全部	项目经理	全职
虚拟	网络架构，带有与他人联系的节点	低到中	全职或兼职	低到中	混合	全职或兼职
混合型	其他类型的混合	混合	混合	混合	混合	混合
项目管理办公室（PMO）	其他类型的混合	高到几乎全部	全职：指定工作角色	高到几乎全部	项目经理	全职

（5）项目管理办公室（PMO）。

1）项目管理办公室（PMO）是项目管理中常见的一种组织结构，PMO 对与项目相关的治理过程进行标准化，并促进资源、方法论、工具和技术共享。PMO 的职责范围可大可小，小到提供项目管理支持服务，大到直接管理一个或多个项目。

2）PMO 有如下三种类型：

a. 支持型：PMO 担当顾问的角色，向项目提供模板、最佳实践、培训，以及来自其他项目的信息和经验教训。这种类型的 PMO 其实就是一个项目资源库，对项目的控制程度很低。

b. 控制型：PMO 不仅给项目提供支持，而且通过各种手段要求项目服从，这种类型的 PMO 对项目的控制程度属于中等。

c. 指令型：PMO 直接管理和控制项目。项目经理由 PMO 指定并向其报告。这种类型的 PMO 对项目的控制程度很高。（注意：直接控制项目不是控制型，是指令型）。

3）PMO 还有可能承担整个组织范围的职责，在支持战略调整和创造组织价值方面发挥重要的作用。PMO 的一个主要职能是通过各种方式向项目经理提供支持，包括：①对 PMO 所辖全部项目的共享资源进行管理；②识别和制定项目管理方法、最佳实践和标准；③指导、辅导、培训和监督；④通过项目审计，监督项目对项目管理标准、政策、程序和模板的合规性；⑤制定和管理项目政策、程序、模板及其他共享的文件（组织过程资产）；⑥对跨项目的沟通进行协调等。

7. 项目管理和产品管理

（1）产品是指可量化生产的工件（包括服务及其组件）。产品既可以是最终制品，也可以是组件制品。

（2）产品管理涉及将人员、数据、过程和业务系统整合，以便在整个产品生命周期中创建维护和开发产品（或服务）。

（3）产品生命周期是指一个产品从引入、成长、成熟到衰退的整个演变过程的一系列阶段。

（4）产品管理是项目集管理和项目管理的一个关键整合点，可以表现为如下形式：

1）产品生命周期中包含项目集管理。

2）产品生命周期中包含单个项目管理。

3）项目集内的产品管理。

17.2 项目经理的角色考点梳理

【基础知识点】

1. 项目经理的定义

（1）职能经理专注于对某个职能领域或业务部门的管理监督。

（2）运营经理负责保证业务运营的高效性。

（3）项目经理是由执行组织委派，负责领导团队实现项目目标的人。

2. 项目经理的影响力范围

项目经理在其影响力范围内可担任多种角色，会涉及项目、组织、行业、专业学科和跨领域范围内的角色。主要影响力体现在以下几方面：

（1）项目。项目经理领导项目团队实现项目目标和干系人的期望，利用可用资源，平衡相互竞争的制约因素。项目经理还担任项目发起人、团队成员与其他干系人之间的沟通者，可以提供指导和展示项目成功的愿景和目标。

（2）组织。第一，项目经理需要积极地与组织内其他项目经理互动，以满足项目的各种需求，包括团队为完成项目而需要的人力、技术或财力资源和可交付成果。项目经理需要寻求各种方法来培养人际关系，从而帮助团队实现项目目标。

第二，项目经理在组织内扮演着强有力的倡导者角色。

第三，项目经理应该努力提高自己在组织内的总体项目管理能力和技能，并参与隐性和显性知识的转移或整合计划。项目经理还应该：①展现项目管理的价值；②提高组织对项目管理的接受度；③提高组织内现有 PMO 的效率。

第四，基于组织结构，项目经理有可能还需要向职能经理报告。而在其他情况下，项目经理可能与其他项目经理一起向 PMO、项目组合或项目集经理报告。项目经理还需与其他角色紧密协作，如组织经理、专家以及可行性研究分析人员。在某些情况下，项目经理可以是临时被委任的外部顾问。

（3）行业。项目经理应该时刻关注行业的最新发展趋势，获取并判断这些信息对当前项目的影响。

（4）专业学科。对项目经理而言，持续的知识传递和整合非常重要。

（5）跨领域。专业的项目经理可以指导和教育其他专业人员了解项目管理方法对组织的价值。项目经理还可以担任非正式的宣传大使，使组织了解项目管理在按时交付、质量、创新和资源管理方面的优势。

3. 项目经理的能力

项目经理需要重点关注三个方面的关键技能，包括项目管理、战略和商务、领导力。为了最有效地开展工作，项目经理需要平衡这三种技能。

（1）项目管理技能指有效运用项目管理知识实现项目集或项目的预期成果的能力。顶尖的项目经理往往具备以下四种关键技能：①重点关注并随之准备好所管理的各个项目的关键项目管理要素，包括项目成功的关键因素、进度表、指定的财务报告和问题日志；②针对每个项目裁剪传统工具、敏捷工具、技术、方法；③花时间制订完整计划并谨慎排定优先顺序；④管理项目要素，包括进度、成本、资源风险等。

（2）战略和商务管理技能包括了解组织概况、有效协商，以及执行有利于战略调整和创新的决策及行动的能力。

（3）领导力技能包括指导、激励和带领团队的能力。

（4）领导力与管理的区别。领导力不等同于管理。管理指执行一系列已知的预期行为指挥一个人从一个位置到另一个位置。领导力指通过讨论或辩论的方式与他人合作，带领他们从一个位置到另一个位置。二者之间的区别表现见表 17-2。

表 17-2 管理与领导力的区别

管理	领导力
直接利用职位权力	利用关系的力量指导、影响与合作
维护	建设
管理	创新

续表

管理	领导力
关注系统和架构	关注人际关系
依赖控制	激发信任
关注近期目标	关注长期愿景
了解方式和时间	了解情况和原因
关注赢利	关注范围
接受现状	挑战现状
正确地做事	做正确的事
关注可操作性的问题和问题的解决	关注愿景、一致性、动力和激励

（5）领导力风格如下：

1）放任型（允许团队自主决策和设定目标，又被称为"无为而治型"）。

2）交易型（根据目标、反馈和成就给予奖励）。

3）服务型（服务优先于领导）。

4）变革型（通过理想化特质和行为、鼓舞性激励、促进创新和创造，以及个人关怀提高追随者的能力）。

5）魅力型（能够激励他人）。

6）交互型（结合了交易型、变革型和魅力型领导的特点）等。

17.3 价值驱动的项目管理知识体系考点梳理

【基础知识点】

1. 项目管理原则

项目管理原则包括：勤勉、尊重和关心他人；营造协作的项目团队环境；促进干系人有效参与；聚焦于价值；识别、评估和响应系统交互；展现领导力行为；根据环境进行裁剪；将质量融入过程和成果中；驾驭复杂性；优化风险应对；拥抱适应性和韧性；为实现目标而驱动变革。

速记词如下：

远上寒山石径斜，勤勉尊重关心她。

白云生处有人家，营造环境要干架。

停车坐爱枫林晚，交互展现驾复杂。

霜叶红于二月花，诗人剪纸丰变化。（注：其中"诗人"是指适应性和韧性）

2. 项目生命周期和项目阶段

（1）项目生命周期指项目从启动到收尾所经历的一系列阶段。这些阶段之间的关系可以顺序、迭代或交叠进行。

（2）项目的规模和复杂性各不相同，但所有项目都呈现包含启动项目、组织与准备、执行项目工作和结束项目四个项目阶段的通用的生命周期结构。

（3）通用的生命周期结构具有如下特征：

1）成本与人力投入在开始时较低，在工作执行期间达到最高，并在项目快要结束时迅速回落。

2）风险与不确定性在项目开始时最大，并在项目的整个生命周期中随着决策的制定与可交付成果的验收而逐步降低；做出变更和纠正错误的成本，随着项目越来越接近完成而显著增高。

（4）项目生命周期类型如下：

1）预测型生命周期。采用预测型开发方法的生命周期适用于已经充分了解并明确确定需求的项目，又称为瀑布型生命周期，在生命周期的早期阶段确定项目范围、时间和成本，对任何范围的变更都要进行严格管理，每个阶段只进行一次，每个阶段都侧重于某一特定类型的工作。高度预测型项目范围变更很少、干系人之间有高度共识。这类项目会受益于前期的详细规划，但有些情况（如增加范围、需求变化或市场变化）会导致某些阶段重复进行。

2）迭代型生命周期。采用迭代型生命周期的项目范围通常在项目生命周期的早期确定，但时间及成本会随着项目团队对产品理解的不断深入而定期修改。

3）增量型生命周期。采用增量型生命周期的项目通过在预定的时间区间内渐进增加产品功能的一系列迭代来产出可交付成果。只有在最后一次迭代之后，可交付成果具有了必要和足够的能力，才能被视为完整的。

迭代方法和增量方法的区别：迭代方法是通过一系列重复的循环活动来开发产品，而增量方法是渐进地增加产品的功能。

4）适应型生命周期。采用适应型开发方法的项目又称为敏捷型或变更驱动型项目，适合于需求不确定，不断发展变化的项目。项目和产品的愿景与范围，在开始迭代之前被定义和批准，每次迭代（又称"冲刺"）结束时，客户会对具有功能性的可交付物进行审查。审查时关键干系人会提供反馈，项目团队会更新项目待办事项列表，以确定下一次迭代中特性和功能的优先级。适应型项目生命周期的特点是先基于初始需求制订一套高层级计划，再逐渐把需求细化到适合特定规划周期所需的详细程度。

5）混合型生命周期，是预测型生命周期和适应型生命周期的组合。

生命周期之间的联系与区别见表 17-3。

表 17-3 生命周期之间的联系与区别

预测型	迭代型与增量型	适应型
需求在开发前预先确定	需求在交付期间定期细化	需求在交付期间频繁细化
针对最终可交付成果制订交付计划，然后在项目结束时一次交付最终产品	分次交付整体项目或产品的各个子集	频繁交付对客户有价值的各个子集
尽量限制变更	定期把变更融入项目	在交付期间实时把变更融入项目

续表

预测型	迭代型与增量型	适应型
关键干系人在特定里程碑点参与	关键干系人定期参与	关键干系人持续参与
通过对基本已知的情况编制详细计划来控制风险和成本	通过用新信息逐渐细化计划来控制风险和成本	随着需求和制约因素的显现而控制风险和成本

3. 项目管理过程组

（1）项目管理过程组是为了达成项目的特定目标，对项目管理过程进行的逻辑上的分组。

（2）项目管理分为以下五大过程组：

1）启动过程组。定义了新项目或现有项目的新阶段，启动过程组授权一个项目或阶段的开始。

2）规划过程组。明确项目范围、优化目标，并为实现目标制订行动计划。

3）执行过程组。完成项目管理计划中确定的工作，以满足项目要求。

4）监控过程组。跟踪、审查和调整项目进展与绩效，识别变更并启动相应的变更。

5）收尾过程组。正式完成或结束项目、阶段或合同。

（3）适应型项目中的五大过程组则比较特殊。

1）启动过程组：关键在于识别并持续与知识丰富的干系人互动，确保项目目标与需求保持一致。需要定期回顾和确认项目章程，以适应变化的制约因素和目标。

2）规划过程组：鼓励广泛参与，包括团队成员和干系人，以降低不确定性。规划是渐进的，从高层级计划逐步细化到具体迭代的详细计划。

3）执行过程组：通过短期的迭代来指导和管理工作，每个迭代后进行演示和审查。强调团队自主和高度投入，项目经理聚焦于高层级目标。

4）监控过程组：通过维护未完项清单来跟踪进展和绩效，整合变更和原有工作。使用趋势图表与干系人沟通，推动持续改进和期望管理。

5）收尾过程组：优先完成最具业务价值的工作，即使项目提前结束也能确保创造业务价值。将提前结束视为一种成功，即实现收益、快速成功或验证业务概念。

（4）适应型项目中过程组之间的关系。

1）以迭代方式顺序开展的项目。适应型项目往往可分解为一系列先后顺序进行的、被称为"迭代期"的阶段。在每个迭代期都要利用相关的项目管理过程。

2）持续反复开展的项目。高度适应型项目往往在整个项目生命周期内持续实施所有的项目管理过程组。采用这种方法，工作一旦开始计划就需根据新情况而改变，需要不断调整和改进项目管理计划所有要素。

4. 项目管理知识领域

（1）十大知识领域。项目管理通常使用十大知识领域，包括整合、范围、进度、成本、质量、资源、沟通、风险、采购、干系人的管理。

1）项目整合管理。识别、定义、组合、统一和协调各项目管理过程组的各个过程和活动。

2）项目范围管理。确保项目做且只做所需的全部工作以成功完成项目。

3）项目进度管理。管理项目按时完成所需的各个过程。

4）项目成本管理。为使项目在批准的预算内完成而对成本进行规划、估算、预算、融资、筹资、管理和控制。

5）项目质量管理。把组织的质量政策应用于规划、管理、控制项目和产品的质量，以满足干系人的期望。

6）项目资源管理。识别、获取和管理所需资源以成功完成项目。

7）项目沟通管理。确保项目信息及时且恰当地规划、收集、生成、发布、存储、检索、管理、控制、监督和最终处置。

8）项目风险管理。规划风险管理、识别风险、开展风险分析、规划风险应对、实施风险应对和监督风险。

9）项目采购管理。从项目团队外部采购或获取所需产品、服务或成果。

10）项目干系人管理。识别影响或受项目影响的人员、团队或组织，分析干系人对项目的期望和影响，制定合适的管理策略来有效调动干系人参与项目决策和执行。

（2）项目管理的五大过程组和十大知识领域见表17-4。

表 17-4　项目管理的五大过程组和十大知识领域

知识领域	启动	规划	执行	监控	收尾
整合	制定项目章程	制订项目管理计划	指导与管理项目工作、管理项目知识	监控项目工作、实施整体变更控制	结束项目或阶段
范围		规划范围管理、收集需求、定义范围、创建WBS		确认范围、控制范围	
进度		规划进度管理、定义活动、排列活动顺序、估算活动持续时间、制订进度计划		控制进度	
成本		规划成本管理、估算成本、制定预算		控制成本	
质量		规划质量管理	管理质量	控制质量	
资源		规划资源管理、估算活动资源	获取资源、建设团队、管理团队	控制资源	
沟通		规划沟通管理	管理沟通	监督沟通	
风险		规划风险管理、风险识别、实施定性风险分析、实施定量风险分析、规划风险应对	实施风险应对	监督风险	
采购		规划采购管理	实施采购	控制采购	
干系人	识别干系人	规划干系人参与	管理干系人参与	监督干系人参与	

5. 项目绩效域

（1）项目绩效域是一组对有效地交付项目成果至关重要的活动。包括干系人、团队、开发方法和生命周期、规划、项目工作、交付、测量、不确定性八个项目绩效域。（速记词：团干部策划开公交）

（2）这些绩效域共同构成了一个统一的整体。每个绩效域都与其他绩效域相互依赖，从而促使成功交付项目及其预期成果。

（3）每个项目中各个绩效域之间相互关联的方式各不相同。

6. 价值交付系统

价值交付系统描述了项目如何在系统内运作，为组织及其干系人创造价值。包括如何创造价值、价值交付组件和信息流，是组织内部环境的一部分。

（1）创造价值。项目可以通过以下五种方式创造价值：①创造满足客户或最终用户需要的新产品、服务或结果；②做出积极的社会或环境贡献；③提高效率、生产力、效果或响应能力；④推动必要的变革，以促进组织向期望的未来状态过渡；⑤维持以前的项目集、项目或业务运营所带来的收益等。

（2）价值交付组件。价值交付组件包括项目组合、项目集、项目、产品和运营的单独使用或组合。

（3）信息流。当信息和信息反馈在所有价值交付组件之间以一致的方式共享时，价值交付系统最为有效。

17.4　考点实练

1. 项目的临时性指的是（　　）。
　　A．有明确的起点和终点　　　　B．临时起意
　　C．持续的时间短　　　　　　　D．非正式的

答案：A

2. 关于项目、项目集、项目组合和运营管理之间的关系，错误的是（　　）。
　　A．项目集是一组相互关联且被协调管理的项目、子项目集和项目集活动
　　B．项目集管理能获得分别管理各项目集组件所无法实现的收益和控制
　　C．项目组合管理是指为了实现战略目标而对一个或多个项目组合进行的集中管理
　　D．项目组合中的项目集或项目一定存在彼此依赖或直接相关的关联关系

答案：D

3. 项目的组织过程资产不包括（　　）。
　　A．员工的累积经验　　B．保密制度模板　　C．归档的文件库　　D．员工的能力

答案：D

4. 项目经理的领导力风格不包括（ ）。

　　A．交易型　　　　　B．变革型　　　　　C．魅力型　　　　　D．控制型

答案： D

5. 关于项目生命周期的说法，正确的是（ ）。

　　A．预测型生命周期能预测项目的变化

　　B．迭代型生命周期每一次迭代均需要修订范围

　　C．增量型生命周期通过多次增量改进最终满足项目要求

　　D．适应型生命周期适用于已经充分了解并明确确定需求的项目

答案： C

6. （ ）管理过程是确保项目信息及时且恰当地规划、收集、生成、发布、存储、检索、管理、控制、监督和最终处置。

　　A．整合　　　　　　B．沟通　　　　　　C．资源　　　　　　D．干系人

答案： B

第 18 章
智慧城市发展规划知识点梳理及考点实练

18.0　章节考点分析

第 18 章主要学习智慧城市发展整体环境、发展关注焦点、发展规划要点及系统架构等内容。根据考试大纲，本章知识点会涉及单项选择题、案例题，不属于论文的考试范畴。按以往考试的出题规律约占 2～3 分。本章内容考查的知识点主要来源于教材。本章的架构如图 18-1 所示。

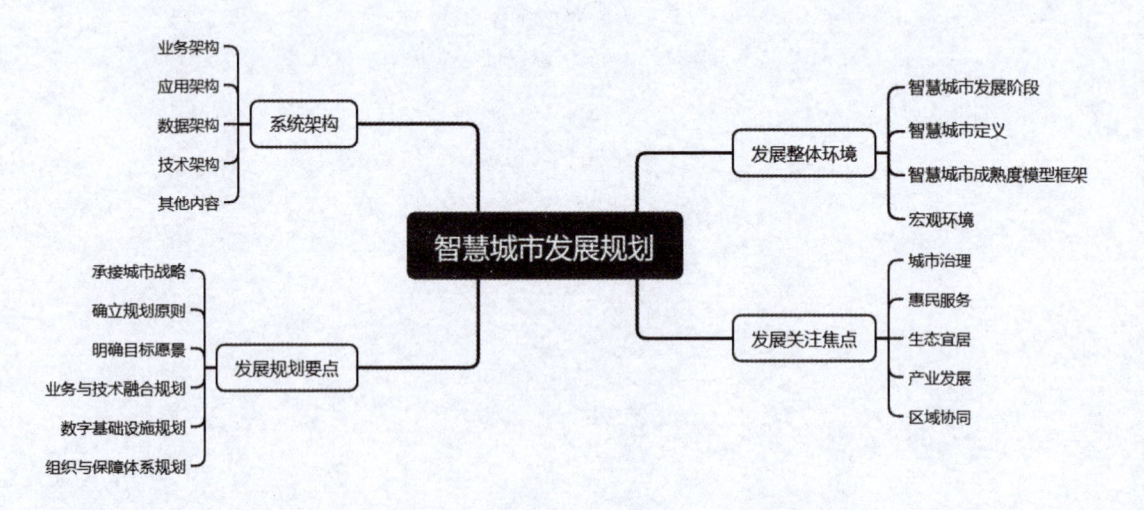

图 18-1　本章的架构

【导读小贴士】

智慧城市发展规划指在城市规划、设计、建设、管理与运营等领域中,通过物联网、云计算、大数据、空间地理信息集成等信息数字技术的应用,使得城市管理关键基础设施组件和服务更互联、高效和智能,在整本书中属于概念性知识,在选择题、案例分析题中都会考到,需要理解其中内容。

18.1 发展整体环境考点梳理

【基础知识点】

1. 智慧城市发展阶段

我国智慧城市发展大致经历了四个阶段:第一阶段(1999—2008 年)是我国智慧城市建设的初始形成期;第二阶段(2009—2015 年)是智慧城市发展的布局期;第三阶段(2016—2018 年)为我国智慧城市建设新型转换期;第四阶段(2020 年至今),我国新型智慧城市建设进入新的发展阶段。

2. 智慧城市定义

(1)IBM 定义:运用信息和通信技术手段感测、分析、整合城市运行核心系统的各项关键信息,从而对包括民生、环保、公共安全、城市服务、工商业活动在内的各种需求作出智能响应。

(2)国家部委定义:智慧城市是通过综合运用现代科学技术、整合信息资源、统筹业务应用系统,加强城市规划、建设和管理的新模式。

(3)国家标准定义:智慧城市是"运用信息通信技术,有效整合各类城市管理系统,实现城市各系统间信息资源共享和业务协同,推动城市管理和服务智慧化,提升城市运行管理和公共服务水平,提高城市居民幸福感和满意度,实现可持续发展的一种创新型城市"。

3. 智慧城市成熟度模型框架

智慧城市成熟度模型框架由成熟度等级、能力要素、成熟度分级特征三部分构成。根据城市治理与职能分工,将能力要素分为共性基础类、场景应用类两类,定义了若干能力域,并细分为一系列具体的能力子域。

(1)智慧城市共性基础类能力要素作为智慧城市建设的能力支撑,贯穿智慧城市发展的全过程,包括数字战略、全周期管理、ICT 资源、数据、技术服务、信息安全等。

(2)智慧城市场景应用类能力要素作为智慧城市建设的应用场景落地的具体体现,规定了各领域应用场景建设的成熟度水平,从业务角度将场景应用能力要素划分为惠民服务、城市治理、生态宜居、产业发展四大能力域,各能力域由一系列典型应用场景的能力子域组成。

成熟度等级划分:智慧城市按照在不同发展阶段应达到的水平特征划分为五个成熟度等级,

自低向高分别为一级（规划级）、二级（管理级）、三级（协同级）、四级（优化级）和五级（引领级）。

- 一级（规划级）：智慧城市发展策划清晰，相关职责分工和工作机制明确，初步开展数据采集和应用，相关活动有序开展。
- 二级（管理级）：智慧城市发展战略、原则、目标和实施计划等明确且具体，城市基础设施的智能化改造持续推进，多领域实现信息系统单项应用，实施智慧城市全生命周期管理。
- 三级（协同级）：有效管控智慧城市各项发展目标，实施多业务、多层级、跨领域应用系统的集成，持续推进信息资源的共享与交换，推动惠民服务、城市治理、生态宜居、产业发展等的融合创新，实现跨领域的协同改进。
- 四级（优化级）：智慧城市与城市发展深度融合，基于数据与知识模型实现城市经济、社会精准化治理，数据要素的价值挖掘和开发利用活跃，城市竞争力持续提升。
- 五级（引领级）：智慧城市敏捷发展，城市物理空间、社会空间、信息空间的融合演进和共生共治，能够引领城市集群治理联动，形成高质量发展共同体。

4. 宏观环境

智慧城市规划的宏观环境包括政策环境、经济环境、社会环境和技术环境。

18.2 发展关注焦点考点梳理

【基础知识点】

大多数城市的智慧城市建设与发展聚焦在城市治理、惠民服务、生态宜居、产业发展、区域协同五大领域。

1. 城市治理

城市治理领域主要包括城市管理、应急管理、公共安全、基层治理、市政管理、市场监管、交通治理等具体业务。

2. 惠民服务

惠民服务领域主要包括政务服务、交通服务、社保服务、医疗服务、社区服务、教育服务、养老服务、就业服务、无障碍服务、停车服务、文体服务等具体业务。

3. 生态宜居

生态宜居领域主要包括绿色低碳、生态环保、智慧能源、智慧水利、城市公园、自然资源监管等具体业务。

4. 产业发展

产业发展主要包括智慧商圈、智慧物流、智慧园区、智慧金融、智慧农业、智慧出行、智慧旅游等具体业务。

5. 区域协同

区域协同领域主要包括城乡联动、城市群发展、跨区域协同等具体业务。

18.3　发展规划要点考点梳理

【基础知识点】

1. 智慧城市发展规划需考虑的因素

智慧城市发展规划需考虑的因素主要包括：①应与国家城镇化、信息化发展规划进行有机结合，与城市其他相关规划、政策文件相衔接。②应推进公共服务便捷化、城市管理精细化、生活环境宜居化、基础设施智能化、网络安全长效化等目标的实现。③应从城市整体发展战略层面对智慧城市建设目标、总体架构及业务架构、数据架构、应用架构、基础设施架构、安全体系、标准体系、产业体系等进行规划和设计；从操作层面对主要任务、重点工程、运营模式、实施阶段、保障措施等进行设计。④应考虑政府、企业、居民等多元主体的实际需求。⑤应围绕目标导向、问题导向和需求导向展开，确定发展方向、建设目标、总体架构与实施路径等内容，并宜区分需求和目标的轻重缓急。⑥应重点围绕跨部门、跨领域、跨层级的资源统筹、数据共享、业务协同，从体制机制和技术应用两方面进行创新。

2. 承接城市战略

智慧城市发展规划应以城市宏观发展战略、数字化纲要性文件为支撑，结合本地区城市数字化建设需求及重点解决问题，围绕数字政府、数字社会、数字经济、数字基础设施等方面的基础条件及实际需求，设计本地区智慧城市的战略框架、战略定位和战略举措，并凝练形成智慧城市规划的指导思想和战略路径等。其中，指导思想立足大格局总览城市未来发展，是智慧城市建设推动城市战略实现的宏观效果；战略路径是智慧城市建设推动城市战略落地的中观机制。

3. 确立规划原则

智慧城市规划的原则：①应充分结合城市智慧化发展所面临的实际问题，避免空泛偏离方向；②原则提出的要求应具体，并且在该城市可实施，避免脱离实际，缺乏操作性；③原则提出的具体要求应覆盖全面、无遗漏，能全面规范智慧城市推进工作，避免疏漏缺失。

一般来说，智慧城市发展规划可以参考以下基本原则。

- 以人为本，增强用户体验。
- 技术赋能，提升业务效率。
- 规则重构，优化资源配置。
- 多元创新，推进全局性转变。
- 多方共建，提升城市竞争力。

拟定的基本原则包括：以人为本，惠民利企；统筹规划，集约建设；数字赋能，融合创新；政府主导，多元参与；自主可控，保障安全等。

4. 明确目标愿景

规划目标分为总体目标和具体目标两部分。规划的时间节点一般分为近期、中远期，应分别提出各期目标值。要设计符合实际的指标体系，包括定性目标、定量目标、约束性指标和预期性指标等。具体的规划目标应满足以下要求。

- 以阶段为划分，明确各阶段的主要任务、建设内容及建设成果。
- 具有明确性、可衡量性、可达成性，并有明确时限，同时应与城市自身的数字化发展设想和其他城市规划目标相匹配，并列表展示。
- 总体目标以近期为准，应明确规划期完成后在政务、经济、社会、文化、生态文明等领域所取得的宏观成效，具体目标应就以上方面分领域描述应取得的具体成效。
- 规划目标应展望中远期达成成效和愿景，较总体目标更为宏观。
- 目标设定应充分衔接城市战略及智慧城市指导思想等内容。
- 建立指标体系，实现对智慧城市建设效果的量化。

5. 业务与技术融合规划

智慧城市关注的业务与技术融合内容，主要集中在数字政府、数字社会和数字经济规划三个部分。

（1）数字政府规划。形成"用数据对话、用数据决策、用数据服务、用数据创新"的现代化治理模式。

根据政府对内对外业务划分，数字政府规划可分为政府机关内部的数字化和政府对外治理和服务的数字化。政府机关内部的数字化一般可概括为"一网协同"；政府对外治理和服务的数字化一般可概括为"一网统管"和"一网通办"。

1）一网协同。一网协同规划应聚焦于机关内部办公、办会、办事等方面数字化提升方法和途径，打造统一的横向到边、纵向到底的政务办公统一门户，通过实施机关内部"一件事"集成改革和加强政务流程优化再造，提高党政机关跨层级、跨地域、跨部门、跨系统、跨业务的协同联动能力。

2）一网统管。一网统管规划应聚焦于城市治理和社会治理难点、堵点，运用大数据、人工智能、云计算、5G、物联网等新技术，以数据应用为核心，系统性谋划政府职能转变方式和业务流程再造模式，推进政府治理精细化呈现、智能化分析和精准化预警，实现一网统管全域、一网统一指挥、一网统筹决策。

3）一网通办。一网通办规划应聚焦于城市服务各领域，从技术、业务流程、机制体制等方面开展一系列规划，通过推动各类政务服务、公共服务和社会服务渠道资源集聚融合，不断提高政务服务的完备度、便捷度、成熟度，为企业和市民提供一站式的城市综合服务体验。

（2）数字社会规划。数字社会是在传统社会基础上，在以大数据、人工智能等为代表的信息数字技术的赋能作用下，社会的生产方式、生活方式和传播方式发生革命性改变，物理现实社会与数字虚拟社会高度融合的社会形态。

数字社会范畴的事项主要包括公共服务、教育、医疗、社会治理、数字乡村、便民服务等领域。

（3）数字经济规划。数字经济产业发展规划包含数字产业化、产业数字化、数据要素市场化等设计内容，其中数据要素是核心资产，数字产业化是数字经济发展的基础，产业数字化是数字经济的主体。

数字产业化的规划设计要紧紧围绕区域的创新基础及信息产业基础，致力于提升区域科技创新水平，推动区域数字产业特色发展。城市数字产业规划包括区域发展定位、产业战略定位、产业发展策略、重点项目策划、制定规划实施路径等步骤。

产业数字化规划总体思路应以产业互联网为主要发展方向，结合区域产业发展基础，推动农业、制造业、服务业等行业数字化升级，培育、壮大数字融合新业态、新模式，构建现代产业体系，形成数字经济发展新动能。

城市产业数字化转型规划包括制定产业数字化转型战略、制定推进产业数字化转型的关键行动、构建产业数字化保障条件三个步骤。

引导数据要素市场化配置，充分考虑数据安全和数据产权，在统筹管理、市场交易、数据融合、价值评估等方面推动数据要素发展，主要包括：

- 规划数据要素技术研发、产品开发体系。
- 规划城市数据要素交易公共平台，支撑数据要素市场主体开展数据交易活动。
- 规划数据要素市场化管理配置机制，包含但不限于对数据要素市场主体的数据收集、融合、处理、开放、共享、价值评估、交易等活动的秩序规范。
- 规划监测和评价体系，对数据要素市场主体的数据治理及交易活动进行监测和评价。

6. 数字基础设施规划

这里的数字基础设施与新型基础设施等同，主要包括信息基础设施、融合基础设施和创新基础设施。

（1）信息基础设施。信息基础设施主要包括"云、网、数、智、安、端"等内容。其中，"云"是指城市的云基础设施，包含政务云、行业云、公有云等；"网"是指城市的网络基础设施，包括电子政务外网、行业专网、互联网、物联网、算力网等；"数"是指一体化数据资源体系，包括推进资源归集、治理、共享开放、交易流通等各环节技术和制度建设；"智"是指城市智能中枢，包括数字孪生、时空地理信息、物联感知、视频汇聚智能分析、人工智能等各类平台能力，并通过连接枢纽将各能力融合集成，统一对外服务；"安"是指一体化网络和数据安全体系，包括安全物理环境、安全通信环境、安全区域边界、安全计算环境相关的软硬件及一系列安全管理措施，同时包括商用密码体系；"端"是指各类智能感知终端，包括视频摄像头、温湿度传感器、烟雾传感器、流量探测器等，将各类"端"设备融合于设施实体上，则该实体被称为融合基础设施，如智慧灯杆等。

（2）融合基础设施。融合基础设施是指传统基础设施应用信息数字技术进行智能化改造后形成的基础设施形态，包括以工业互联网、智慧交通物流设施、智慧能源系统为代表的新型生产性设施，和以智慧民生基础设施、智慧环境资源设施、智慧城市基础设施等为代表的新型社会性设施，包括但不限于智能化道路、交通监控设施、智慧灯杆、智能电网、智能充电桩、智能燃气等。

（3）创新基础设施。创新基础设施是指支撑科学研究、技术开发、新产品和新服务研制的具有公益属性的基础设施。例如，科技基础设施：生物医药等领域的国家实验室；科教基础设施：

前沿科学研究平台、产业创新共性平台等；产业技术创新基础设施：企业技术中心等。

7. 组织与保障体系规划

智慧城市组织与保障体系规划**重点关注组织体系、市场化生态、人才队伍和信息安全**等。

（1）组织体系。在进行智慧城市组织体系规划时：①需要识别所有参与相关工作的主体，并从中找出主要组织单位，并基于此定义所有参与主体的角色与职责；②定义主导组织单位的相关责任分工，需要包括领导与协调、业务与项目管理、技术创新与决策、数据资源与安全等；③明确相关职责的承担部门或主体，并确保相关职责能够到人，必要时，技术创新与决策部分可以使用社会化力量进行承担；④明确主体组织单位外的其他组织单位角色与职责，这部分尽量能够到人，至少要与相关组织的内部架构进行匹配和融合；⑤所有单位的角色职责融合一体化。

切记以下四点：①不要忽略主体组织外的其他组织与群体；②避免相关职责没有得到有效宣贯；③所有责任体系要明确，确保基于组织架构等能够直接或间接实现所有任务或活动责任到人；④各类角色职责之间不要缺乏一体化融合。

（2）市场化生态。智慧城市市场化生态不仅仅包括信息技术及其服务行业，也包括信息数字技术驱动衍生的城市新业态，如共享经济等。这就需要：①开展智慧城市规划时，把市场化生态作为一项工作内容考虑；②充分挖掘智慧城市发展与建设过程中，能够衍生的经济新模式、市场新业态等；③考虑城市信息技术及其服务产业的发展基础，给出利用智慧城市建设促进相关产业发展的方法（注意：并不是所有的城市和地区都适合发展信息数字技术及其服务，需要充分结合城市区位现状）；④尽量确保相关市场化生态覆盖模式革新、技术创新和管理创新等，包含咨询、标准化、设计、研发、建设、运维、运营等；⑤明确城市基于市场化生态的创新机制、措施和模式等。

（3）人才队伍。在实施智慧城市人才保障体系规划时，需要注意：①确保智慧城市主体组织单位相关人才体系与人才容量的有效性，尤其是决策、调度和指挥人才；②特定业务主体单位，相关业务人员的数字能力，包括数字意识、数字素养和数字技能等；③领军、标杆等创新人才的打造，以及其带头和影响力建设；④信息数字技术人才对智慧城市业务的认知与融合创新能力等；⑤城市社会化智慧城市人才建设与发展情况，包括能力评价、培训与教育等。

（4）信息安全。在进行智慧城市相关信息安全保障措施规划时，需要注意：①全面落实信息安全责任制，全力保障任何安全风险和安全事件都有对应的人负责；②系统分析信息安全体系的完整性和有效性，保障管理体系的管理活动得到合理安全，如内审、管理评审等；③在重视网络安全、数据安全和系统安全的基础上，需要把终端安全（IoT、ICT等）的重要性提高到新的高度；④确保安全工具的有效性，如病毒库的更新、威胁情报的获取等；⑤强化网络行为审计和运维审计等，保障各类攻防的有效性。

18.4 系统架构考点梳理

【基础知识点】

智慧城市总体架构包括**业务架构、数据架构、应用架构、技术架构、安全体系、标准体系、**

产业体系等内容。基于智慧城市建设的总体目标，从智慧应用、数据及服务融合、计算与存储、网络通信、物联感知、建设管理、安全保障、运维管理等多维角度设计总体架构。

1. 业务架构

智慧城市业务架构是智慧城市建设的业务需求，是根据城市的战略定位和目标、经济与发展、自然和人文条件等因素，在社会、数字经济、数字政府（或者"五位一体"，即经济建设、政治建设、文化建设、社会建设、生态文明建设）的大逻辑下，以业务为核心，识别并规划城市智慧化建设的核心业务场景，具有较强的地域特色。

业务架构的设计应与城市特点相结合，在明确城市发展类型与梳理城市业务的基础上，对特色业务有所侧重，根据城市的实际需求进行业务的适配、增添和删减。智慧城市的业务架构既可以根据项目的建设阶段进行设计，也可以根据城市发展需要进行设计，以便能够清晰地展示城市的未来发展规划和适应项目建设的需求。

依据智慧城市核心业务需求，可进一步细化各领域的业务架构设计，即对城市核心业务进行分层梳理，明确 L1 ～ L3 三层业务架构，对需要进行流程优化的业务形成对应的三层流程架构，并对流程进行详细描述。

2. 应用架构

智慧城市的应用架构是以智慧城市各应用系统为重点服务内容的多层级、立体式智慧城市服务体系的结构以及关联关系，定义了业务应用的基本特性。基于智慧城市的总体业务架构，考虑服务化、前中后台的设计因素，设计智慧城市总体应用架构。

结合业务视角及数据视角，按照分层对应原则，分析设计应用域、应用组；基于应用域、应用组对应的应用系统进行集成，同时对应用域、应用组所涉及的新建、改造、利旧的应用系统进行识别和标注，形成总体应用架构。

智慧城市应用架构应包含以下要点：①总体梳理城市应用系统。梳理支撑前述业务架构中各业务所需的应用系统，结合城市已有应用系统现状，明确需要新建或升级改造的重点信息系统。②识别可重用或共用的系统模块，统筹设计城市内部跨部门使用的信息系统。③设计重点信息系统的功能。针对城市重点发展的业务支撑系统，考虑系统承载业务、系统功能、责任主体及职责、服务对象、提供的决策支撑和指挥功能、为个人或企业提供的公共服务内容及渠道等。④设计城市内部跨部门信息系统的功能，包括系统承载业务、系统功能、责任主体及职责、涉及使用单位、业务协同模式、共享方式、提供的决策支撑和指挥功能、为个人或企业提供的公共服务内容及渠道等。⑤设计应用系统、节点、数据交互关系。设计系统不同层级之间的关系，包括各业务主题内不同系统的关系、不同主题业务系统之间的关系。

3. 数据架构

基于智慧城市的总体业务架构，设计智慧城市总体数据架构。在分析城市数据资源、相关角色、IT 支撑平台和工具、政策法规和监督机制等数据共享环境和城市数据共享目标基础上，依据城市数据共享交换现状和需求分析，识别出智慧城市业务中所依赖的数据、数据管理主体、数据提供方、数据需求方等，设计城市总体的数据模型、数据分布和数据服务，建立智慧城市总体数据架构。

城市总体数据架构主要包括城市总体数据模型、数据分布和数据服务。城市总体数据模型指面向城市级别需要建立的数据结构，及其包含的各类基础库、主题库、专题库等；数据分布指城市级各类宏观数据，如政府数据、社会数据、物联网数据、外部数据的宏观分布情况；数据服务指提供的城市级数据服务，主要包括数据交换共享服务、数据开发开放服务、数据交易服务等；充分考虑城市数据与国家、省、行业部门等主体进行数据共享和交换。

4. 技术架构

依据城市数字化现状、城市数字化平台服务能力需求和新基建发展战略，结合应用架构的设计，识别可重用或者共用的数字能力，依据"集约建设、资源共享、适度超前"的原则，设计接口开放、面向服务的技术架构。

其中感知层包括面向城市各业务领域的物联感知体系、视频监控等，具体包括交通、生态、水务、气象等领域；数据层包括数据汇聚、清洗、分析、共享交换，为城市各业务系统运行提供数据资源保障；平台层一般包括业务平台、技术平台等，以共性平台为主，通过统筹集约方式建设服务各业务领域运行；应用层与展示层是直接面向用户的业务系统，包括民生服务、城市治理、产业发展、生态环保等。

5. 其他内容

除以上主要架构内容，智慧城市规划还需要考虑安全体系、标准体系、产业体系等内容，以指导后续的项目建设及产业赋能。

（1）安全体系。依据智慧城市信息安全相关标准规范，结合国家政策文件中有关网络和信息安全治理要求，从规则、技术、管理等维度进行综合设计。安全体系设计内容包括但不限于：规则方面、技术方面、管理方面。

（2）标准体系。从智慧城市总体基础性标准、支撑技术与平台标准、基础设施标准、建设与宜居标准、管理与服务标准、产业与经济标准、安全与保障标准等维度开展相应的标准体系的规划工作。

（3）产业体系。围绕智慧城市建设目标，结合新技术、新产业、新业态、新模式的发展趋势，基于城市产业基础，提出城市智慧产业发展目标，规划产业体系。

18.5 考点实练

1. 有效管控智慧城市各项发展目标，实施多业务、多层级、跨领域应用系统的集成，持续推进信息资源的共享与交换，推动惠民服务、城市治理、生态宜居、产业发展等的融合创新，实现跨领域的协同改进，属于成熟度等级的（   ）。

  A. 一级　　　　　B. 二级　　　　　C. 三级　　　　　D. 四级

答案：C

2. 下列不属于智慧城市规划的宏观环境的是（   ）。

  A. 政策环境　　　　　　　　B. 经济环境

C．政治环境　　　　　　　　D．技术环境

答案：C

3．智能化道路、交通监控设施、智慧灯杆、智能电网、智能充电桩、智能燃气属于（　　）基础设施。

　　A．信息　　　B．融合　　　C．创新　　　D．技术

答案：B

4．下列不属于智慧城市组织体系规划的考虑因素的是（　　）。

　　A．需要识别所有参与相关工作的主体

　　B．定义主导组织单位的相关责任分工

　　C．所有单位的角色职责融合一体化

　　D．领军、标杆等创新人才的打造

答案：D

5．下列不属于智慧城市应用架构规划要点的是（　　）。

　　A．总体梳理城市应用系统

　　B．识别可重用或共用的系统模块

　　C．设计城市内部跨部门信息系统的功能

　　D．识别出智慧城市业务中所依赖的数据、数据管理主体

答案：D

第 19 章

智慧园区发展规划知识点梳理及考点实练

19.0 章节考点分析

第19章主要学习智慧园区发展整体环境、发展关注焦点、发展规划要点、信息系统架构等内容。

根据考试大纲，本章知识点涉及单项选择题、案例分析题，不属于论文的考试范畴，按以往考试的出题规律约占 2～3 分。本章考查的知识点主要来源于教材。本章的架构如图 19-1 所示。

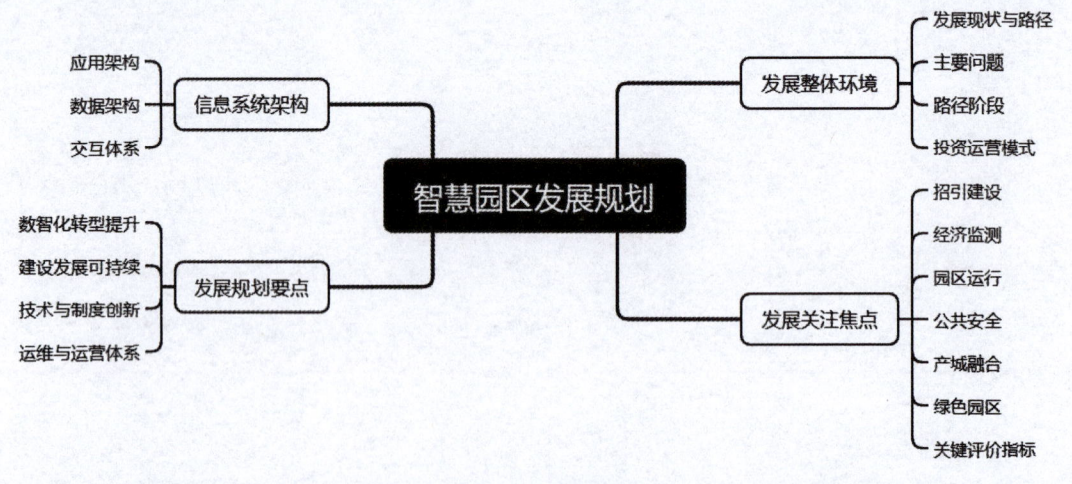

图 19-1 本章的架构

【导读小贴士】

智慧园区是园区信息化发展的重要表现形态和发展趋势，也是智慧城市的重要表现形态之一，其体系结构与发展模式是智慧城市在一个小区域范围内的缩影，既反映了智慧城市的主要体系模式与发展特征，又具备不同于智慧城市发展模式的独特性。本章内容在整本书中属于概念性知识点，在选择题、案例分析题中都会考到，需要理解其中内容。

19.1 发展整体环境考点梳理

【基础知识点】

1. 发展现状与路径

智慧园区建设与园区发展紧密融合，园区是智慧园区建设的基础，智慧园区是园区发展的导向。

当前我国智慧园区总体呈现多元化、多态化高速发展，对其本质性认识和标准化工作还处在初级阶段。

1) 从区域分布来看。我国已经形成"东部沿海集聚、中部沿江联动、西部特色发展"的智慧园区空间格局。环渤海、长三角和珠三角地区成为全国智慧园区建设的三大聚集区；中部沿江地区大力开展智慧园区建设；西部地区正加紧布局智慧园区建设工程。环渤海地区拥有大量大型企业总部和重点科研院校，是国内科技创新资源最为密集的地区。

2) 从建设特点来看。智慧园区发展是一个持续的过程，当前智慧园区的建设特点，主要体现在：①开放、共建、共享；②服务均等化；③发展特色化。

3) 从发展趋势来看。我国园区正在从传统园区向智慧园区过渡，在形式上呈现从低级向高级、从单一向综合园区发展的趋势。

4) 从投资模式来看。智慧园区投资模式主要包括：①由园区管委会推动的"智慧园区"建设；②由运营商推动的"智慧园区"建设；③由各种厂商推动的"智慧园区"的建设；④在园区管委会支持下组建专业第三方公司推动的"智慧园区"建设。就目前实践情况来看，第④种模式最大的特点是具有自主权，受到的制约因素较少，投资建设较灵活，所以，这种全新模式也是目前最受推崇的。

2. 主要问题

（1）技术模型和总体规划不足。

（2）数据孤岛问题普遍存在。

（3）"千园一面"未能因地制宜。

（4）信息安全和法律法规不健全。

（5）缺乏标准化规范指导。

3. 路径阶段

我国的智慧园区建设与发展大致经历了三个阶段，即单项应用阶段、平台化发展阶段、全要素融合阶段。

（1）单项应用阶段。园区以"提升工作效率、实施体力替代"为主要关注焦点。

（2）平台化发展阶段。园区基于信息数字技术的业务融合创新比较活跃，园区智慧化特色逐步突出，园区通过一体化的信息数字平台，使得智慧化场景实现基本打通和场景联动服务，同时智慧园区建设开始更重视数据融合和数据价值挖掘，用数据支持园区精益运营，实现园区数据和服务共享等。

（3）全要素融合阶段。园区将以人工智能、数字孪生等技术为依托，打造"全要素聚合、全场景智慧"，强化数字环境下的模拟和预测能力，从而持续丰富园区各项业务与发展的自控制、自学习、自由化和自决策等，驱动园区运行最优化、经济价值与社会价值最大化。

4. 投资运营模式

智慧园区投资模式主要有政府投资类、平台公司类、政府和社会资本合作共建等。

19.2 发展关注焦点考点梳理

【基础知识点】

智慧园区的主要场景包括招引建设、经济监测、园区运行、公共安全、产城融合、绿色园区、关键评价指标等方面。

1. 招引建设

（1）招商引资。招商引资主要涉及园区产业定位、招商目标、优惠政策、服务定价、营销推广和便捷运营等方面的工作。

（2）全程监管。招引建设的全过程需要通过有效的监管才能确保其价值的有效发挥，全过程监管主要涉及信用体系打造和履约风险监测等。

（3）资源赋能。资源赋能包括园区资源规划和资源分配等。

2. 经济监测

（1）企业画像：企业画像是园区对入园企业各类情况的客观刻画和表达。

（2）经营总览：园区管理在驻园企业经营过程中起到服务和监管的双重作用，园区管理者和相关企业经营者自身都需要一图总览企业的经营状况，并有效对未来的风险进行预警和处置。

3. 园区运行

（1）智慧管理：园区智慧管理重点可以体现在设备管理、商户管理、物业管理、合同管理、招商管理、访客管理、财务管理等方面。

（2）智慧环保：园区智慧环保重点可以体现在环境监测、节能减排、废物管理、环境预警等方面。

（3）园区智慧水务重点可以体现在水资源环境评价预警、水资源环境数据治理、水资源管控应急一体化等方面。

4. 公共安全

（1）综合安全：智慧园区的综合安全领域往往需要关注周界防范、视频监控和安全巡检等。

（2）安消一体：智慧园区在安消一体方面往往需要关注规范管理、报警预警、消防一张图等。

（3）人员管理：智慧园区的人员管理领域往往需要关注通行权限、访客管理、特殊人员管理等。

（4）车辆管理：智慧园区在车辆管理方面往往需要关注进出管理、车辆防冲撞、行驶轨迹等。

（5）应急指挥：智慧园区在应急指挥领域往往需要关注应急一张图、综合分析研判、协同会商、辅助决策、指挥调度等。

5. 产城融合

（1）产业结构调整。

（2）生产经营配套。

（3）公共生活配套。

（4）区域交通优化。

（5）精准集合营销。

6. 绿色园区

（1）零碳生产。

（2）零碳建筑。

（3）零碳交通。

7. 关键评价指标

（1）指标体系框架。智慧园区评价指标体系的最佳实践框架如图 19-2 所示，它明确了智慧园区建设可选的覆盖方向，包括产城融合、组织战略、运营管理、产业服务、社群服务、绿色环保、安全应急、运行管理、信息与应用等。智慧园区可以结合自身的发展阶段、属性类型和特征特点，进行选择性使用和规划布局。

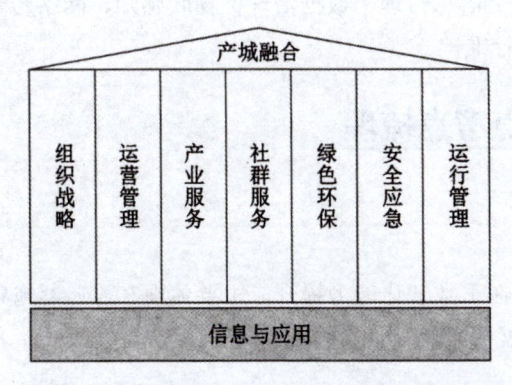

图 19-2　智慧园区评价指标体系的最佳实践框架

（2）产城融合。产城融合主要评价智慧园区与城市融合发展方面的智慧化程度。

重点关注以下五方面：政务协同、专项治理、专项监督、政策应用、园区效能。

（3）组织战略。组织战略是指园区发展过程中，对智慧化能力建设相关的各项工作统筹及规划情况。

重点关注以下三方面：战略管理、数字能力、创新驱动。

（4）运营管理。运营管理是指园区业务经营发展相关领域的智慧建设情况。

重点关注以下九方面：招商管理、计划调度、财务管理、物业管理、人员管理、资产管理、知识管理、停车管理、满意度管理。

（5）产业服务。产业服务是指园区在相关产业统筹、企业服务、新型经济等方面的发展情况。

重点关注以下五方面：产业运行、营商环境、企业发展、数字经济、共享融合。

（6）社群服务。社群服务是指园区为园区从业人员提供各类服务的智慧化情况。

重点关注以下四方面：培训服务、就业服务、特殊帮扶、商业配套。

（7）绿色环保。绿色环保是指园区通过信息数字技术，推动园区在环保、能源、双碳等方面的智慧化情况。

重点关注以下四方面：环保管理、能源管理、双碳发展、绿色能源。

（8）安全应急。安全应急是利用信息数字技术，在园区及相关单位的风险评估、安全管理、减灾赈灾、应急调度等方面的智慧化情况。

重点关注以下三方面：安全生产、防灾减灾、应急管理。

（9）运行管理。运行管理是指园区在各类设备设施、绿化、照明、楼宇等日常运行管理活动中，使用智能化手段和智慧化管理的情况。

重点关注以下十一方面：设施设备管理、绿化管理、施工管理、充电管理、事件管理、智慧照明、安防管理、消防管理、楼宇安全、公共卫生、治安联防。

（10）信息与应用。信息与应用是在园区各项管理与运行活动中，信息与数字基础设施的建设情况，以及信息化系统应用的部署与应用能力等。

重点关注以下九方面：信息治理、数据治理、物联感知、网络传输、数据中心、计算资源、应用建设、数据部署、运行维护。

19.3 发展规划要点考点梳理

【基础知识点】

1. 数智化转型提升

智慧园区建设的重点在于数智化能力提升，主要体现在基础设施集约化、运营管理精细化、园区服务平台化、产业发展数字化等四个方面。

2. 建设发展可持续

（1）提升管理能力，建设效能园区。

（2）提升企业服务，凝聚企业力量。

（3）汇集园区数据，加强数据融合。
（4）加强科研创新，促进成果转化。
（5）促进节能减排，建设低碳园区。

建设智慧园区，应综合考虑环境影响和资源利用效率，走低碳、绿色可持续发展道路。包括产业优化、机制引导、零碳改造、数字赋能。

3. 技术与制度创新

（1）数字化改革促进园区发展。
（2）促进数据开放创新共享机制。
（3）因地制宜充分发挥园区特色。
（4）规范法律法规和制度设计。

4. 运维与运营体系

（1）运维组织体系建设。
（2）运维管理制度体系建设。
（3）运维考核指标体系建设。
（4）园区综合运维平台。

19.4 信息系统架构考点梳理

【基础知识点】

智慧园区的总体参考架构如图 19-3 所示。

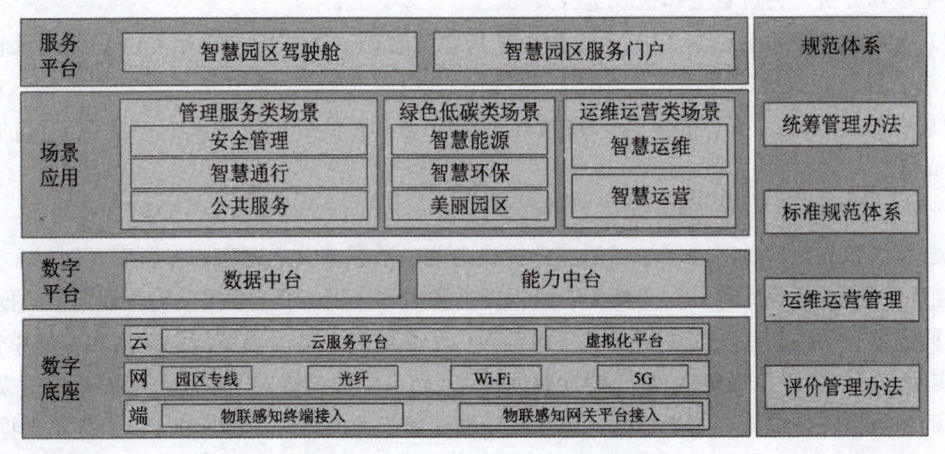

图 19-3 智慧园区的总体参考架构

1. 应用架构

（1）综合安防。园区综合安防是指通过创建园区情境智能整体解决方案，使园区主管部门具备实时、准确的情境意识，实现先进的园区安防集成。

（2）便捷通行。园区便捷通行是指人员出入管理方案，需要聚焦在园区办公人员（包括员工、访客）的体验提升、园区物业和运营人员管理效率的改进两方面，从门禁、闸机、访客、一卡通等系统打通和联动，到大数据平台、IoT 平台、视频调阅平台、GIS 平台等新技术和新平台的应用，支撑人员无感知进出、支撑园区人流统计、园区人员轨迹查询等安保诉求。整体建设目标包括：区内交通管理；车辆管理，通行便利；人员管理，来访顺畅；高效运营。

（3）设施管理。园区设施管理是指园区的运营人员需要随时可以查询园区中的设备运行数据，集成设备子系统上传的设施告警、数据信息进行实时展示，使用户可以实时查看告警信息，针对设备设施运营过程中发生的事件和告警自动派发检修维护工单，针对设备设施的事件和告警，关联进行事件的处置，在移动端完成工单作业的闭环，并在 PC 端进行工单作业的查询、统计和分析。

（4）资产管理。园区资产管理是指为保证实时掌握物品的数量、位置、状态信息，实现从物品的入库、库存实时盘点到物品储库的全过程管理，使用 RFID 标签简化繁杂的工作流程，有效改善供应链的效率和透明度。资产进出敏感区域，以及在敏感区域的活动轨迹，都将被系统授权或者拒绝并记录。物品与人员实时数据都将送往后台进行处理，并与外部系统（如 ERP 系统、门禁系统等）进行接口，以保证系统联动。资产管理应用主要包括档案管理、仓储管理、资产采购、资产维修、资产报废等记录。

（5）能耗管理。园区能耗管理是指采集公共用水、用电、用气、采暖等能耗数据，通过监测能耗数据指标指导节能降耗。实时管理界面随时管理园区内能效相关设备的运行状态和能源使用的相关指标。

（6）环境管理。园区环境管理是指通过统一数据采集，将园区内的环境监测传感器数据收集并进行整理和分析，通过数据和报表进行发布。

（7）智能运营中心。园区智能运营中心是指在智慧园区场景中，采用 GIS 技术对园区实现可视化动态管理，成为园区的报告中心、指挥中心、统一入口，建立从运营状态可视、业务分析和预警、辅助决策、执行的能力，并融合园区应用，提供用户统一入口，实现园区的可视、可管、可控。

2. 数据架构

智慧园区数据架构针对园区的通用业务提供必要的数据湖、主题库、专题库（例如，安防专题库、能耗专题库、轨迹库等），以及相关的数据处理脚本和分析工具。数据架构体现园区数据使能，主要指园区项目的数据底座，主要负责完成各异构子系统和业务应用系统的数据集中建模管理和使用，实现园区的基础数据整合，统一规划数据语言。向下提供已接入子系统应用的数据集成接口，把对应的源数据转换成为结构化数据，保存在数据使能组件的相应主题库中；向上提供数据服务、计算能力接口给智慧应用系统消费相关数据。

3. 交互体系

（1）围绕智慧园区运营、管理、服务的需求，建设智慧交互体系。以智慧化为导向，基于数据孪生中枢实现用户、系统、信息三者之间的交互，方便智慧应用系统之间的数据调度，提供全域感知信息。借助其与虚拟环境的实时交互，指导现场人员或机器人等智能设备做出对现实环境的操作；方便用户利用大屏、移动设备、微型设备等查看信息，为用户提供个性化的智慧服务，并实时获取用户的实用信息更新应用状态。

（2）建设统一的、综合性门户是智慧交互系统建设的重中之重。管理门户分为内部门户与外部门户。其中，外部门户主要面向互联网用户提供相关的信息服务，内部门户主要面向功能企业、枢纽管理经营者、政府监督部门等提供相关信息服务。

（3）建设园区 App、微信公众号、微信小程序或注册微博、微视等官方渠道，提供园区智慧体系的介绍和各阶段的信息推送，对智慧交互体系的智慧应用进行演示，对重点活动进行通知和提醒等，使民众能够及时接收各类消息服务。同时，用户的反馈意见也可以通过以上渠道及时反映到智慧平台，以便智慧应用进行版本更迭及进一步建设。

19.5　考点实练

1. 下列说法错误的是（　　）。
    A．我国已经形成"东部沿海集聚、中部沿江联动、西部特色发展"的智慧园区空间格局
    B．智慧园区发展是一个持续的过程
    C．我国园区正在从传统园区向智慧园区过渡，在形式上呈现从低级向高级、从单一向综合园区发展的趋势
    D．智慧园区的建设特点，主要体现在开放、共建、共享、服务不等化等

    答案：D

2. 下列不属于智慧园区组织战略的是（　　）。
    A．战略管理　　　B．数字能力　　　C．人员管理　　　D．创新驱动

    答案：C

3. 下列不属于绿色环保的内容的是（　　）。
    A．防灾减灾　　　B．双碳发展　　　C．能源管理　　　D．绿色能源

    答案：A

4. （　　）是指通过统一数据采集，将园区内的环境监测传感器数据收集并进行整理和分析，通过数据和报表进行发布。
    A．园区环境管理　　B．园区能耗管理　　C．园区数据管理　　D．园区资源管理

    答案：A

第20章
数字乡村发展规划知识点梳理及考点实练

20.0 章节考点分析

第20章主要学习数字乡村发展整体环境、发展关注焦点、发展规划要点、信息系统架构设计等内容。

根据考试大纲，本章知识点涉及单项选择题、案例分析题，不属于论文的考试范畴，按以往考试的出题规律约占2~3分。本章内容考查的知识点主要来源于教材。本章的架构如图20-1所示。

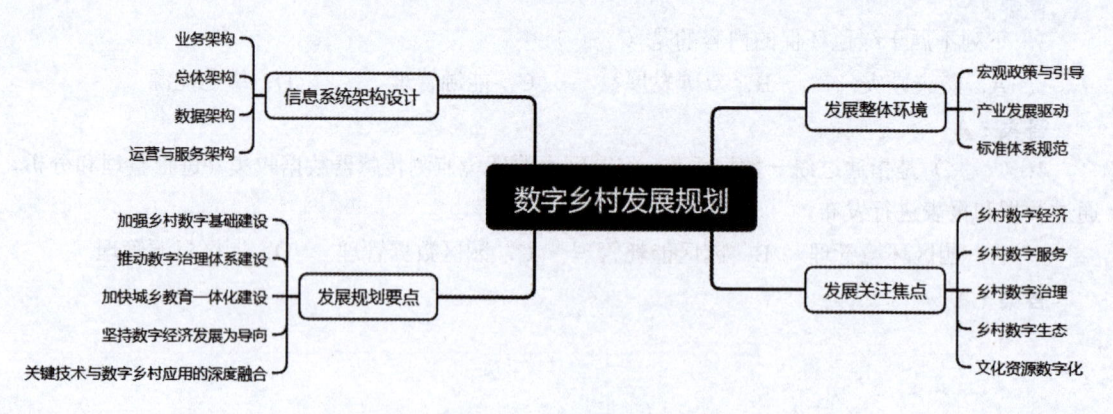

图 20-1 本章的架构

【导读小贴士】

数字乡村是运用信息数字技术，整合农业农村各领域数据资源，实现数字化与农业农村经济社会发展的全面深度融合，推动农业农村现代化、乡村治理能力智能化和城乡基本公共服务均等化，是全面推进乡村振兴的重要手段。本章内容在整本书中属于概念性知识点，在选择题、案例分析题中都会考到，需要理解其中内容。

20.1 发展整体环境考点梳理

【基础知识点】

1. 宏观政策与引导

（1）国家政策。我国数字乡村政策大致经历了规划起步、谋篇布局、试点推进、全面部署和加快建设五个阶段。

1）规划起步。2018年中央一号文件《中共中央国务院关于实施乡村振兴战略的意见》正式提出要实施数字乡村战略，并强调做好整体规划设计。同年9月，中共中央、国务院印发的《乡村振兴战略规划（2018—2022年）》对实施乡村振兴战略作出阶段性谋划，并将实施数字乡村战略和大力发展数字农业作为重要抓手。

2）谋篇布局。2019年中央一号文件《中共中央国务院关于坚持农业农村优先发展做好"三农"工作的若干意见》将实施数字乡村战略单独作为一节，提出依托"互联网+"深入推进互联网在农业、农产品和农村公共服务上的应用。

3）试点推进。2020年中央一号文件《中共中央国务院关于抓好"三农"领域重点工作确保如期实现全面小康的意见》提出加快现代信息技术在农业领域的应用，并开展国家数字乡村试点。

4）全面部署。"十四五"规划纲要（以下简称《纲要》）中将加快推进数字乡村建设作为数字中国建设的重要内容。

5）加快建设。2022年中央一号文件《中共中央国务院关于做好2022年全面推进乡村振兴重点工作的意见》明确强调要大力推进数字乡村建设，提出加快推动数字乡村标准化建设，研究制定发展评价指标体系，持续开展数字乡村试点。

（2）地方政策。浙江、广东、河南、江西等20余个省份相继出台数字乡村发展相关政策文件，政策体系更加完善，统筹协调、整体推进的工作格局初步形成。

2. 产业发展驱动

（1）产业发展现状。

1）农村信息基础设施建设不断完善。

2）各县域探索差异化发展路径。

3）数字普惠金融助力乡村振兴。
4）新产业新业态竞相涌现。
5）产业数字化赋能相对欠缺。

（2）问题及挑战。

1）目前全国各地数字乡村建设发展不平衡。
2）数字乡村标准化建设待进一步统筹建设和完善。
3）数字乡村建设人才培养和乡村居民数字素养待进一步加强。

3. 标准体系规范

（1）国外数字乡村标准。

1）国际标准方面。ISO 智慧农业标准化战略咨询组（ISO SAG SF）成立于 2021 年 6 月，旨在聚焦全球可持续发展战略，分析智慧农业标准化需求，提出 ISO 智慧农业标准化发展路线图，就未来智慧农业标准化活动和优先事项提出建议，协同推动全球智慧农业数据标准化发展。社区可持续发展技术委员会（ISO/TC 268）负责城市和社区的可持续发展领域的标准化工作。

2）国外先进国家标准。美国、英国、日本、欧盟等国家和地区，在相关政策支持、标准发布、新技术研发应用等方面，形成了具有鲜明特征的数字乡村发展模式。

（2）国内数字乡村标准。

1）国家标准：2022 年中央网信办等四部门联合发布《数字乡村标准体系建设指南》，明确给出数字乡村标准体系框架。

2）行业标准：目前农业农村部牵头发布了多项数字乡村领域行业标准，如 NY/T 3988—2021 等。

3）地方标准：湖北省农业生态和农村建设标准化技术委员会（HUBS/TC11）主要负责病虫草害绿色防控技术、耕地资源生态保护等工作。

20.2 发展关注焦点考点梳理

【基础知识点】

数字乡村发展的关注焦点主要集中在数字经济、数字服务、数字治理和数字生态等方面。

1. 乡村数字经济

主要方向包括农业数字化、乡村电子商务、乡村普惠金融、乡村新业态等。

（1）农业数字化。主要包括农业数字化基础设施建设、农业数据资源建设、农业生产数字化（种业数字化、种植业数字化、林草数字化、畜牧业数字化、渔业渔政数字化）、农产品加工智能化、乡村特色产业数字化监测、农产品市场数字化监测和农产品质量安全追溯管理等内容。

（2）乡村电子商务。乡村电子商务场景建设内容主要包括电子商务大数据、农村电商公共服务体系、电子商务物流信息服务、农产品质量溯源管控以及乡村电子商务培训等。

（3）乡村普惠金融。乡村普惠金融主要包括便捷金融服务、涉农信贷服务、新型农业保险等。

（4）乡村新业态。乡村新业态是指随着现代农业发展和农村第一、二、三产业融合发展，基于信息数字技术在乡村农林牧渔、旅游、文化、教育、康养等领域的应用，形成的新型产业组织形态，包括智慧文旅、休闲农业、民宿经济、康养服务等。

2. 乡村数字服务

"互联网+政务""互联网+医疗""互联网+养老"等服务不断向农村地区下沉覆盖，能够驱动农村数字惠民服务的日趋完善。

（1）"互联网+政务"。信息数字技术融入乡镇政务服务，可助推乡镇政务服务理念从"对上"负责、"被动服务"，转变为"对下"负责、"主动服务"。

1）政务服务下移。将便民服务事项前移至村级服务终端，将政务服务接件办理窗口前移到村庄，群众不出村即可办理服务事项，让"信息跑路"代替"群众跑腿"。

2）便捷个性化服务。面对群众服务的便捷性需求和个性化服务需求，"一站式""一窗口"服务办理需要政府以一个"整体政府"提供服务。

（2）"互联网+医疗"。

1）乡村医疗机构信息化。

2）乡村远程医疗。

（3）"互联网+养老"。"互联网+养老"是指利用智能穿戴设备、家居设备和呼叫设备等，为农村地区老年人提供远程医疗、健康管理、随身监护、关爱视频等综合性、多样性的养老服务，提升农村老年人生活质量。

1）居家养老服务。

2）村社养老服务。

3）医养结合服务。

4）保障与救助服务。

5）智慧辅助设施。

6）智慧养老机构建设。

3. 乡村数字治理

智慧党建、网上村务管理、互联网+政务、基层综合治理信息化、乡村自然灾害应急管理、乡村公共卫生安全防控、农村网络文化建设、乡村文化数字资源、森林防火等是数字乡村治理的重点。

（1）智慧党建。

1）党务管理信息化。

2）新媒体党建宣传。

3）党员网络教育。

（2）基层综合治理信息化。

1）基层网格化治理。

2）社会治安综合治理信息化。

3）综合治理智能化提效。

4）数字乡村一体化协同治理。

5）数字乡村一张图。
6）"一村一户一码"综合应用。

4. 乡村数字生态

（1）农业生态环境监测。
1）农产品产地土壤环境监测。
2）做好农田氮、磷流失监测。
3）做好农田地膜残留监测。
4）农业生物物种资源调查和外来生物入侵监测。
（2）山水林田湖草沙系统监测。
1）自然资源数据库。
2）监测与治理。
（3）农村人居环境监测。
（4）农村饮用水源水质监测。

5. 文化资源数字化

乡村文化资源数字化主要包括农村数字博物馆建设、农村文物资源数字化、农村非物质文化遗产数字化等，通过信息数字技术采集农村风土人情、非遗资源、文物遗址等文化资源信息，以数字化形式进行资源存储、管理、分析、利用和展示等，实现乡村传统文化的保护与网上广泛传播。

（1）农村数字博物馆建设。
（2）农村文物资源数字化。
（3）农村非物质文化遗产数字化。

20.3　发展规划要点考点梳理

【基础知识点】

数字乡村规划重点聚焦在加强乡村数字基础建设、推动数字治理体系建设、加快城乡教育一体化建设、坚持数字经济发展为导向、关键技术与数字乡村应用的深度融合。

1. 加强乡村数字基础建设

农村数字基础还比较薄弱，应加大城乡交通一体化、互联网基础设施建设力度，推动农业基础设施优化升级和涉农数据资源共享共用，推动农业农村领域数字产业化。

2. 推动数字治理体系建设

（1）推进城乡公共服务一体化向乡村延伸。
（2）提高乡村治理体系的精细化、智慧化水平。

3. 加快城乡教育一体化建设

城乡教育一体化建设主要包括：推进乡村教育信息化，缩短城乡教育资源差距；优化城乡农民职业教育体系，通过搭建乡村数字资源的共享平台，使农民掌握现代信息化、网络化知识，培养数字农民，进而推进数字乡村建设。

4. 坚持数字经济发展为导向

（1）畅通资源"进城下乡"渠道。

（2）创新科技成果转化下乡机制。

（3）积极发展农村数字经济新业态。

5. 关键技术与数字乡村应用的深度融合

（1）新型基础设施技术如5G移动通信技术、无人机应用技术等。

（2）数字乡村信息感知技术。数字乡村常使用的信息感知技术主要包括物联网技术、空天地一体化智能感知技术、雷视融合精准感知技术、热成像灾害监测感知技术等。

（3）数字乡村智能化应用技术。在数字乡村智能化应用领域，主要涉及的关键技术包括大数据监测预警与分析技术、区块链技术、农产品数字编码技术和全域数字孪生技术等。

（4）数字乡村数据安全共享与传输技术。在数据安全领域，数字乡村重点关注多源多级数据融合技术、数据链路传输与安全加密技术的应用。多源多级数据融合技术是数字乡村数据资源构建的核心。数据链路传输与安全加密技术是数字乡村数据共享应用的基础。

20.4 信息系统架构设计考点梳理

【基础知识点】

数字乡村是以现代信息网络及基础设施为重要载体，纵向来看，乡村数字化转型是智慧城市建设向乡村延伸；横向来看，智慧城市与数字乡村是国家乡村振兴政策在基层落实的重要载体。数字乡村建设过程中，应注重智慧城市、数字政府同步谋划、同步建设，吸收借鉴智慧城市的建设经验，促进城乡数据要素资源自由流动，全民共享数字化成果，不断缩小城乡差距。

1. 业务架构

（1）乡村数字经济。

（2）乡村数字服务。

（3）乡村数字治理。

（4）乡村数字生态文明。

2. 总体架构

数字乡村的信息数字体系建设，需要通过总体架构进行引导和管控。总体架构需要满足数字乡村建设的各方面，包括业务场景、技术支撑、数据能力、基础设施、运营管理、标准与安全等。

数字乡村信息系统总体参考架构如图20-2所示。

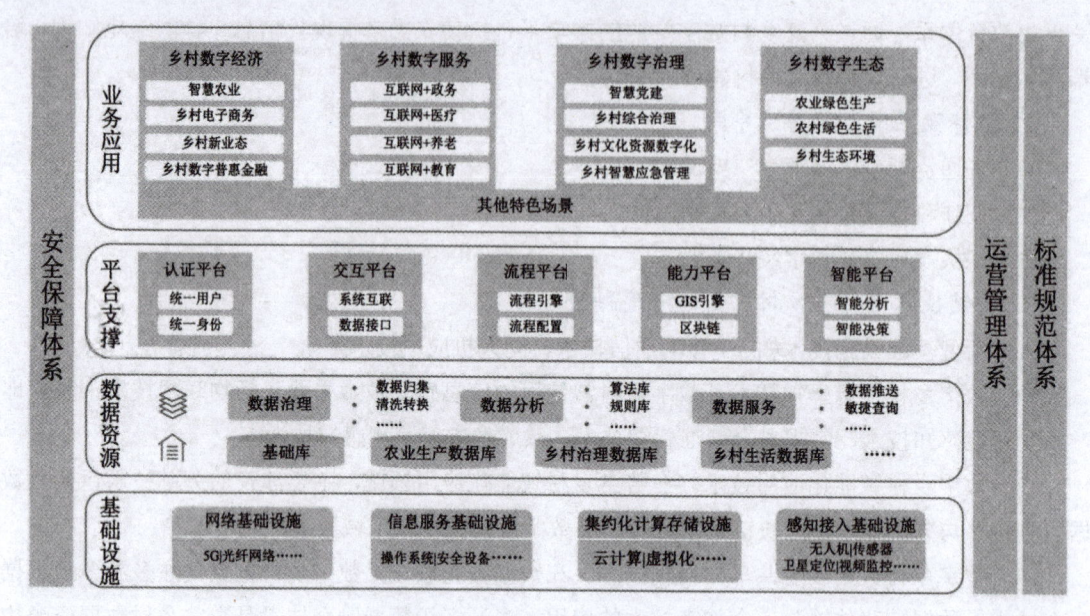

图 20-2　数字乡村信息系统总体参考架构

该参考架构按照分层、分块、分条线的逻辑，从基础设施、数据资源、平台支撑、业务应用等方面给出了内容参考：

- 基础设施。包括网络基础设施、信息服务基础设施、集约化计算存储设施、感知接入基础设施等。
- 数据资源。通过数据的采集、汇聚、治理和挖掘分析等，建立基础数据库和数字乡村业务相关的专题数据库，如农业生产数据库、乡村治理数据库、乡村生活数据库等。
- 平台支撑。提供统一认证平台、交互平台、流程平台和 GIS 引擎、区块链等能力支撑平台，以及智能决策与分析等。
- 业务应用。主要场景包括乡村数字经济、乡村数字服务、乡村数字治理、乡村数字生态等。

同时建立安全保障体系、运营管理体系和标准规范体系，有力支撑数字乡村业务推动以及产业发展。

3. 数据架构

数字乡村的数据体系，需要按照"以用促建、共建共享"的原则，打造健壮稳定、集约高效、自主可控、安全可信、开放兼容的数据资源体系，强化数据治理能力，充分运用数据智能技术和手段，助力提高数据服务能力，同时保障数据安全，构建数据标准，打造纵向一体化、横向协同化的数据架构，从而助力支撑数字乡村重点领域业务场景应用。数字乡村数据体系参考架构如图 20-3 所示。

该参考架构依托数字基础设施，充分汇聚各层级、各部门的农业、农村、农民等涉农数据，向上联通区域五大基础库（人口库、法人库、信用库、自然资源库、地理空间库）；整合农业数据、农民数据、党建数据、政务数据、公安数据、文旅数据、气象数据、生态环境数据等，形成部门专题库；围绕数字乡村治理、经济、文化、服务、绿色生活生产等不同领域业务目标，梳理农业生产经营主题、乡村旅游资源主题、乡村生态环境主题、乡村政务服务主题、基层综合治理主题、乡村电子商务主题、乡村医疗健康主题以及脱贫攻坚成果主题等，形成主题库。通过清洗转换、数据存储、数据编目、共享交换、数据开放、数据融合、数据质检、数据采集、数据一体化、实时计算、数据血缘、挖掘分析、数据供需、数据标签等手段，促进数据归集以及数据存储与计算，提升数据开放与共享能力，保障数据质量，对数据进行充分分析挖掘，更好地进行数据治理。通过知识、算法、规则、组件、模型等支撑，提升数据智能化水平，更好地支撑有效完备的数据服务体系。同时保障数据安全，形成数据标准，以数据驱动业务创新。

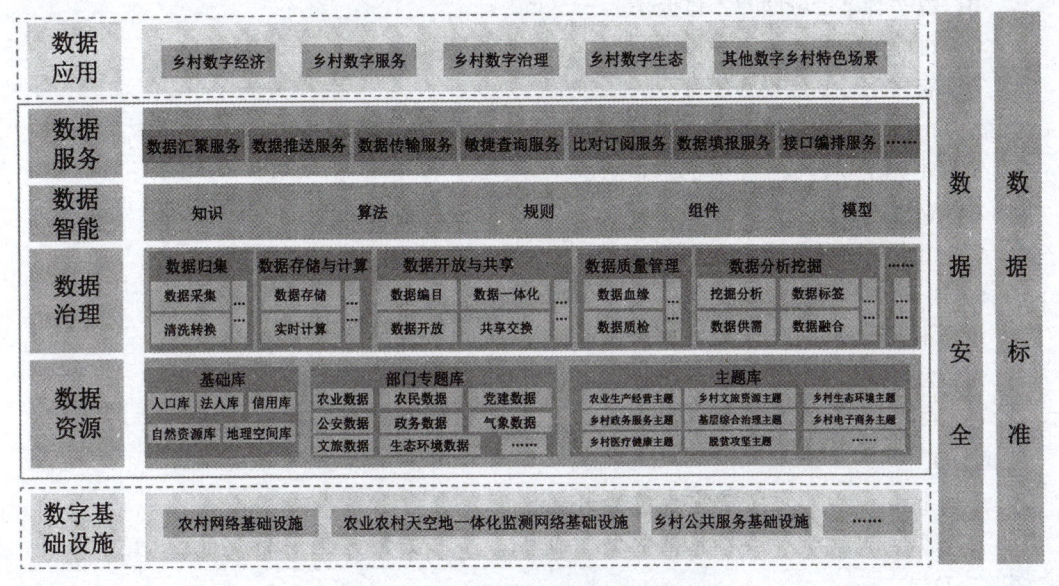

图 20-3　数字乡村数据体系参考架构

4. 运营及服务架构

数字乡村运营与服务架构可分为运营指导中心、运营主体、运营对象、运营服务保障以及运营安全保障等五部分。

（1）运营主体。数字乡村运营管理需结合县乡村三级管理人员，以及相关运营组织等，建立运营主体体系，实施数字乡村的持续性运营管理服务。

（2）运营对象。数字乡村运营管理对象主要包括基础设施运营、数据运营、系统运营、业务运营等。

（3）运营服务保障。主要是运营工作正常运行所必需的保障服务，包括制定管理制度和业务规范、提供系统运维和服务资源，进行部门协同等工作。

（4）运营安全保障。主要是全面覆盖数字乡村运行的安全管护，保障物理环境安全、网络安全、数据安全、系统安全、应用安全，并根据运营情况建立相应的安全管理制度。

20.5 考点实练

1. 下列不属于乡村数字经济的是（   ）。
   A．农业数字化　　B．乡村电子商务　　C．"互联网＋政务"　　D．乡村普惠金融

   答案：C

2. 下列关于乡村产业现状及问题的说法，错误的是（   ）。
   A．新产业新业态竞相涌现
   B．数字普惠金融助力乡村振兴
   C．目前全国各地数字乡村建设发展较均衡
   D．农村信息基础设施建设不断完善

   答案：C

3. 下列不属于乡村数字生态的内容的是（   ）。
   A．农村人居环境监测　　　　　　　B．农村数字博物馆建设
   C．山水林田湖草沙系统监测　　　　D．农村饮用水源水质监测

   答案：B

4. 下列不属于数字乡村智能化应用技术的内容的是（   ）。
   A．大数据监测预警与分析技术　　　B．区块链技术
   C．农产品数字编码技术　　　　　　D．传感器技术

   答案：D

5. 下列不属于数字乡村运营与服务架构的是（   ）。
   A．运营指导中心　　B．运营主体　　C．运营对象　　D．运营法律法规

   答案：D

第 21 章

企业数字化转型发展规划知识点梳理及考点实练

21.0 章节考点分析

第 21 章主要学习转型驱动力、转型关注焦点、转型能力成熟度、转型规划要点、转型系统架构规划设计等内容。

根据考试大纲，本章知识点会涉及单项选择题和案例分析题，按以往考试的出题规律，在单选题中约占 2～3 分。本章内容属于基础知识范畴，考查的知识点既来源于教材，也有少量扩展内容。本章的架构如图 21-1 所示。

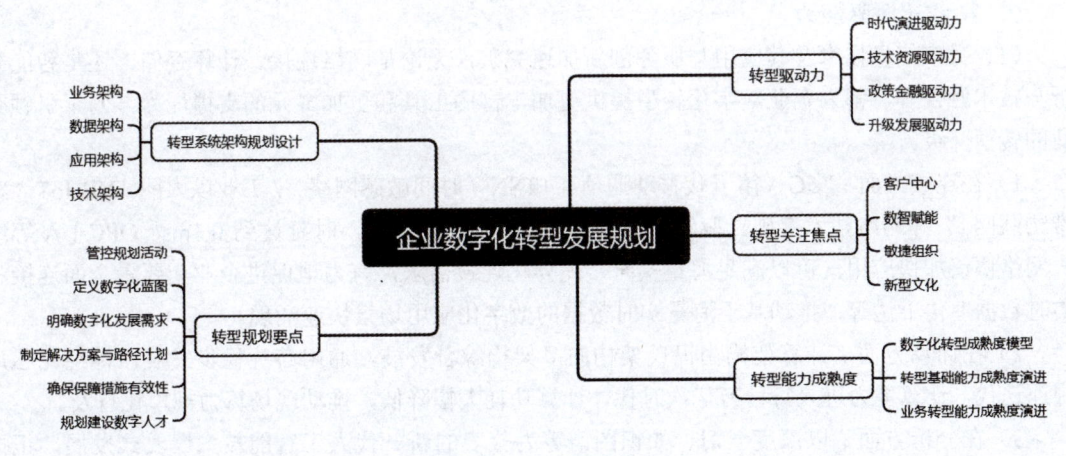

图 21-1 本章的架构

【导读小贴士】

本章深入剖析企业数字化转型的核心理念，涵盖转型驱动力、转型关注焦点、转型能力成熟度等内容。考生将了解转型战略的规划要点，包括数字化蓝图、方案和计划等。同时，本章还探讨转型中的系统规划架构设计，为企业在数字化浪潮中稳步前行提供宝贵指南。本章只需掌握核心知识点，其余理解即可。

21.1 转型驱动力考点梳理

【基础知识点】

1. 时代演进驱动力

（1）"紧跟时代步伐，满足时代需求"是企业高质量发展的基础。

（2）消费重塑、产业调整、劳动供给、绿色低碳、发展格局等，都是时代驱动企业开展数字化转型的关键动力。

1) 消费重塑驱动企业变革的主要表现为：①更小的生产批量；②更好的定制化体验服务；③更短的产品生命周期或生产周期。

2) 从领军企业来看，在"点、线、面"三个维度都有整体布局和调整，驱动自身数字化转型升级并带动产业群、产业链，乃至产业业态的整体变革。

3) 人口红利逐渐消退、劳动力成本上涨正在迫使企业主动寻求劳动力用工模式转型促进人机协同，加速企业数字化转型。

4) "双碳"目标是实现可持续发展的关键，企业数字化转型是实现"双碳"目标的有效手段。

2. 技术资源驱动力

（1）数字信息技术及其应用与服务创新加速突破，无论是网络连接、计算存储，还是智能分析与技术融合等，都为企业数字化转型提供更加丰富的工具和更加多元的支撑能力，乃至引领企业的转型升级。

1) 在连接方面："5G（第五代移动通信）+TSN（时间敏感网络）/工业以太网+NB-IoT（窄带物联网）"等网络技术突破，驱动网络的峰值速度可达 1TB/s，时延达到 0.1ms，OPC UA 等统一网络协议加快应用，可以满足海量实时、差异化连接需求，有力地促进企业全要素全面连接和实时数据上传下达等，推动基于海量实时数据的数字化应用场景快速涌现。

2) 在计算方面：计算架构由冯氏架构向多架构综合发展，通用芯片稳步发展，神经元芯片快速迭代，计算能力进入每秒万亿次时代，计算功耗大幅降低，推动现场算力规模化普及。

3) 在分析方面：以深度学习、知识图谱等为代表的新一代人工智能技术爆发式发展，正推动简单智能向多元复杂智能发展，可解决大量机理可知、不可知的复杂多维问题。

4）在技术融合方面：一方面，感知、传输、计算、分析等多种技术组合，协同解决企业现实问题；另一方面，技术之间的组合架构正由过去的单体式技术架构向基于云边端协同的新技术体系转变。

（2）基础设施建设是推动企业数字化转型的基础保障，新型基础设施建设、国家大数据战略等基础设施建设能够为企业数字化转型提供基础条件支持。硬性基础设施和软性基础设施建设是经济发展中的两大支柱，共同驱动企业数字化转型。

1）在硬性基础设施方面，聚焦在新型基础设施技术发展和资源建设等，主要涉及信息、融合和创新三大类基础设施。

2）软性基础设施包括智慧城市、国家大数据体系等，能够发挥人才集聚和技术创新效应推动企业数字化转型。

3. 政策金融驱动力

（1）我国在20世纪八九十年代就认识到信息通信技术对经济社会发展的带动作用，强调"以信息化带动工业化、以工业化促进信息"、网络强国、数字中国等建设与发展，持续发布了覆盖各方面、各层级的政策。

1）由国务院印发的《关于深化"互联网＋先进制造业"发展工业互联网的指导意见》，提出"到2035年，建成国际领先的工业互联网网络基础设施和平台，形成国际先进的技术与产业体系，工业互联网全面深度应用并在优势行业形成创新引领能力"。

2）由工业和信息化部印发的《工业和信息化部办公厅关于推动工业互联网加快发展的通知》，要求各有关单位加快新型基础设施建设，加快拓展融合创新应用，加快健全安全保障体系，加快壮大创新发展动能，加快完善产业生态布局，加大政策支持力度，推动工业互联网在更广范围、更深程度、更高水平上融合创新，培植壮大经济发展新动能，支撑实现高质量发展。

3）由国家发改委、中央网信办联合印发的《关于推进"上云用数赋智"行动培育新经济发展实施方案》，要求进一步加快产业数字化转型，培育新经济发展。

4）由国家发改委等13个部门发布的《关于支持新业态新模式健康发展激活消费市场带动扩大就业的意见》，把支持线上线下融合的新业态新模式作为经济转型和促进改革创新的重要突破口。

（2）从财政驱动力视角看，财政科技支出、政府创新补贴作为激发企业创新活力的典型政策工具，激励企业数字化转型。

1）财政支出或补贴具有"创新靶向性"和"后效性"特征，能够优化资金流向管理和绩效考核机制，这有利于为企业营造良好的创新生态场景，为企业数字化转型的系统工程奠定坚实基础。

2）税收优惠也能够通过强化企业创新动能和缓解企业的融资约束促进企业数字化转型，具体表现为减税降费力度越大，企业数字化转型程度越高。

4. 升级发展驱动力

（1）企业外部环境的VUCA特征（Volatile-不稳定、Uncertain-不确定、Complex-复杂、Ambiguous-模糊）日益凸显，许多企业选择借助并拥抱数字技术来应对环境冲击，并实现增长和发展壮大。

（2）新时代，经济与社会竞争的进一步加剧，传统发展视角下的竞争力与竞争优势的保持和增强等方法，越来越难以支撑企业的发展需求，具体体现为：①决策瓶颈；②变革制约；③知识资产流失；④需求响应延迟。

（3）发展是企业永恒的主题，是企业不断发现问题、解决问题的迭代过程。当前大部分企业已经充分认知到数字自动化、生产自动化等带来的"智力替代"，是企业必然面对的一项选择。

（4）数据资产为核心战略生产要素，数据是物理世界的表达。

（5）企业各类业务活动都离不开数据的支撑，数据、流程、技术、工艺、设备设施等都是企业关注的关键生产要素。

21.2 转型关注焦点考点梳理

【基础知识点】

1. 客户中心

（1）以"客户为中心"长期以来都是企业服务的核心理念。

（2）随着新时代的消费重塑，"产品即服务化、服务即产品化"的模式更加凸显，要求企业以客户的视角来看待并优化整个业务，加速从"以产品为中心"转向"以客户为中心"，从规模化转向个性化，从产品运营商转变为客户运营商，从交付产品模式向运营产品模式转变。

（3）业务模式的变革是企业开展数字化转型的出发点和落脚点，是转型价值的直接体现，这就需要企业重点关注数字化管理、平台化设计、个性化定制、网络化协同、智能化生产和服务化延伸等数字化转型应用场景。

2. 数智赋能

基于对海量数据的采集、分析、治理及共享，并综合大数据、云计算、数字孪生等技术积累的专家经验、建立的知识库、沉淀的模型，推动企业业务决策从"人智"不断发展为计算机辅助决策，并向"数智化"演进，提升资源优化配置效率、提高客户需求响应效能等。这就需要企业关注如下内容：

（1）泛在互联。依靠传感网络，建立全面、实时、高效的数据采集体系，提升异构工业数据、多元服务数据的网络互通能力，支撑各类业务数据的高密度采集，实现企业对业务活动中"哑设备、哑岗位、哑环节"的数字化改造，推动设备设施跨协议互通、跨设备互联、跨域互操作等，实现数字化转型背景下的全要素连接。

（2）数据驱动。通过业务活动等各流程数据的自由流动，实现科学决策和对资源配置的优化，从而达到提高全要素效率效能的目的。

（3）软件定义。软件是构建数据自由流动的规则体系。软件定义的核心是实现"硬件资源的软件化、软件资源的模组化"，提升资源的弹性和灵活性。

（4）平台支撑。平台是连接多方参与的信息服务共享载体，是全要素连接的枢纽，是资源配置的核心。

3. 敏捷组织

新技术、新业务和新模式的创新，需要组织结构、人员结构和行为模式等相应作出调整从而支撑新业务的应用。企业敏捷组织建设需要以下关注重点：

（1）业务自组织。业务自组织是一种能够自我组织、自我适应的组织形态，在该组织模式中，每个员工都成为组织网络上的一个节点，带动企业资源围绕市场变化和客户需求而不断改变自己的组织和驱动方式，提高企业快速响应外部环境变化的敏捷性。业务自组织的持续动力不是利益而是思想，企业将从强化管理精细化走向治理敏捷化，从以流程为核心，追求规范与规矩，走向以能力提升和动态重组为重心，关注成长的动力和可持续性等。

（2）灵活机动。高效灵活是企业内部组织结构变革的关键目标。

（3）资源共享。企业将工艺、知识、创意等技术能力资源以数字化形态置于企业的资源平台中（即业务活动与能力的数字化"封装"），形成可以共享的资源库，汇聚知识基础、沉淀核心能力、发挥知识洞察价值等。

（4）战略重塑。企业管理者需要树立与客户共同定义新产品、与客户共同创造新业务、与客户共享新价值的企业经营战略，利用灵活的组织和平台资源围绕企业战略自组织、自涌现、自优化等，让客户需求直达业务的研发、设计、生产和服务的创造过程，用企业能力敏捷重组动态满足客户需求，适时为客户创造新价值。

4. 新型文化

企业在新时代企业文化建设中，需要关注拥抱变革、开放合作、人本精神、全员使命和数字素养等主要场景：

（1）数字化转型是企业提升自身竞争力、实现更好发展的必由之路，企业全员一定要从企业大局出发，从企业长远发展出发，培养拥抱变革的文化。

（2）企业坚持开放合作，更好地构建基于数据环境下的社会化生态合作，降低企业成本，保持轻量化核心资产，满足业务动态调整的灵活性需要。

（3）人是企业数字化转型的设计者和执行者，是企业文化的核心载体和聚合点，也是事关企业数字化转型成功与否的决定性因素。树立人为核心、机器服务于人的意识，合理利用自动化、数字化、网络化、智能化等技术手段，解放人的体力与脑力，赋能与拓展人的能力，充分发挥其创新、创造的价值优势，才能高效实现企业的创新发展。

（4）数字化转型绝不仅仅是企业领导层和信息化部门的事情，需要全员的共同努力，只有全员深刻理解数字化转型的重大意义，并在日常工作中认真践行、多元创新、群策群力，才能成功实现企业数字化转型。

（5）数字素养建设就是培养全员识数、读数、用数等的意识和能力，提升全员的数字敏感性和敏锐性等，让其充分认可数据开发利用是一项必备的基础素质的过程。

21.3 转型能力成熟度考点梳理

【基础知识点】

1. 数字化转型成熟度模型

（1）数字化转型的能力域可以划分为组织、技术、数据、资源、数字化运营、数字化生产和数字化服务，前面四个能力域是企业开展数字化转型的基础能力，后面三个能力域是企业实施业务转型的重点关注。

（2）数字化转型成熟度等级适用于根据企业现状和业务目标明确转型工作所要达成的成熟度等级目标，并根据目标等级的分级特征和要求制定详细的转型工作路径和各细项目标。成熟度等级可分为五个等级，自低向高分别为<u>一级、二级、三级、四级和五级</u>。

2. 转型基础能力成熟度演进

<u>组织</u>是牵引数字化转型的<u>引导动能</u>，<u>技术</u>是开展数字化转型的<u>有效支撑</u>，<u>数据</u>是数字化转型的<u>新型生产要素</u>，<u>资源</u>是落实数字化转型的<u>关键保障</u>。

3. 业务转型能力成熟度演进

（1）数字化运营。

1）在数字化营销方面，企业需要重点关注需求与计划、客户管理、业务协同、精准营销和模式创新等。

2）在数字化财务方面，企业需要重点关注财务管理、预算决算、资金统筹、合规审计和业财一体等。

3）在数字化供应链方面，企业需要重点关注采购管理、供应商管理、物流管控、供应链安全和供应链金融等。

（2）数字化生产。在企业开展数字化转型的生产层面，企业需要关注<u>产品设计、工艺设计、计划调度、生产作业、质量管控、设备管理和仓储配送</u>等能力子域的成熟度建设。

企业智能制造能力建设，也就是企业生产领域的数字化转型、相关能力成熟度的演进，可依据国家标准 GB/T 39116—2020《智能制造能力成熟度模型》、GB/T 39117—2020《智能制造能力成熟度评估方法》进行。

（3）数字化服务。在企业开展数字化转型的服务层面，企业需要关注<u>服务产品、服务能力、服务交付、服务运行等能力子域</u>的成熟度建设。

21.4 转型规划要点考点梳理

1. 管控规划活动

数字化转型不仅仅涉及企业信息化能力建设和数据技术开发利用水平的提升，更是一项与业务转型紧密结合的综合性活动。需要企业从组织、宣教、目标、过程和成果等方面，对数字化转型规划活动实施有力的管控。

2. 定义数字化蓝图

（1）当前我们已经发展到了以数字创新驱动的全面发展的新战略时期，促使企业从战略层次考虑数字化转型的总体发展战略架构，形成统一愿景，科学引领各职能、各业务板块的数字化发展规划与建设工作。

（2）数字化转型对任何企业来说，都是一项极具挑战性的工作，当企业遭遇转型困境或创新疲倦时，良好的愿景蓝图能够发挥较好的引导和促进作用，从而给企业数字化转型提供驱动力。

（3）定义数字化蓝图，需要企业能够做到目标长远、战略高度、拥抱数字、顺势而为等。

3. 明确数字化发展需求

（1）开展诊断评估。

数字化转型的诊断评估不适合采用行业最领先或最高成熟度案例作为参考标准与依据，而是基于企业基本状态，按照成熟度分领域、分等级的方法，进行逐级诊断评估。

步骤包括：①基于企业业务特征、行业特点和职能设施等，分析并确立企业所需的能力域、能力子域，乃至能力分项；②定义各能力领域的成熟度标尺，可参考相关的标准；③结合企业的发展导向、行业特点和标准与实践等，明确各能力领域的权重体系，以便能够计算出企业整体的数字化转型水平；④编制诊断评估的调研表单、调研问题、调研计划等；⑤针对重点领域召开研讨活动；⑥对企业各领域能力成熟度进行分析，在明确长短板的基础上，洞察形成这种能力分布的深层次原因；⑦逐项分析企业所处整体等级和高一等级不满足成熟度标尺细化要求的情况和程度，要具体到标尺条款，并分析相关不满足情况的关联性等。

（2）识别能力需求。

在初步能力需求的基础上，结合企业中期、长期数字化成熟度等级或标尺，进一步分析相关需求满足后，对企业数字化转型蓝图的支撑情况，必要时，可以进一步优化或定义需求的阶段和层次，从而形成满足企业短期、中期和长期数字化转型成熟度需要的最终能力需求。

（3）常见能力关注要点。

1）从外部环境来看，"一带一路"倡议下，企业要走出国门，参与国际市场竞争。

2）企业直面两大挑战：一是如何适应现阶段"全球化"与"逆全球化"的并存环境，在全球数字化发展浪潮下建立怎样的数字化能力，去适应和推动企业产业链战略布局；二是如何内部提升企业管控效能，通过数字化手段管控内部风险。

3）从横向、纵向分别关注：横向看，我国企业数字化转型立足企业转型愿景，立足战略管控机制下的企业可持续高效运营，主要关注各板块业务组合的协调发展、投资业务的战略优化和协调，以及战略协同效应的培育，从而塑造企业能力框架，通过数字化方法支撑赋能企业能力实现的过程；纵向看，集团企业数字化发展涉及集团总部、各产业公司、基础单位等层次，集团总部通过对各成员企业的战略施加影响而达到管控目的，主要管控手段为财务控制、战略规划与控制、人力资源控制以及部分重点业务的管理，是介于集权与分权之间的一种管控模式。

4. 制定解决方案与路径计划

（1）平台化发展。平台化发展是企业数字化转型的重要特征之一，对企业数字化转型解决方案的体系化整合，需要充分满足这一特点。

（2）路径与计划。从数字化目标出发，开展必要的投资分析，坚持先易后难、滚动增效，坚持自下而上创新，坚持自上而下变革；从能力基础出发，开展必要的阶段规划和路径设计，从推行难度与先后依赖性出发设计实施顺序。

5. 确保保障措施有效性

企业数字化转型是一个复杂的系统工程，需要从组织管理、流程制定、业务模式、IT 架构，甚至企业文化等方面入手，促进企业全方位管理优化、业务流程优化，甚至商业运作模式的重构，行之有效的保障措施才能确保企业数字化转型的有序开展。

（1）重视文化。数据要素的导入，往往需要对企业文化进行重塑，数字文化需要成为企业重要的组织文化内容，同时，变革的普遍性、变化的敏捷性、创新的价值性等也会对传统企业文化带来冲击。这就要企业实施文化重塑，形成满足时代特征的新型文化，并持续宣传、宣贯和打造，改变全员的数字思维和意识等，才能保障其数字化转型的有效落地。

（2）措施量化。数字化转型的保障措施要尽可能地使用量化语言进行表达，并将量化内容与企业绩效考核等进行一体化融合。数字化转型较多的内容涉及企业职能管理部门，量化措施的缺乏容易引起相关部门的"惰性"和影响改革积极性，让其处于"旁观"状态。

（3）动态监测。对保障措施的动态监测，可分为直接数据和间接数据。

1）直接数据主要针对企业经营管理责任主体和职能工作责任主体。

2）间接数据（多元直接数据加工后的数据）主要应用于态势感知分析、宏观决策辅助等方面。

6. 规划建设数字人才

（1）数字人才体系。

1）从分类视角来看，企业的数字人才可以分为数字化领导者、数字应用人才和数字技术人才。

2）从分级角度来看，企业需要打造符合其特征特点的数字人才梯队，包括若干数字能力层次，如初级、中级、骨干和专家等。

3）从阶段角度来看，企业首选需要对自身的数字人才情况进行盘点，并结合数字化转型蓝图、战略与计划等，明确不同周期范围的数字人才需求。

（2）数字人才建设关键控制点。

1）打破部门壁垒进行数字人才培养。

2）满足数字人才个性化需求。

3）持续推进数字人才培养。

21.5 转型系统架构规划设计考点梳理

1. 业务架构

（1）数字化转型业务具体可分为企业级价值链、全域业务架构、能力主线业务架构三个层级。

1）企业级价值链。从企业领导视角构建企业生态融合发展的价值链。

2）全域业务架构。从企业领导及部门经理视角，实现企业业务能力的构建，实现生态融合的战略支撑。

3）能力主线业务架构。从各业务板块视角，构建各业务能力主线，注重业务协同。

（2）主线识别与业务流程架构梳理：甄选核心业务，进行业务主线框架梳理与端到端业务运营流程框架分析，并基于业务运营的基本支撑要素，进行适当的业务流程优化和数据流分析。

2. 数据架构

（1）数据架构视图包括数据主题视图、数据资产服务视图、数据分布流转视图等。

1）数据主题视图：目录分为战略管控层，人力、财务、物流等保障层，以及生产、设备、质量等业务运营层。

2）数据资产服务视图：是基于业务主线流程梳理数据资产的结果，按照战略管理、业务核心活动（包括服务定义、供应、销售、交付和客户经营）以及管理保障层面（包括服务资源管理、财务管理和 IT 服务管理）对数据架构进行分层分级归纳。

3）数据分布流转视图：将数据资产的生产和消费关系、数据资产的关联关系、数据资产的生命周期管理支撑架构进行相应的还原优化。

（2）数据从数据源层到数据中台加工处理、数据前台业务利用的过程，即数据聚、存、管、出、用的全过程的数据价值链生命周期运营过程。

3. 应用架构

（1）在应用架构中，包括应用视图、应用模块视图、应用集成视图等。

（2）在应用支撑能力梳理时，应基于业务架构的业务能力组件视图，分析业务数字化的运行状态，以识别应用的支撑能力，包括应用支撑范围、应用支撑强弱，以此找出数字化重点需要提升的内容。

4. 技术架构

技术架构方面，我国大部分企业已经有模块化、组件化的概念，有必要通过技术规划引领企业数字化技术朝着平台化和服务化进行转型。

（1）当前技术支撑能力调研。需要从数据流贯通与运营技术需求分析、统一平台架构设计研讨、全局数据架构设计研讨、分布式微服务架构设计研讨、统一数据中心云架构设计研讨、全局区块链架构设计研讨、各产业互联网技术架构设计研讨等公共技术框架方面进行梳理定义。

（2）开展技术架构优化设计。可结合业务主线的分类和运营特征，开展业务专项的技术架构方案选型，也可以基于技术专项领域（数据运营架构、网络架构、技术平台架构、物理环境等）开展更具体的技术架构设计。

21.6 考点实练

1. 以下（ ）不是驱动企业开展数字化转型的关键动力。
   A．消费重塑　　　　　　　　B．劳动力成本下降
   C．绿色低碳　　　　　　　　D．发展格局变化

   答案：B

2. 在企业的数字化转型过程中，以下（ ）不是企业需要重点关注的文化建设方面。
   A．拥抱变革　　B．封闭保守　　C．人本精神　　D．开放合作

   答案：B

3. 在企业进行数字化转型的过程中，关于明确数字化发展需求，下列描述中（ ）是不准确的。
   A．数字化转型的诊断评估应基于行业最领先或最高成熟度的案例作为参考标准与依据
   B．识别能力需求时，需要结合企业中期、长期数字化成熟度等级或标尺，分析需求满足后对企业数字化转型蓝图的支撑情况
   C．在"一带一路"倡议下，企业需要提升数字化能力以参与国际市场竞争
   D．集团企业数字化发展涉及多个层次，集团总部通过战略施加影响达到管控目的，主要管控手段包括财务控制、战略规划与控制等

   答案：A

4. 在企业数字化转型过程中，以下（ ）不是制定解决方案与路径计划时需要重点考虑的因素。
   A．平台化发展，以满足数字化转型的体系化整合需求
   B．坚持先难后易、一步到位的原则，迅速实现数字化转型
   C．从数字化目标出发，开展必要的投资分析，确保投资效益
   D．从能力基础出发，设计合理的实施顺序，确保转型的顺利进行

   答案：B

5. 在企业数字化转型的系统架构规划设计中，业务架构主要包括（ ）三个层级。
   A．战略层、战术层、执行层
   B．企业级价值链、全域业务架构、能力主线业务架构
   C．数据分析层、业务处理层、用户交互层
   D．基础设施层、平台服务层、软件应用层

   答案：B

第 22 章

智能制造发展规划知识点梳理及考点实练

22.0 章节考点分析

第 22 章主要学习智能制造发展整体环境、发展关注焦点、能力成熟度模型、发展规划要点、信息系统架构等内容。

根据考试大纲，本章知识点会涉及单项选择题和案例分析题，按以往考试的出题规律，单选题约占 2～3 分。本章内容属于基础知识范畴，考查的知识点既来源于教材，也有少量扩展内容。本章的架构如图 22-1 所示。

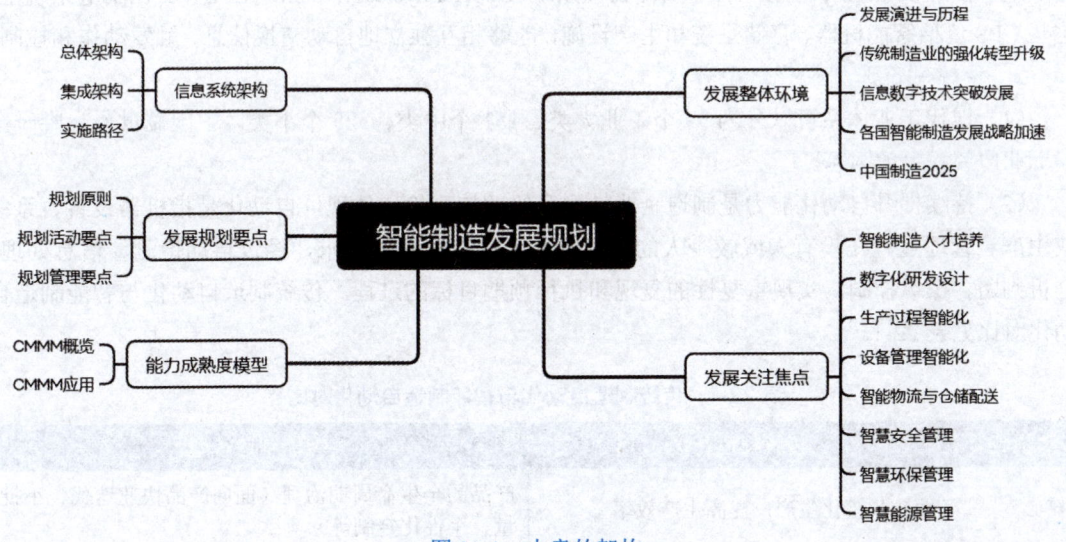

图 22-1 本章的架构

【导读小贴士】

本章主要介绍智能制造发展规划的发展演进、历程、发展关注焦点、发展规划要点等内容。包括各国制造业发展战略、智能制造人才培养、发展规划原则以及总体架构等。本章需掌握核心知识点，其余理解即可。

22.1 发展整体环境考点梳理

【基础知识点】

1. 发展演进与历程

智能制造的发展经历三个阶段：起始于 20 世纪 80 年代，发展于 20 世纪 90 年代，成熟于 21 世纪。

（1）20 世纪 80 年代，美国纽约大学怀特教授（P.K.Wright）和卡内基梅隆大学的布恩教授（D.A.Bourne）在《智能制造》一书中，首次提出了智能制造的概念。

（2）1991 年，日、美、欧共同发起实施的"智能制造国际合作研究计划"中提出："智能制造系统是一种在整个制造过程中贯穿智能活动，并将这种智能活动与智能机器有机融合将整个制造过程从订货、产品设计、生产到市场销售等各环节以柔性方式集成起来的能发挥最大生产力的先进生产系统"。

（3）21 世纪以来，德国正式推出工业 4.0 战略，包含了智能制造的内涵：将企业的机器、存储系统和生产设施融入"虚拟网络 - 实体物理系统（Cyber-Physical Systems，CPS）"。在制造系统中，这些 CPS 包括智能机器、存储系统和生产设施，能够相互独立地自动交换信息、触发动作和控制。

2. 传统制造业的强化转型升级

（1）现代工业体系可以分为 39 个工业大类、151 个中类、525 个小类。中国是世界上唯一全部工业门类齐全的国家。

（2）持续提升自动化能力是制造企业转型升级的核心价值体现，自动化是指机器设备、系统或生产、管理过程在没有人或较少人的直接参与下，按照人的要求，经过自动检测、信息处理、分析判断、操纵控制，实现重复性的复现和执行预期目标的过程。传统制造自动化与智能制造自动化对比见表 22-1。

表 22-1 传统制造自动化与智能制造自动化对比

领域	传统制造升级	智能制造转型
核心	面向规模化生产，提高生产效率	产品的全生命周期治理（面向产品快速迭代、小批量、个性化定制等）

续表

领域	传统制造升级	智能制造转型
本质	把生产的"边界"尽量固定下来，通过抑制干扰来保证质量、成本和效率，即希望在生产制造上受到的不必要的干扰尽量少、时间和资源的浪费尽量少	推动各类创新主体的高效互动、产品的快速迭代、模式的深刻变革、用户的深度参与，强调出现问题的干扰快速应对，即在"制造即服务"模式下，强调对"干扰"的敏捷控制、应对和处置
目的	机器换人、降低生产成本、提高产品质量的一致性	面对经营管理、生产制造、服务交付等多元交织的类复杂环境（如柔性制造和个性化定制带来的生产组织高度复杂、质量控制难度大增），实现各类事件与问题的快速感知与及时处理
发展理念	经营管理、生产制造过程的高效率，即使用机械化、电气化、信息化等提高劳动效率，实现"体力替代"	经营管理、生产制造等治理、管理和控制的自动化，即使用数据自动化和数据模型等提高决策效率，实现"脑力替代"
实现方法	技术锁定、工艺锁定、关键环节自动控制	通过智能化的感知、人机交互、决策和执行技术，实现设计过程、制造过程和制造装备整体智能化
技术应用	传感技术、测试技术、数控技术、产品技术、工艺技术等	在现代传感技术、网络技术、自动化技术、拟人化智能技术等先进技术的基础上，通过智能化的感知、人机交互、决策和执行技术，实现设计过程、制造过程和制造装备智能化，是信息技术、智能技术与装备制造技术的深度融合与集成

3. 信息数字技术突破发展

（1）在智能装备方面。数控机床、焊接机器人、数控高端装备、上料和码垛机器人、自动化包装生产线、自动引导车（Automated Guided Vehicle，AGV）智能运输车、智能立体仓库等新型智能化装备广泛应用，持续提升智能制造装备资源能力。

（2）在信息化建设方面。从传统 ERP（Enterprise Resource Planning）系统和 MES（Manufacturing Execution System）系统向基于工业互联网平台的 MOM 系统的转变，形成了从销售 CRM（Customer Relationship Management）、计划 APS（Advanced Planning and Scheduling）、采购 ERP、生产制造 MES/MOM、仓储 WMS（Warehouse Management System）、发运 TMS（Transportation Management System）和服务（服务平台）的信息系统全覆盖。

（3）在数据开发利用方面。新一代智能装备本身具有数控系统，实现智能化生产模式的跃迁。

（4）在多元信息技术融合创新方面。结合大数据、云计算、区块链、人工智能等新型技术手段和工具，可以对人、机、料、法、环、测等要素进行数据分析。

4. 各国智能制造发展战略加速

（1）2019 年德国发布《国家工业战略 2030》。

（2）2012 年美国首次发布《先进制造业国家战略》。

（3）英国定位于 2050 年制造业发展的长期战略研究：《英国工业 2050 战略》计划。

（4）法国《新工业法国》计划。

（5）2014年印度正式出台"印度制造"计划，有五大任务和四大支柱。

（6）2014年韩国政府制定《未来增长动力落实计划》。

5．中国制造2025

《中国制造2025》是由国务院印发的部署全面推进实施制造强国的战略文件，是中国实施制造强国战略第一个十年的行动纲领，于2015年发布。

指导思想是全面贯彻党的十八大和十八届二中、三中、四中全会精神，坚持走中国特色新型工业化道路，以促进制造业创新发展为主题，以提质增效为中心，以加快新一代信息技术与制造业深度融合为主线，以推进智能制造为主攻方向，以满足经济社会发展和国防建设对重大技术装备的需求为目标强化工业基础能力，提高综合集成水平，完善多层次多类型人才培养体系，促进产业转型升级培育有中国特色的制造文化，实现制造业由大变强的历史跨越。

《中国制造2025》确立了创新驱动、质量为先、绿色发展、结构优化、人才为本的基本方针，并构建了九大任务。

2021年12月，工业和信息化部等八部门联合印发了《"十四五"智能制造发展规划》（以下简称《规划》）。《规划》总结了"十三五"制造业数字化、网络化、智能化取得的成绩和发展态势，对发展形势进行了研判，新一轮科技革命的发展，全球国际环境日趋复杂，美国、德国、日本均以重振制造业为核心制定发展战略，均以智能制造为主要抓手，力图抢占全球制造业新一轮竞争制高点。

《规划》以习近平新时代中国特色社会主义思想为指导，坚持市场主导基本原则，积极推进智能制造，关键要立足制造本质，紧扣智能特征，以工艺、装备为核心，以数据为基础，依托制造单元、车间、工厂、供应链和产业集群等载体，构建虚实融合、知识驱动、动态优化、安全高效的智能制造系统。

到2025年，规模以上制造业企业基本普及数字化，重点行业骨干企业初步实现智能转型。到2035年，规模以上制造业企业全面普及数字化，骨干企业基本实现智能转型。

22.2　发展关注焦点考点梳理

【基础知识点】

1．智能制造人才培养

（1）推进智能制造，人才是关键。

（2）企业为了推进智能制造，需要培养和发展技能人才、应用人才、推进人才、领军人才等四大类人才，而复合型、创新型人才对于智能制造的规划和实施起到决定性的作用。

（3）企业需要建立智能制造人才培训体系。从规划管理模块、技术模块、业务领域方向强化员工培训。

（4）在人才绩效考评方面，企业可以运用激励制度引导知识传播及实践应用。综合运用绩效考核与激励制度，促使知识经验技能转化为价值创造。

（5）企业需建立企业知识管理体系和系统。知识管理的核心是将员工长期积累的经验和技能类的隐性知识显性化，显性知识能被结构化，结构化知识能被数字化，数字化知识能被软件化，软件化的知识才能够被信息化系统和工业软件调用，最终实现基于专家知识的人工智能决策。

2. 数字化研发设计

（1）数字化研发设计是应用数字化软件工具进行产品和工艺设计开放的过程，通常指应用数字化三维设计与工艺设计软件进行产品、工艺设计与仿真，并通过虚拟样机、数字化虚拟工厂以及物理检测、试验等方式进行验证与优化。

（2）通过数字化设计手段可以实现三维设计、模型和设计规范的数字化管理，应用三维建模工业软件进行产品的三维设计，通过信息化系统实现对产品图纸、模型及设计规范等图文档进行全面结构化管理，并实现文档的审查、批准、变更等信息化管理。

3. 生产过程智能化

智能制造的核心是智能化生产。智能化生产是基于自动化设备，通过制造执行、高级排产、过程监控等信息系统，实现生产计划管理、生产过程控制、产品质量管理、车间库存管理、项目看板管理智能化，提高企业制造执行能力。其中包括生产排程柔性化、生产作业数字化、过程质量可追溯、生产管理透明化。

4. 设备管理智能化

设备是工厂进行生产活动的基础设施。智能制造高度依赖联网的自动化和数字化设备，通过设备联网和数据采集对设备运行状态和运行数据进行监控和预警，对设备损老化部件进行预测性维护，通过设备运行综合效率的分析，不断优化设备运行，提高设备效率，并不断通过设备效率监控提升和优化生产，最终实现设备的全生命周期数字化管理。

设备数字化和智能化管理主要包括设备数字化维保、设备联网数据采集、设备监控与故障分析、设备综合效率管理、设备预测性维护等内容。

5. 智慧物流与仓储配送

智能物流就是利用条形码、二维码、射频识别技术（Ratio Frequency Identification，RFID）等标识识别技术，结合 AGV 自动运输小车、数字仓库及 WCS（Warehouse Control System）、WMS 等信息化系统，实现原材料、半成品、成品的收货、仓储、拣货、配送、包装、装卸及运输等基本物流活动的自动化运作和高效率优化管理，提高仓储配送和物流运输的效率和服务水平，降低成本，减少自然资源和社会资源消耗。

智能物流与仓储配送在制造业中的应用主要包括出入库管理、库位管理、快速拣货和及时配送、仓储和配送优化等。

6. 智慧安全管理

安全生产管理是指以企业安全生产全要素数字化管理为目标，采用物联网、定位服务、移动终端以及大数据等先进信息数字技术，对生产过程中的人员、设备、环境等进行全面智能化管理和升级改造，杜绝现场作业人员不安全行为，规范运行和检修作业过程，强化人员培训，通过实时监控、动态分析、知识库集成应用实现一体化安全管理，主动驱动闭环管控。

企业需要通过构建透明化、信息化和数字化安全管理机制，实现智慧安全管理，重点需要关注安全监测、安全预测和安全闭环管理。

7. 智慧环保管理

智慧环保管理是以遵循环保集中管控为基础、以环境综合评价体系为核心的思想，通过实时监测、过程监控、风险预警的一体化设计，对生产环境中的各项风险进行预测、评价、管控。企业需要制定相应的应急方案和措施，形成污染物排放的有效预警机制，为企业绿色生产、智慧制造提供有力支撑。

实现智慧环保管理需要经历环保管理信息化、环保排放预警与预测、模型驱动排放优化三个阶段的实践路径。

8. 智慧能源管理

智慧能源管理是指通过安装智能电表、引入能源管理系统平台等，实时采集能源数据，实现能耗透明化和数据可视化。

实现能源数字化管理的实践路径主要包括能源数据自动采集和分析、能源指标精细化管理、高能耗设备智能联控、基于能效评估的节能改造等。

22.3 能力成熟度模型考点梳理

【基础知识点】

1. CMMM 概览

（1）智能制造能力成熟度模型（China Manufacturing Maturity Model，CMMM）是用于实施智能制造过程改进提升的成熟度模型。GB/T 39116— 2020《智能制造能力成熟度模型》明确了智能制造能力建设服务覆盖的能力要素、能力域及能力子域。

（2）智能制造能力成熟度模型如图 22-2 所示。CMMM 定义的企业开展智能制造能力建设需要关注的能力要素包括人员技术、资源和制造。

人员能力要素包括组织战略和人员技能两个能力（子）域。

技术能力要素包括数据、集成、信息安全三个能力（子）域。

资源能力要素包括装备、网络两个能力（子）域。

制造能力要素包括设计、生产、物流、销售、服务五个能力（子）域，覆盖产品设计、工艺设计、采购、计划与调度、生产作业、设备管理、安全环保、仓储配送、能源管理、物流、销售、客户服务和产品服务，共计 13 个能力（子）域。

（3）CMMM 规定了智能制造在不同阶段应达到的水平，共分为五个等级，自低向高分别为一级（规划级）、二级（规范级）、三级（集成级）、四级（优化级）和五级（引领级），较高的成熟度等级要求涵盖了低成熟度等级的要求。智能制造能力成熟度等级见表 22-2。CMMM 主要解决的问题见表 22-3。

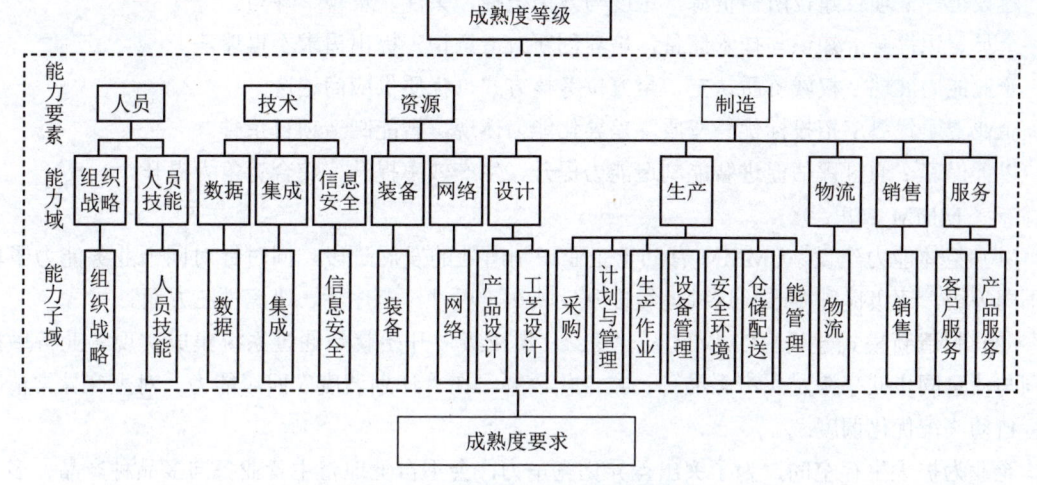

图 22-2 智能制造能力成熟度模型

表 22-2 智能制造能力成熟度等级

级别	内容
一级	企业应开始对实施智能制造的基础和条件进行规划，能够对核心业务（设计、生产、物流、销售、服务）进行流程化管理
二级	企业应采用自动化技术、信息技术手段对核心装备和业务等进行改造和规范，实现单一业务的数据共享
三级	企业应对装备、系统等开展集成，实现跨业务间的数据共享
四级	企业应对人员、资源、制造等进行数据挖掘，形成知识、模型等，实现对核心业务的精准预测和优化
五级	企业应基于模型持续驱动业务优化和创新，实现产业链协同并衍生新的制造模式和商业模式

表 22-3 CMMM 主要解决的问题

对象	主要解决的问题
制造企业	了解企业自身所处的现状，识别差距，明确发展目标，明确投资方向，对项目建设效果进行评价
政府主管部门	掌握辖区内企业的智能制造水平（看数据），选择辖区内优秀企业作为标杆示范（树标杆），判断智能制造阶段成果和扶持方向（立政策）
服务商	把握甲方的需求，目标清晰（明需求），统一技术路径和方法帮助制造企业实现智能制造（找路径）

（4）CMMM 评估的价值主要体现在。智能制造全面梳理与认识：消除成见，避免走弯路，打破传统，勇于变革。

建设把控：项目建设所需资源，进度与效果把控，关注、重视、参与。
全员意识提升：知识与技术储备，培养创新改造意识，提出需求不再迷茫。
企业能力展现：权威资质认定，全方位考核方式，优质供应商遴选。
企业资质优势：招投标优势资质，差异化能力体现，智能制造项目荣誉。
以评促建：通过评估促进智能制造能力提升、生产效率提升、综合竞争力提升。

2. CMMM 应用

（1）整体能力建设。CMMM 有助于企业识别所处的发展阶段，同时针对同一业务能力子域的不同等级，逐级提升要求，这种逐级提升反映在阶段性、有序性、纵深性三方面。

（2）制造新模式建设。CMMM 从"三级/集成级"开始就是通过系统集成实现各业务敏捷协同与信息同步共享满足生产多品种、柔性化需要。在"计划调度"四级能力，对生产异常情况进行自动决策优化调度。

企业为扩大生存空间，为了突出差异化竞争力，会不自觉地将主营业务向多品种产品、多工序覆盖、工艺优化改进、新材料应用、满足个性化需求等维度拓展延伸，这就促进了企业智能化建设进一步提升需求。

22.4　发展规划要点考点梳理

1. 规划原则

在实施智能制造发展规划中，通常需要遵循需求驱动、投入产出、有效性和全局性等方面的原则。

2. 规划活动要点

智能制造规划需要重点关注诊断评估、均衡部署、突破重点和人才保障等方面的规划活动及成果。

（1）诊断评估。智能制造规划所需的诊断评估可以参考 CMMM 模型所规定的范围，如组织战略、人员技能、生产作业、工艺设计等。同时要确保每个能力子域的调研深度，这个深度不仅包括信息系统现状与需求的调研颗粒度，还要包括与之相关业务能力的诊断与评估，明确企业在智能制造能力子域需要关注各项活动的运行情况，以及下一步能够达到的状态。

（2）均衡部署。制造企业经过诊断评估后，可以获得企业在各能力子域或更小颗粒度的能力水平，按照均衡发展的逻辑，企业优先需要建设的是"短板"部分，这是因为"短板"往往是制约企业智能制造发展的主要因素。

1）当诊断评估或规划设计无法在短时间内乃至根本无法解决企业"短板"问题时，通常需要通过规划对企业相关能力进行"裁剪"或"避让"。

2）在确保企业"短板"部分能够得到补充的情况下，需要设定企业整体需要达到的智能制造水平，通常的设定方式是把企业"最长板"作为企业智能制造发展的短期目标，将比"最长板"高一个等级作为企业中长期发展的目标，直到最高等级成熟度，并基于均衡部署方法，通过规划支撑企业各能力子域的均衡发展。在相关规划中，采用超过企业可及的"最高等级"发展模式。

（3）突破重点。企业升级发展的突破点可以是 技术、管理 和 模式。

（4）人才保障。人才是企业开展智能制造的关键基础。人才问题是制约企业智能制造发展的重要因素之一，包括 人员意识、人员技能、人员经验和数字素养 等方面。复合型人才更是企业智能制造建设的核心要素，是业务人员 IT 化、IT 人才业务化的长期沉淀。

人才保障相关规划主要涉及如下内容：
1）统筹智能制造的团队。
2）智能制造专业技术人员。
3）培训体系构建。
4）知识体系建设。
5）业务人员数字素养。

3. 规划管理要点

智能制造发展规划的过程需要得到有效管理，从而保障企业获得可行、可信、可靠的智能制造发展规划。其中包括：多元参与、知识传递、目标控制、实践借鉴。

22.5 信息系统架构考点梳理

1. 总体架构

（1）智能制造系统架构从 生命周期、系统层级 和 智能特征 三个维度对智能制造所涉及的活动、装备、特征等内容进行描述。

（2）智能制造的关键是实现贯穿企业设备层、单元层、车间层、工厂层、协同层等不同层面的纵向集成，跨资源要素、互联互通、融合共享、系统集成和新兴业态不同级别的横向集成，以及覆盖设计、生产、物流、销售、服务的端到端集成。智能制造总体系统架构示意图如图 22-3 所示。

（3）生命周期是指从产品原型研发开始到产品回收再制造的各阶段，包括设计、生产、物流、销售、服务等一系列相互联系的价值创造活动。

系统层级是指与企业生产活动相关的组织结构的层级划分，包括 设备层、单元层、车间层、企业层和协同层。

智能特征是指基于信息数字技术使制造活动具有 自感知、自学习、自决策、自执行、自适应 等一个或多个功能的层级划分，包括 资源要素、互联互通、融合共享、系统集成和新兴业态 等五层智能化要求。

2. 集成架构

智能制造系统集成架构一般分为 设备层、传输层、执行层、业务层、决策层 五层架构体系。

（1）决策层。以大数据、驾驶舱、数字孪生、人工智能等的典型应用为代表，构建智能制造的数据驱动决策体系，提高企业运营和管理决策效率和准确性。

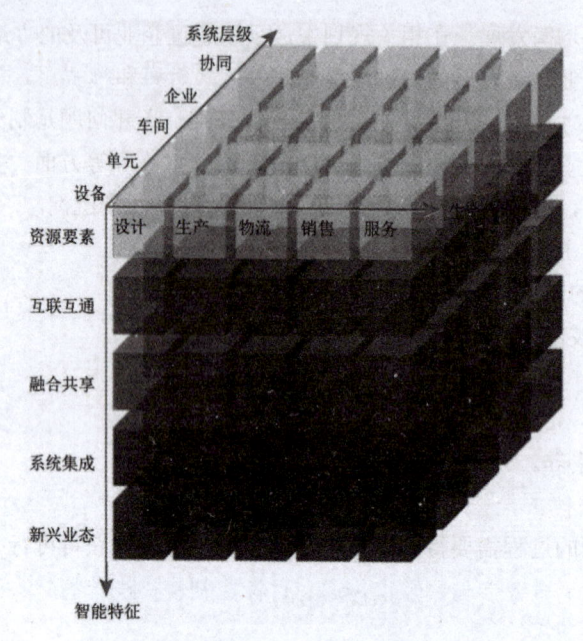

图 22-3 智能制造总体系统架构示意图

（2）业务层。以客户关系管理（CRM）、产品全生命周期管理（PLM）、企业资源管理系统（ERP）为核心的业务和流程管理系统，为业务数字化奠定基础，实现从订单到交付的数字化管理。

（3）执行层。以生产执行系统（Manufacturing Execution System，MES）或制造运营管理系统（Manufacturing Operation Management，MOM）为核心，同时配合仓储管理系统（WMS）、质量管理系统（Quality Management System，QMS）等其他信息化系统，实现生产下发和过程数据采集上传、开工报工等生产全透明管理。

（4）传输层。也叫网络层，是以工业互联网、物联网、数据采集及配套工业互联网或物联网（IoT）平台为核心，为设备状态和运行数据的采集提供数据通道，打通设备层与执行层的通道，实现底层设备和上层信息化系统的集成互通。

（5）设备层。以自动化生产设备、数字化检测设备、AGV 运输车和立体仓库等智能物流设施为基础，构成智能制造底层基础设施。

3. 实施路径

信息化系统可以第一阶段的由缺到全，第二阶段的由全到通，第三阶段的由通到智，最终实现信息系统和基础建设的全面覆盖、全面通畅 和全面智能。

22.6 考点实练

1. 关于《中国制造 2025》的描述，正确的是（　　）。

   A.《中国制造 2025》是由国家发改委印发的关于经济结构调整的指导性文件

B．《中国制造 2025》是中国实施制造强国战略第二个十年的行动纲领，于 2016 年发布

C．《中国制造 2025》是由国务院印发的部署全面推进实施制造强国的战略文件，是中国实施制造强国战略第一个十年的行动纲领，于 2015 年发布

D．《中国制造 2025》是财政部发布的支持制造业发展的财政补贴政策

答案：C

2．推进智能制造，（　　）是关键。

　　A．人才　　　　　B．技术　　　　　C．资金　　　　　D．方法

答案：A

3．CMMM 定义的企业开展智能制造能力建设需要关注的能力要素包括（　　）。

　　A．市场营销、资金管理和生产流程优化

　　B．人员技术、物流管理和设备采购

　　C．人员技术、资源和制造

　　D．供应链管理、信息技术和员工培训

答案：C

4．制造企业在进行智能制造能力建设时，经过诊断评估后，应优先关注并建设的是（　　）。

　　A．企业已具备的高水平能力子域，以进一步提升竞争优势

　　B．企业在所有能力子域中的平均水平，以实现均衡发展

　　C．企业的"短板"部分，因为这部分往往是制约智能制造发展的主要因素

　　D．市场上最热门的智能制造技术或领域，以快速响应市场需求

答案：C

5．在智能制造系统集成架构中，（　　）以生产执行系统（MES）或生产运营管理系统（MOM）为核心，同时配合仓储管理系统（WMS）、质量管理系统（QMS）等其他信息化系统，实现生产下发和过程数据采集上传、开工报工等生产全透明管理。

　　A．决策层　　　　B．业务层　　　　C．执行层　　　　D．传输层

答案：C

第 23 章

新型消费系统规划知识点梳理及考点实练

23.0 章节考点分析

第 23 章主要学习新型消费系统规划的发展整体环境、发展关注焦点、规划要点、系统架构等内容。

根据考试大纲，本章知识点会涉及单项选择题和案例分析题，按以往考试的出题规律，在单选题中约占 2～3 分。本章内容属于基础知识的范畴，考查的知识点既来源于教材，也有少量扩展内容。本章的架构如图 23-1 所示。

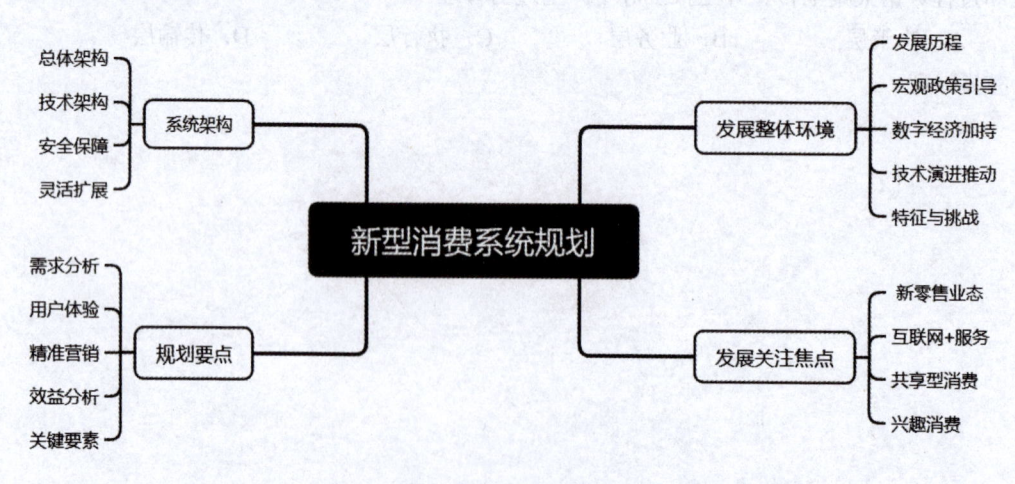

图 23-1 本章的架构

【导读小贴士】

本章主要介绍新型消费系统规划的发展整体环境、发展关注焦点、规划要点、系统架构等内容。包括宏观政策、数字经济、互联网＋服务、共享型消费、兴趣消费等知识点。本章需掌握核心知识点，其余理解即可。

23.1 发展整体环境考点梳理

【基础知识点】

1. 发展历程

新型消费以互联网技术为基础，通过线上线下融合、场景化、个性化等方式，为消费者提供更加便捷、多元化、个性化的消费服务。

第一阶段：电子商务时代。2003 年，伴随着我国首家 B2C 电商平台成立，标志着我国电子商务迈入了成熟阶段。此后，淘宝、京东、苏宁等一批电商巨头相继涌现，推动了我国电子商务的快速发展。

第二阶段：移动互联网时代。21 世纪 10 年代初，随着 3G 网络的发展和智能手机的普及，我国进入了移动互联网时代。移动互联网改变了人们的消费习惯，越来越多的消费者开始通过移动设备进行线上购物、支付和服务体验。

第三阶段：智慧消费时代。21 世纪 10 年代末，随着人工智能、大数据等新技术的发展和应用，我国进入了智慧消费时代。智慧消费时代是新型消费的又一次升级，模式开始从线上拓展到线下，新零售、智慧餐饮、智慧旅游等新型消费模式相继涌现，通过场景化、个性化等方式，为消费者提供更加智慧化、多元化、便捷化的消费服务。

第四阶段：深度互动阶段。在当前新型消费领域中，深度互动已经成为一个重要的趋势，它将信息数字技术与现实世界相结合，为用户提供丰富的、沉浸式的体验。5G 技术的低延迟、高速率等特点，使得实时互动成为可能，同时，边缘计算技术加速了数据处理和服务响应。这两种技术结合，可以为消费领域（如在线游戏、远程医疗等）提供高质量的实时互动体验。

2. 宏观政策引导

（1）国家政策。

多年以来，国家发改委、商务部、工信部等多部门积极部署，提出加快线上线下消费融合，鼓励发展新业态、新模式、新场景，促进定制、体验、智能、时尚等新型消费；培育一批信息消费示范城市和示范项目，加快 5G 技术与能源、教育、文旅等垂直行业融合应用，大力挖掘消费潜力等举措。

国家政策的支持为新型消费带来了更大的市场空间，同时政策法规对于新型消费市场的监管要求也越来越高。

（2）地方措施。

为顺应新业态、新模式创新和居民消费升级趋势，各地也积极采取措施发展新型消费，激发消费市场力。

3. 数字经济加持

随着我国经济的不断发展和人民收入水平的提高，消费需求不断增加，消费升级趋势日益明显，为新型消费提供了广阔的市场空间。

数字经济的发展也促进了新型消费的升级，数字经济条件下的消费新业态、新模式主要体现如下：

数字经济拓宽消费渠道，新消费场景不断涌现。

数字经济改变消费模式和消费习惯，推动消费升级。

数字经济缩小城乡居民消费差距，驱动消费结构优化。

4. 技术演进推动

（1）电子商务技术。

电子商务技术包括电子商务平台、支付系统、物流系统、数据管理系统等。随着电子商务技术不断完善，消费者可以通过各种渠道方便地获取商品信息、选择商品、下订单、支付、配送等，从而实现线上消费。

（2）移动支付技术。

移动支付技术是指通过移动设备进行支付的技术，包括 NFC、二维码支付、近场通信等移动支付技术的出现，让消费者可以随时随地进行支付，不再受限于传统的现金、银行卡等支付方式。移动支付技术还可以与电子商务技术相结合，让消费者实现线上线下一体化消费。

（3）大数据技术。

大数据技术是指通过对大量数据进行分析和挖掘，发现其中潜在的价值和规律的技术。大数据技术可以让企业了解消费者的需求和行为，从而提供更加个性化的产品和服务。

（4）人工智能技术。

人工智能技术是指通过模拟人类的智慧，实现机器的自主学习、分析和决策的技术。人工智能技术可以让消费者获得更加智能化的消费体验。

（5）物联网技术。

物联网技术是一种通过物品之间的互联互通，实现物品之间信息共享、数据传输和自主决策等功能的技术，它可以帮助消费者实现更加智能化和便捷的消费体验。

（6）XR 技术。

扩展现实（Extended Reality，XR）技术是指通过以计算机为核心的现代高科技手段营造真实、虚拟组合的数字化环境，以及新型人机交互方式，为体验者带来虚拟世界与现实世界之间无缝转换的沉浸感，是 AR、VR、MR 等多种技术的统称。XR 应用可分为大众应用和行业应用，大众应用包括游戏、社交、影视、直播、文旅等，行业应用主要包括工业、医疗、教育、电子商务等。

5. 特征与挑战

（1）主要特征。

新型消费契合了居民消费向发展型、享受型和品质型消费快速升级的趋势，与传统消费相比具有明显的 科技化、网络化、数字化、智能化 的特征，为数字经济中长期增长创造了新空间。

（2）问题挑战。

基础设施建设有短板，发展缺少支撑。

1）生产、分配、流通、消费等诸多环节还有堵点，新型消费高质量发展不足。

2）畅通内需循环还存在障碍，新型消费扩大内需新空间发展缺乏动力。

3）稳定新型消费市场、挖掘内需动力不足，经济高质量发展缺乏后劲。

（3）发展对策。

1）积极推动线上线下消费有机融合。

2）打造数字消费产品和服务体系。

3）构建与新型消费相适应的物流支撑体系。

4）构建数字消费增长的长效机制。

5）加强对新型消费领域的执法监管。

23.2 发展关注焦点考点梳理

【基础知识点】

1. 新零售业态

新零售是 以用户为中心，在技术驱动下，建立在 可塑化、智能化 和 协同化的基础设施上，依托新供应链，线上线下深度融合，重构人、货、场，满足用户需求，提升行业效率，实现"全场景、全客群、全数据、全渠道、全时段、全体验、全品类、全链路"的零售新模式。

（1）新零售的主要特点。

1）企业 以互联网为依托，通过运用大数据、人工智能等先进技术手段，对商品的生产、流通与销售过程进行升级改造，进而重塑业态结构与生态圈，并对线上服务、线下体验以及现代物流进行深度融合。

2）以品牌为主体转换为 以消费者为主体，能够极大程度地提高从"欲望"到"拥有"的效率，帮助消费者把"我是谁"匹配到"我想要什么"，所有商机都是以此为基础。

3）新零售将传统商业三要素"货、场、人"的重要顺序，调整为 "人、货、场"，重组零售行业的逻辑和链条，以满足人类本能对及时获得的强烈感受。

（2）新零售的运作模式。

1）线下实体店的内在变革。

2）线上导流，线下消费。

3）线上线下一体化。

4）无人零售。无人零售的主要特点包括自助化、智能化、安全性、便捷性。

2. 互联网+服务

数字化教育、在线健康医疗服务、在线文娱、在线健身、在线旅游等正成为消费恢复性增长的新动力和新空间。

（1）数字化教育。数字化教育是指利用互联网、移动互联网等技术手段，将教育资源和服务数字化，是实现教育的普及和提高教育质量的一种新型教育方式。

数字化教育的主要特征包括：便捷性、个性化、互动性、可持续性。

（2）互联网健身。互联网健身包括健身软件、可穿戴设备、数据服务三方面。

（3）智慧文旅。智慧文旅解决方案，以景区旅游转型、突破发展和开展智慧建设为契机，以景区特色文旅资源为依托，以"游客为中心"为服务理念，利用云计算、物联网、移动通信等多种先进技术构建景区智慧文旅体系，利用景区定位、智能导览等提高旅游的体验度。

云旅游的特点主要表现在：

1）技术上的先进性。
2）供给上的多样化。
3）时空上的无限性。
4）文化上的人文性。

3. 共享型消费

共享经济是指通过互联网和移动互联网等技术手段，实现资源共享和利用的一种商业模式。在新型消费场景下，共享经济已经成为一种重要的商业趋势。

共享经济的主要特点包括：经济性、可持续性、便捷性。

4. 兴趣消费

有关机构发布的数据显示，兴趣消费产品持续渗透到新青年（指"90后"及"00后"）消费者的生活中。"90后""00后"逐渐成为消费主力军，追求个性化、体验感的年轻人也让这些以"兴趣"为主导的各式新型消费不断兴起，甚至"出圈"。

23.3 规划要点考点梳理

【基础知识点】

1. 需求分析

需求分析是指对消费系统功能需求和性能指标的分析和定义，对系统优缺点、风险和投资回报率的评估和预测。

（1）重点关注。

1）确定系统的核心功能和特性。
2）收集用户需求和期望。

3）分析市场和竞争情况。

4）确定系统的性能指标。

5）进行投资回报率预测和成本效益分析。

（2）注意事项。

- 需要具备一定的前瞻性，充分预测用户的需求发展。
- 强调对隐性需求的分析。
- 消费场景尽可能细化。
- 充分考虑地域发展和文化的差异。
- 强化对消费群体的归集。
- 预留充足的需求变革适应能力。
- 考虑消费者对消费入口工具的使用等。

2. 用户体验

（1）重点关注。

1）设计简洁、易用和美观的用户界面。

2）优化系统的反馈机制。

3）提供个性化的设置和选项。

4）采用数据分析和挖掘技术。

5）不断优化和改进用户体验。

（2）注意事项。

- 建立用户体验反馈群体或虚拟组织，从使用中获得体验反馈。
- 策划用户体验的发布策略，逐步引导用户的体验。
- 关注人体工程相关的知识应用，保障体验的顺畅性。
- 充分考虑各类终端的特征特点，与体验融为一体。
- 强化视觉优化，确保静动态页面的美感及一致性。

3. 精准营销

（1）重点关注。

1）互联网历史数据有助于企业精准、高效地配置目标用户，提高广告投放效果。

2）系统能够支持营销活动与消费者进行互动，提高品牌和产品的认知度和美誉度。

3）能够对消费者的购买行为、消费习惯和偏好进行深度分析，提供个性化推荐服务，提高消费体验以达到复购目的。

4）通过大数据分析，预测消费者的购物趋势和未来需求，帮助商家更好地规划生产和销售策略。

5）通过技术手段对商品库存、物流配送等方面进行智能化管理，提高管理效率和降低成本。

6）通过技术方式，自动化地完成一些重复性、烦琐的工作，减轻人力成本和管理压力，例如机器人客服等。

（2）注意事项。

精准营销是新型消费系统应用的主要手段，是其获客的关键，灵活、便捷的营销接口控制和营销模式部署模型等，有利于新型消费系统的生命力提升，要实现精准营销需要注意：

- 注重联合营销接口的支撑能力，便于后期与其他平台的联合拓展。
- 在营销相关模块中，部署流量计量等功能，乃至流量计费模型等。
- 对国家相关法律法规、标准的遵循，包括互联网广告、程序化营销等。
- 关注细节数据沉淀以及数据关联的标注等。

4. 效益分析

通过成本效益分析和投资回报率的评估，可以确定系统的商业价值和投资回报率，以指导后续的系统开发和运营决策。

针对新型消费系统规划的效益分析需要关注以下五方面：

（1）评估系统开发和实施的成本。
（2）预测系统运营和维护的收益。
（3）进行成本效益分析和投资回报评估。
（4）采用灵活的商业模式和收费策略。
（5）不断优化和改进商业模式和收费策略。

5. 关键要素

新型消费系统基于互联网开展，通过数字化手段赋能获客导流、促活锁客、变现留客、精准运营等成为系统规划成功的关键要素。

23.4 系统架构考点梳理

1. 总体架构

新型消费场景下系统架构设计需要考虑以下五方面：

（1）处理大量用户请求能力。
（2）大量数据处理分析能力。
（3）数据安全和隐私保护能力。
（4）实时响应和交互能力。
（5）多终端支持能力。

新型消费系统参考架构如图 23-2 所示。

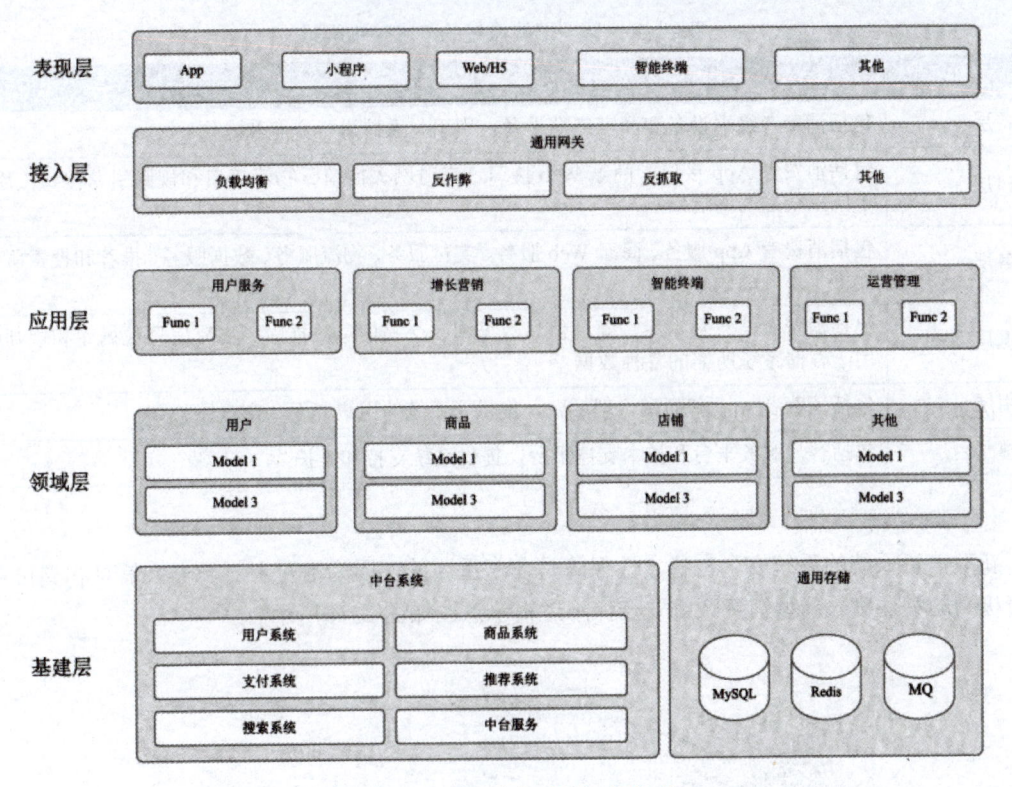

图 23-2　新型消费系统架构参考

2. 技术架构

新型消费系统的技术架构从逻辑上看，与大多数信息系统比较相近，但也有其独特的业务技术特点。以新零售为例，其技术架构如图 23-3 所示。

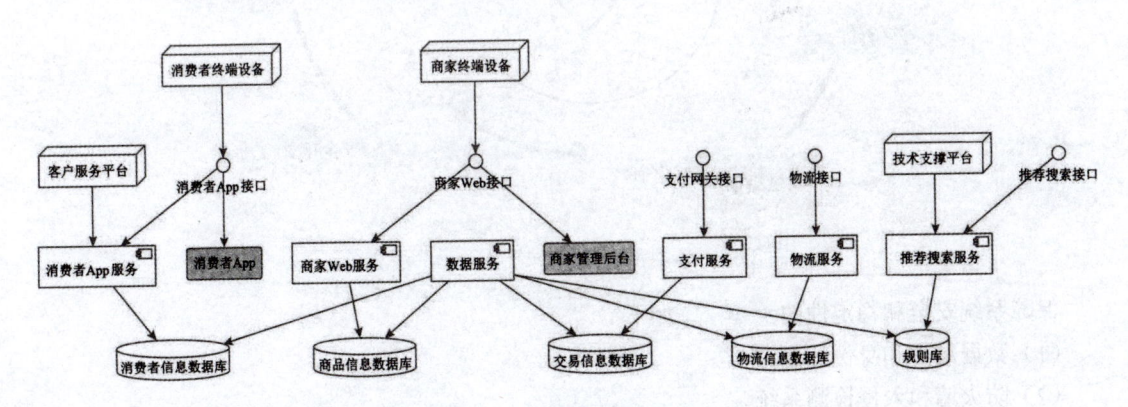

图 23-3　新零售技术架构参考

从层级划分角度来看，新型消费系统的技术架构具体包括如下六个层级，见表 23-1。

表 23-1 新型消费系统的技术架构层级

层级	内容
设备层	包括消费者终端设备和商家终端设备，用于与系统进行交互和操作
接口层	包括消费者 App 接口、商家 Web 接口、支付网关接口、物流接口和规则引擎接口，用于不同系统之间的通信
服务层	包括消费者 App 服务、商家 Web 服务、支付服务、物流服务、数据服务、推荐和搜索服务，提供了系统的核心功能
数据层	包括消费者信息数据库、商品信息数据库、交易信息数据库、物流信息数据库和规则库，用于存储系统所需的各种数据
应用层	包括消费者 App 和商家管理后台，提供了系统的用户界面和交互体验
支撑平台层	包括客户服务平台和技术支撑平台，提供系统支持和维护

3. 安全保障

新型消费系统的系统安全与稳定性保障是非常重要的，因为消费者对于个人信息和支付安全有着极高的关注度。新型消费系统安全保障逻辑示意图如图 23-4 所示。

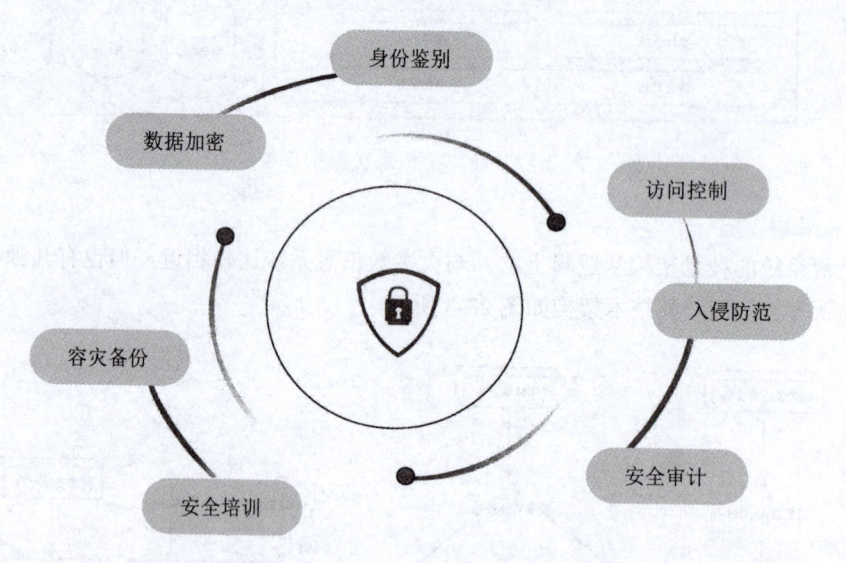

图 23-4 新型消费系统安全保障逻辑示意图

保障系统安全和稳定性的主要措施如下：
（1）数据加密和身份认证。
（2）防火墙和入侵检测系统。
（3）安全培训和意识教育。
（4）系统备份和容灾。

（5）监控和日志记录。

4. 灵活扩展

由于消费市场变化迅速，系统需要良好的可扩展性和灵活设计，以快速适应市场需求和变化。重点从以下五方面考虑：①模块化设计；②基于云计算的架构；③自动化运维和部署；④开放式接口和标准化协议；⑤统一数据管理和分析平台。

23.5 考点实练

1. 下列选项中，（　　）的描述最符合新型消费的特点。
   A．新型消费主要满足居民的基本生活需求，且消费方式传统
   B．新型消费契合了居民消费向基本生存型消费的回归趋势
   C．新型消费契合了居民消费向发展型、享受型和品质型消费快速升级的趋势，并具有科技化、网络化、数字化、智能化的特征
   D．新型消费主要集中在低价位商品，与传统消费在本质上没有区别

   答案：C

2. 以下（　　）不属于数字化教育的主要特征。
   A．便捷性　　　　B．实体性　　　　C．个性化　　　　D．互动性

   答案：B

3. 精准营销中，利用互联网历史数据的主要目的是（　　）。
   A．提高商品库存管理的智能化水平
   B．降低人力成本和管理压力
   C．精准、高效地配置目标用户，提高广告投放效果
   D．自动化完成重复性、烦琐的工作

   答案：C

4. 关于新型消费系统的技术架构层级的说法错误的是（　　）。
   A．设备层包括消费者终端设备和商家终端设备，用于与系统进行交互和操作
   B．应用层包括消费者App接口、商家Web接口、支付网关接口、物流接口和规则引擎接口，用于不同系统之间的通信
   C．数据层包括消费者信息数据库、商品信息数据库、交易信息数据库、物流信息数据库和规则库，用于存储系统所需的各种数据
   D．支撑平台层包括客户服务平台和技术支撑平台，提供系统支持和维护

   答案：B

5. 为了在系统发生故障或数据丢失时能够迅速恢复服务，应采取（　　）措施。
   A．数据加密和身份认证　　　　B．监控和日志记录
   C．安全培训和意识教育　　　　D．系统备份和容灾

   答案：D

第24章

法律法规和标准规范知识点梳理及考点实练

24.0 章节考点分析

第24章主要学习法律法规、标准规范的内容。

根据考试大纲，本章知识点会涉及单项选择题和案例分析题，按以往考试的出题规律，在单选题中约占1～2分。本章内容属于基础知识范畴，考查的知识点既来源于教材，也有少量扩展内容。本章的架构如图24-1所示。

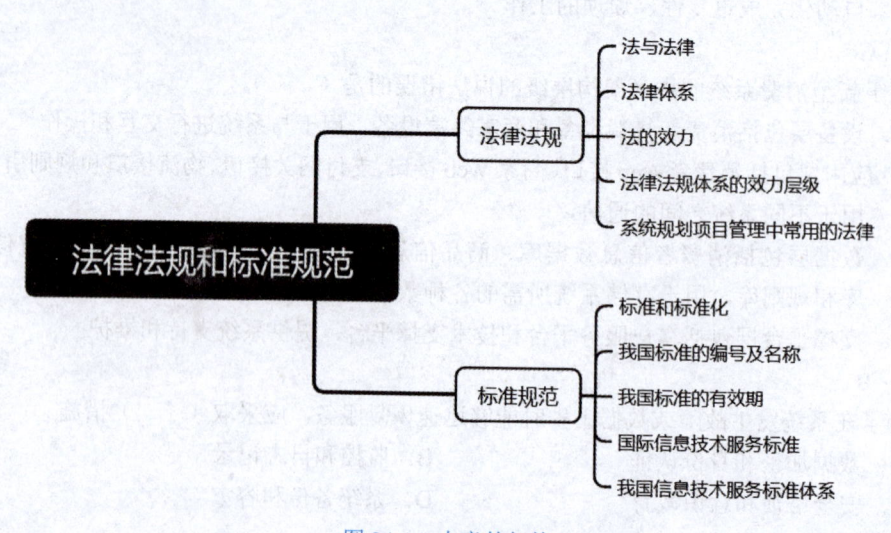

```
法律法规和标准规范
├── 法律法规
│   ├── 法与法律
│   ├── 法律体系
│   ├── 法的效力
│   ├── 法律法规体系的效力层级
│   └── 系统规划项目管理中常用的法律
└── 标准规范
    ├── 标准和标准化
    ├── 我国标准的编号及名称
    ├── 我国标准的有效期
    ├── 国际信息技术服务标准
    └── 我国信息技术服务标准体系
```

图24-1 本章的架构

【导读小贴士】

本章主要介绍法律法规和标准规范的内容。包括法与法律的基本概念、法律体系、系统规划项目管理中常用的法律、标准的层级以及类型等内容。本章需掌握核心知识点，其余理解即可。

24.1 法律法规考点梳理

【基础知识点】

1. 法与法律

（1）法是由国家制定、认可并保证实施的，反映由特定物质生活条件所决定的统治阶段意志，以权利和义务为内容，以确认、保护和发展统治阶级所期望的社会关系和社会秩序为目的行为规范体系。

（2）法律是指由国家行使立法权的机关依照立法程序制定和颁布的涉及国家重大问题的规范性文件，通常规定社会政治、经济以及其他社会生活中最基本的社会关系和行为准则。

（3）法的本质是统治阶级意志的体现，是由特定社会的物质生活条件决定的。

（4）法具有四大基本特征：①法是调整人的行为或社会关系的规范；②法是由国家制定或认可，并具有普遍约束力的社会规范；③法是以国家强制力保证实施的社会规范；④法是规定权利和义务的社会规范。

2. 法律体系

（1）世界范围内，延续时间较长，且产生较大影响的法系包括大陆法系、英美法系、印度法系。

（2）大陆法系与英美法系作为当今世界最重要的两大法系，并不是对立的，现在也多有交流和融合。

（3）中国特色社会主义法律体系，是以宪法为统帅，以法律为主干，以行政法规、地方性法规为重要组成部分，由宪法相关法、民法商法、行政法、经济法、社会法、刑法、诉讼与非诉讼程序法等多个法律部门组成的有机统一整体。其中：

1）宪法相关法是与宪法相配套、直接保障宪法实施和国家政权运作等方面的法律规范。

2）民法商法是规范社会民事和商事活动的基础性法律。

3）行政法是关于行政权的授予、行政权的行使以及对行政权的监督的法律规范。

4）经济法是调整国家从社会整体利益出发，对经济活动实行干预、管理或者调控所产生的社会经济关系的法律规范。

5）社会法是调整劳动关系、社会保障、社会福利和特殊群体权益保障等方面的法律规范。

6）刑法是规定犯罪与刑罚的法律规范。

7）诉讼与非诉讼程序法是规范解决社会纠纷的诉讼活动与非诉讼活动的法律规范。

267

（4）我国法律体系中的法律法规包括法律、法律解释、行政法规、地方性法规、自治条例和单行条例以及规章等。

1）法律：我国最高权力机关全国人民代表大会和全国人民代表大会常务委员会行使国家立法权，立法通过后，由国家主席签署主席令予以公布。因而，法律的级别是最高的。

2）法律解释：是对法律中某些条文或文字的解释或限定。

3）行政法规：是由国务院制定的，通过后由国务院总理签署国务院令公布。

4）地方性法规、自治条例和单行条例：其制定者是各省、自治区、直辖市的人民代表大会及其常务委员会，相当于各地方的最高权力机构。

5）规章：其制定者是国务院各部、委员会、中国人民银行、审计署和具有行政管理职能的直属机构，这些规章仅在本部门的权限范围内有效。

3. 法的效力

法的效力即法律的约束力，是指人们应当按照法律规定的那样行为，必须服从。通常，法的效力分为对象效力、空间效力和时间效力。

（1）对象效力。法律的对象效力即对人的效力，对人的效力包括以下两方面：

1）对中国公民的效力。

2）对外国人和无国籍人的效力。

（2）空间效力。法律的空间效力指法律在哪些地域有效力，适用于哪些地区，一般来说，一国法律适用于该国主权范围所及的全部领域，包括领土、领水及其底土和领空，以及作为领土延伸的本国驻外使馆、在外船舶及飞机。

（3）时间效力。法律的时间效力，指法律何时生效、何时终止效力以及法律对其生效以前的事件和行为有无溯及力。

1）法律的生效时间主要有三种：

- 自法律公布之日起生效。
- 由该法律规定具体生效时间。
- 规定法律公布后符合一定条件时生效。

2）法律终止生效的时间：法律终止生效，即法律被废止，指法律效力的消灭。一般分为明示的废止和默示的废止两类。

3）法的溯及力：法的溯及力是指法律对其生效以前的事件和行为是否适用。如果适用，就具有溯及力；如果不适用，就没有溯及力。

4. 法律法规体系的效力层级

（1）纵向效力层级：宪法具有最高的法律效力，随后依次是法律、行政法规、地方性法规、规章。

（2）横向效力层级：主要指同一机关制定的法律、行政法规、地方性法规、规章，特别规定与一般规定不一致的，适用特别规定。

（3）时间序列效力层级：同一机关制定的法律、行政法规、地方性法规、规章，新的规定效力高于旧规定，也就是我们平常说的"新法优于旧法"。

特殊情况有以下处理原则：
1) 法律之间对同一事项新的一般规定与旧的特别规定不一致，由全国人大常委会裁决。
2) 地方性法规、规章新的一般规定与旧的特殊规定不一致时，由制定机构裁决。
3) 地方性法规与部门规章之间对同一事项规定不一致，不能确定如何适用时，由国务院提出意见。国务院认为适用地方性法规的，应当决定在该地方适用地方性法规的规定；认为适用部门规章的，应当提请全国人大常委会裁决。
4) 部门规章之间、部门规章与地方政府规章之间对同一事项的规定不一致时，由国务院裁决。

5. 系统规划项目管理中常用的法律

(1)《中华人民共和国民法典（合同编）》。2020年5月，中华人民共和国第十三届全国人民代表大会第三次会议通过的《中华人民共和国民法典（合同编）》是信息化法律法规领域的最重要的法律基础。根据《中华人民共和国民法典（合同编）》规定，合同是民事主体之间设立、变更、终止民事法律关系的协议。依法成立的合同，受法律保护。

(2)《中华人民共和国招标投标法》。《中华人民共和国招标投标法》是国家用来规范招标投标活动、调整在招标投标过程中产生的各种关系的法律规范的总称。

(3)《中华人民共和国政府采购法》。2014年8月31日第十二届全国人民代表大会常务委员会修正了《中华人民共和国政府采购法》，该法律的制定是为了规范政府采购行为，提高政府采购资金的使用效益，维护国家利益和社会公共利益，保护政府采购当事人的合法权益，促进廉政建设。

(4)《中华人民共和国专利法》。2020年10月17日第四次修正的《中华人民共和国专利法》（以下简称《专利法》）通过，并于2021年6月1日正式实施。《专利法》规定发明创造是指发明、实用新型和外观设计。发明，是指对产品、方法或者其改进所提出的新的技术方案。

(5)《中华人民共和国著作权法》。2020年11月11日发布第三次修正版《中华人民共和国著作权法》，2021年6月1日正式施行。这部法律中，对著作权保护及其具体实施作出了明确的规定。

(6)《中华人民共和国商标法》。2019年4月23日通过，2019年11月1日起施行的最新《中华人民共和国商标法》（以下简称《商标法》）是信息化领域政策法规的重要的法律基础之一。国务院工商行政管理部门商标局主管全国商标注册和管理的工作。

(7)《中华人民共和国网络安全法》。2017年6月1日起正式实施的《中华人民共和国网络安全法》（以下简称《网络安全法》），是我国第一部全面规范网络空间安全管理方面问题的基础性法律。《网络安全法》中给出了网络、网络安全、网络数据等的定义，明确了部门、企业、社会组织和个人的权利、义务和责任。规定了国家网络安全工作的基本原则、主要任务和重大指导思想、理念。

(8)《中华人民共和国数据安全法》。《中华人民共和国数据安全法》（以下简称《数据安全法》）于2021年9月1日起正式施行，从数据安全与发展、数据安全制度、数据安全保护义务、政务数据安全与开放的角度对数据安全保护的义务和相应法律责任进行规定。

24.2 标准规范考点梳理

【基础知识点】

1. 标准和标准化

（1）国家标准 GB/T 20000.1—2014《标准化工作指南 第 1 部分：标准化和相关活动的通用术语》给出了关于标准的定义，标准是指："通过标准化活动，按照规定的程序经协商一致制定，为各种活动或其结果提供规则、指南或特性，供共同使用和重复使用的文件。"

（2）标准的作用是保障人类健康和安全、保护环境、促进资源的合理利用；增进相互理解；保障法规的有效实施。

（3）标准是经济社会活动的技术依据，是国家基础性制度建设的重要内容。

（4）主要标准化机构见表 24-1。

表 24-1　主要标准化机构

机构名称	主要工作内容
国际标准化组织 ISO	ISO 是世界上最大、最有权威性的国际标准化专门机构，目的和宗旨是在全世界范围内促进标准化工作的发展，以便于国际物资交流和服务，并扩大在知识、科学、技术和经济方面的合作。其主要活动是制定国际标准，协调世界范围的标准化工作，组织各成员国和技术委员会进行情报交流，以及与其他国际组织进行合作，共同研究有关标准化问题
国际电工委员会 IEC	IEC 是世界上成立最早的国际性电工标准化机构，负责有关电气工程和电子工程领域中的国际标准化工作，宗旨是促进电气、电子工程领域中标准化及有关问题的国际合作，增进相互了解。IEC 标准的权威性是世界公认的
国际电信联盟 ITU	ITU 是联合国的一个专门机构，也是联合国机构中历史最长的一个国际组织，分为国际电信联盟标准化部门（ITU-T）、国际电信联盟无线电通信部门和国际电信联盟电信发展部门，其中标准化部门的主要职责是完成国际电信联盟有关电信标准化的目标，使全世界的电信标准化
中国标准化协会 CAS	CAS 是由全国从事标准化工作的单位和个人自愿参与构成的全国性法人社会团体，是中国科学技术协会重要成员单位之一，宗旨是充分发挥社会团体的桥梁和纽带作用，团结和组织全国标准化科技工作者，根据政府、社会、市场、企业的需要，宣传、普及标准化知识，开展标准化学术研讨，提供标准化技术咨询服务，促进国内、国际标准化的合作与交流，推动中国标准化事业的发展
中国国家标准化管理委员会 SAC	SAC 职责划入国家市场监督管理总局，对外保留国家标准化管理委员会牌子，主要职责是以国家标准化管理委员会名义，下达国家标准计划，批准发布国家标准，审议并发布标准化政策、管理制度、规划、公告等重要文件；开展强制性国家标准对外通报；协调、指导和监督行业、地方、团体、企业标准化工作；代表国家参加国际标准化组织、国际电工委员会和其他国际或区域性标准化组织；承担有关国际合作协议签署工作；承担国务院标准化协调机制日常工作

机构名称	主要工作内容
全国信息技术标准化技术委员会 NITS	NITS 是原全国计算机与信息技术处理标准化技术委员会，是在国家标准化管理委员会和工业和信息化部的共同领导下，从事全国信息技术领域标准化工作的技术组织，工作范围是信息技术领域的标准化，涉及信息采集、表示、处理、传输、交换、描述、管理、组织、存储、检索及其技术，系统与产品的设计、研制、管理、测试及相关工具的开发等标准化工作

（5）标准分级与标准分类。

1）标准的层级。根据 2017 年修订发布的《中华人民共和国标准化法》标准分为国家标准、行业标准、地方标准、团体标准和企业标准五个级别。

2）标准的类型。根据《中华人民共和国标准化法》国家标准分为强制性标准、推荐性标准。行业标准、地方标准是推荐性标准。强制性标准必须执行，国家鼓励采用推荐性标准。我国现行的标准体系如图 24-2 所示。

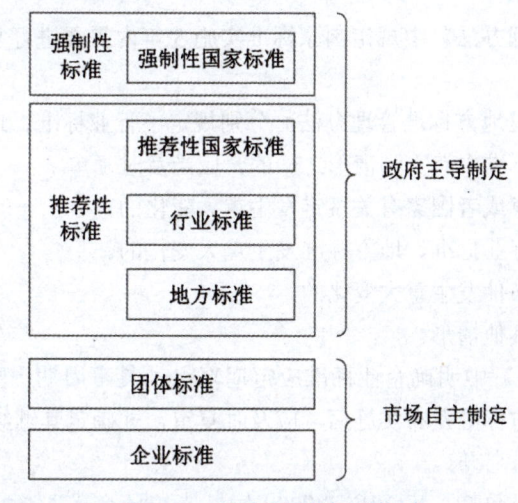

图 24-2 我国现行的标准体系

2. 我国标准的编号及名称

（1）标准编号。

1）根据 2022 年发布的《国家标准管理办法》，国家标准的代号由大写汉语拼音字母构成。强制性国家标准的代号为"GB"，推荐性国家标准的代号为"GB/T"，国家标准样品的代号为"GSB"，指导性技术文件的代号为"GB/Z"。

2）国家标准的编号由国家标准的代号、国家标准发布的顺序号和国家标准发布的年份号构成。国家标准样品的编号由国家标准样品的代号、分类目录号、发布顺序号、复制批次号和发布年份号构成。

3）地方标准的编号，由地方标准代号、顺序号和年代号三部分组成。省级地方标准代号，由汉语拼音字母"DB"加上其行政区划代码前两位数字组成。市级地方标准代号，由汉语拼音字母"DB"加上其行政区划代码前四位数字组成。

4）团体标准编号依次由团体标准代号"T"、社会团体代号、团体标准顺序号和年代号四部分组成。社会团体代号由社会团体自主拟定，可使用大写拉丁字母或大写拉丁字母与阿拉伯数字的组合。社会团体代号应当合法，不得与现有标准代号重复。

5）企业标准的编号依次由企业标准代号"O"、企业代号、标准发布顺序号和标准发布年代号组成。

（2）标准名称。

1）标准名称是规范性的必备要素，是对文件所覆盖的主题的清晰、简明的描述，可直接反映标准化对象的范围和特征，关系到标准信息的传播效果。

2）标准名称由尽可能短的几种元素组成，其顺序由一般到特殊。所使用的元素应不多于以下三种：引导元素（可选元素）、主体元素（必备元素）、补充元素（可选元素）。

3. 我国标准的有效期

我国在《国家标准管理办法》中规定国家标准实施 5 年内需要进行复审，即国家标准有效期一般为 5 年。

《行业标准管理办法》《地方标准管理办法》分别规定了行业标准、地方标准的复审周期一般不超过 5 年，但对于地方标准中有下列情形之一的，应当及时复审：

（1）法律、法规、规章或者国家有关规定发生重大变化的。

（2）涉及国家标准、行业标准、地方标准发生重大变化的。

（3）关键技术、适用条件发生重大变化的。

（4）应当及时复审的其他情形。

《企业标准化管理办法》中明确企业标准应定期复审，复审周期一般不超过 3 年。当有相应国家标准、行业标准和地方标准发布实施后，应及时复审，并确定其继续有效、修订或废止。

4. 国际信息技术服务标准

国际信息技术服务标准包括：ISO/IEC 20000 信息技术服务管理体系、ISO/IEC 27000 信息安全管理体系、ISO 90000 质量管理体系、ITIL。

5. 我国信息技术服务标准体系

ITSS 是一套成体系和综合配套的信息技术服务标准库，全面规范了信息技术服务产品及其组成要素，用于指导实施标准化和可信赖的信息技术服务。

（1）来源。ITSS 是由工业和信息化部、国家标准化管理委员会的联合指导研制的，是我国 IT 服务行业最佳实践的总结和提升，也是我国从事 IT 服务研发、供应、推广和应用等各类组织自主创新成果的固化。

（2）组成要素。IT 服务由人员（People）、过程（Process）、技术（Technology）和资源（Resource）组成，简称 PPTR。

（3）生命周期。IT 服务生命周期由规划设计（Planning&Design）、部署实施（Implementing）、服务运营（Operation）、持续改进（Improvement）和监督管理（Supervision）5 个阶段组成，简称 PIOIS。

（4）ITSS 标准体系 5.0。ITSS 5.0 的主要内容包括通用标准、保障标准、基础服务标准、技术创新服务标准、数字化转型服务标准和业务融合标准。

（5）通用标准。通用标准是信息技术服务的共性抽象内容，也是整个标准体系的根本。通用标准具有如下五个方面的重要作用：

- 界定服务边界，规范市场秩序。
- 支撑服务产品开发、采购和付费。
- 评价并保障服务质量。
- 规定服务工具全景，引导服务工具集成。
- 支撑从业人员培养。

（6）保障标准。保障标准包括服务管控标准和服务外包标准两类。

1）服务管控标准。服务管控类标准是通过对信息技术服务的治理、管理和监理活动，以确保信息技术服务的经济有效。主要分为治理、服务管理和监理三个子域。

2）服务外包标准。服务外包标准涵盖 IT 外包（ITO）和业务流程外包（BPO）两部分。

ITO 主要关注服务外包供需双方为完成服务交付需要执行的共性和基础性的过程，以保证服务外包的顺利实施；BPO 主要侧重业务流程及外包组织原型研究。

（7）基础服务标准。基础服务标准是围绕信息技术服务基本服务内容和服务形态构建的标准族。基础服务标准包含咨询设计服务、集成实施服务、运行维护服务、云服务、数据中心等领域的相关标准。

（8）技术创新服务标准。技术创新服务是指在传统信息技术服务基础上，与新一代信息技术充分结合产生的新型服务模式，如智能化服务、数据服务、数字内容处理服务、区块链服务等。该标准族规定了技术创新服务的相关要求。

（9）数字化转型服务标准。数字化转型领域有 GB/T 43439—2023《信息技术服务数字化转型成熟度模型与评估》等国家标准，该领域标准还在持续丰富中。

（10）业务融合标准。业务融合标准是重点开展信息技术服务与各业务场景融合的标准。我国在应对突发公共安全事件、智慧法院、智慧财务、融合媒体数字化等领域布局了相关标准。

24.3　考点实练

1．中国特色社会主义法律体系以（　　）为统帅。
　　A．宪法　　　　　　　　　　　　B．法律
　　C．行政法规　　　　　　　　　　D．道德
答案：A

2. 根据我国《标准化法》的规定，行业标准由（   ）制定。
   A．国务院有关行政主管部门　　　　B．国务院标准化行政主管部门
   C．地方标准化行政主管部门　　　　D．企业协会

   答案：A

3. 我国国家标准有效期一般为（   ）。
   A．3年　　　　　B．5年　　　　　C．8年　　　　　D．10年

   答案：B

4. 以下选项中（   ）属于国家推荐性标准编号。
   A．GB/S　　　　B．GB/T　　　　C．T/GB　　　　D．GSB

   答案：B

5. 下列选项中，（   ）不属于ITSS 5.0标准体系内容。
   A．通用标准　　　B．保障标准　　　C．基础服务标准　　　D．数据标准

   答案：D